Frohe Weihnacht

1984

Von Cassian!

Karl Wachter

Der Wassergarten

Karl Wachter

DER WASSERGARTEN

Fünfte, neubearbeitete
und neugestaltete Auflage

128 Farbfotos,
48 Zeichnungen
und 9 Entwürfe

Verlag Eugen Ulmer
Stuttgart

Farbfoto Seite 2:
Durch den Zusammenklang
von Sumpfprimeln, Scheinkalla
und Lilien entsteht
eine Atmosphäre vitalen Wachstums.

CIP-Kurztitelaufnahme der Deutschen Bibliothek

Wachter, Karl:
Der Wassergarten/Karl Wachter.
5., neubearb. u. neugest. Aufl.
Stuttgart: Ulmer, 1983
ISBN 3-8001-6165-6

Wollgrasweg 41, 7000 Stuttgart 70 (Hohenheim)
Printed in Germany
Umschlaggestaltung: A. Krugmann, Stuttgart
mit einem Foto von Wolfram Stehling
Satz: Laupp & Göbel, Tübingen 3 (Kilchberg)
Druck: Offsetdruckerei Karl Grammlich, Pliezhausen

Vorwort

So wie Gewässer aller Art den Reiz einer Landschaft erhöhen, können sachgerecht gestaltete Wasseranlagen und Feuchtbereiche den Garten bereichern und ein Mittelpunkt werden. Der Kontakt mit diesem Lebensraum ,,Wasser" verspricht Naturerleben im Jahresrhythmus und kann ein Ausgleich werden zur Hektik des Alltags in der hochtechnisierten Welt, in der wir leben müssen. Wasser hat von je her eine große Anziehungskraft ausgeübt, ebenso wie auch die Pflanzen, die ihrerseits diesen Lebensbereich prägen. Es sind bizarre Gestalten, manchmal eigenwillig wachsend, die unter Wasser leben, aus dem Wasser aufsteigen oder, wie die Seerose, mit ihren glänzenden Blättern und prachtvollen Blüten auf dem Wasser schwimmen. Es bedarf gar keines großen Aufwandes und besonderer Kenntnisse, einen Wassergarten anzulegen, in dem all die herrlichen Pflanzengestalten, die im und am Wasser ihren Ideallebensraum haben, wachsen und blühen. Und doch ist der Lebensbereich ,,Wasser im Garten" noch vielen Menschen fremd. Sie fühlen sich unsicher und verzichten lieber darauf, wenn sie keinen Fachmann zu Rate ziehen können.

Dieses Buch soll nicht nur Interesse wecken, sondern zum besseren Verstehen der biologischen und chemischen Zusammenhänge im Wasser beitragen, aber auch Denkanstöße vermitteln. Es soll erschöpfende Hinweise geben zur Einrichtung, Bepflanzung und Pflege eines Wassergartens aber auch dem Hobbygärtner und Fachmann ein Leitfaden und Nachschlagewerk sein. – Deswegen die Fülle auch wenig bekannter Arten und Sorten sowie reizvoller Neuheiten in diesem Buch.

In dieser 5. Auflage wurde neben textlichen Ergänzungen und neugewonnenen Erkenntnissen dem Thema Sumpf-, Moor- und Feuchtgärten wesentlich mehr Beachtung geschenkt. Außerdem wurden Aufstellungen über Gehölze, Bambusse und Blumenzwiebeln für Wasser- und Feuchtgärten ergänzt und teilweise neu verfaßt. Ausführlicher wird auch der Bau und die Bepflanzung von Wasserläufen und Wasserfällen behandelt.

Es ist mir eine angenehme Pflicht, den Herren Karl Plomin und Lothar Denkewitz aus Hamburg, den beiden Mitautoren der letzten Ausgabe des ,,Wassergartens" dafür zu danken, daß sie sich auch diesmal wieder bereitwillig zur Mitarbeit bereit erklärten. Herrn Professor Dr. Peter Kaiser, Hamburg, danke ich für die Übernahme des Kapitels ,,Tiere des Wassergartens" und Herrn Fritz Mandel, Hamburg, für die Mitarbeit an dem Teilabschnitt ,,Technische Elemente und Hilfsmittel".

Dankbar verpflichtet fühle ich mich gegenüber dem Verlag, insbesondere dem Verleger Herrn Roland Ulmer für sein Vertrauen, den Damen und Herren des Lektorates und der Herstellungsabteilung für die gute Zusammenarbeit. Gedankt sei auch den Fotografen, die ihre Bilder beisteuerten, und nicht zuletzt auch Frau Hannelore von Engelhardt, die mit großem Einfühlungsvermögen und Können die vielen Zeichnungen angefertigt hat.

Wassergärten laden zum Verweilen und steten Beobachten ein. Möge dieses Buch dazu beitragen, vielen Menschen eine erlebnisreiche Welt im und am Wasser im Garten zu schaffen.

Appen-Etz,
Im März 1984 Karl Wachter

Folgende Autoren lieferten Beiträge zu diesem Buch

Karl Plomin:
Wasser im Garten – Wesen und Möglichkeiten.
Wasserflächen im Gartenraum.
Gestaltungsbeispiele.
Seite 9 bis 34.

Lothar Denkewitz:
Sumpf-, Moor- und Feuchtgärten.
Der Wasserlauf, Seite 34 bis 46.
Die Bepflanzungsvorschläge und Pflanzenlisten
auf den Seiten 97 bis 118.
Pflege des Wasserlaufs, Seite 186.
Die Feuchtwiese, Moor- und Moortümpel im eigenen Garten.
Seite 204 bis 207.
Der Bau des Wasserlaufs.
Wasserfälle und Wassertreppen,
Seite 210 bis 215.

Peter Kaiser:
Tiere des Wassergartens, Seite 164 bis 176.

Fritz Mandel:
Technische Elemente und Hilfsmittel,
Seite 216 bis 230.

Inhalt

Vorwort 5

Wasser im Garten – Wesen und Möglichkeiten 9
Wasserflächen im Gartenraum 10
Gestaltungsbeispiele 10
Sumpf-, Moor- und Feuchtgärten . . . 34
Der Sumpfgarten 34
Moor und Moortümpel 36
Heidemoor und Heidemoortümpel . 38
Die Feuchtwiese 41
Der Wasserlauf 42
Wiesen-, Wald- oder Bergbach? . . 43
Quelle und Mündung 46

Pflanzliche Lebensbereiche im und am Wasser 47
Standortschema 48
Standortansprüche 49
Wasser 49
Erde 52

Winterharte Pflanzen für den Wassergarten 54
Erläuterung der Zeichen, Abkürzungen, Kurzangaben 54
Die Seerose, Königin des Wassers . . 55
Allgemeine botanische und gärtnerische Eigenschaften 56
Standort und Wachstum 59
Pflanzung und Pflege 60
Nymphaea-Wildarten 67
Die Züchtung der Seerose 70
Gebrauchssortiment empfehlenswerter handelsüblicher Seerosensorten in Beschreibungen 71
Sonstige Seerosensorten 79
Das Gefolge in der Seerosen- und Schwimmblattzone 80
Schwimmblattpflanzen 80
Unterwasserpflanzen 81
Wasserpflanzen der Flach- und Seichtwasserzone 82
Stauden für den sumpfigen Bereich . . 87
Sumpf- und Wasserpflanzen für lichten Schatten 88
Pflanzen für die bodenfeuchte Randzone am Teich, in Feuchtgärten und am Bach 89
Ziergräser für die bodenfeuchte Randzone 93
Iris kaempferi, Japanische Prachtiris 94
Blumenzwiebeln und Knollen für den Feuchtgarten und die bodenfeuchte Randzone 97
Farne für den Wasser- und Feuchtgarten 99
Gehölze für Wasser- und Feuchtgärten 102
Rhododendren in Wassernähe . . . 106
Bambusse für Ufernähe 108
Pflanzen fürs Moor 111
Pflanzen für die Feuchtwiese 116
Beschreibung der Sumpf- und Wasserpflanzen 119

Randbepflanzung um das Becken (in normaler Gartenerde) 153

Fremdländische Gewächse für den sommerlichen Wassergarten 155
Pflanzen, Pflegen, Überwintern . . . 156
Artenbeschreibung 156

Tiere des Wassergartens 164
Lebensraum der Tiere im Wassergarten 164
Fische für den Gartenteich 165
Amphibien 172
Reptilien 173
Wasserschnecken und Muscheln . . . 174
Ungeladene Gäste 175

Die Einrichtung von Wasser- und Feuchtgärten 177
Auswahl der Pflanzen 177
Pflanzzeit 177
Bepflanzung des Wassergartens . . . 177
Pflanzabstand – Pflanzenbedarf . . 178
Pflanzung in Körben 178
Pflanzung in den Bodengrund . . . 179
Umpflanzen, Teich ausräumen . . . 180
Bepflanzung außerhalb 180
Vorschläge und Tips für Mini-Wassergärten 180

Pflege des Wassergartens und des Wasserlaufs 182
Im ersten Jahr und in der Folgezeit . . 182
Der Wassergarten im Winter 184
Schutzbedürftige Pflanzen 184
Seerosen im Winter 184
Wasser ablassen oder nicht? 185
Abgestorbene Pflanzenteile abschneiden? 185
Sumpfpflanzen, Stauden und Gräser schützen? 185
Pflege des Wasserlaufs 186

Schäden und Schädlinge 189
Die Trübung 189
Algen im Wasser 189
Schädliche Insekten 192
Pilze und Bakterien 194
Unerwünschte Pflanzen 195
Sonstige Schädigungen 196

Technisches rund um den Wassergarten 198
Anlage eines Wassergartens 198
Folie oder Fertigbecken? 198
Dichtungsplanen für Gartenteiche und Wasserbecken 199
Verlegen von vorgefertigten Teichplanen 201
Bau der Randzone 202
Einbringen der Plane 203
Die Feuchtwiese 204
Moor und Moortümpel im eigenen Garten 204
Fertigbecken aus Kunststoff 207
Sonstige Gefäße und Becken 208
Abdichtungen aus Ton oder Lehm . 209
Der Bau des Wasserlaufs 210
Aus Beton 210
Aus Polyester 210
Aus PVC-Folie 211
Wasserfälle und Wassertreppen . . . 212

Technische Elemente und Hilfsmittel . 216
Springbrunnen im Wassergarten . . . 216
Unterwasserpumpen für den kleinen Gartenteich 218
Düsen, Wasserspeier und Unterwasserscheinwerfer 220
Filteranlagen und Sauerstoffpumpen . 222
Mühlsteinbrunnen und Sprudelsteine . 225
Sonstige Ausstattung 228
Beckenheizungen 228
Enthärtungsanlagen 230

Verzeichnisse 231
Erläuterung wichtiger Fachausdrücke . 231
Lieferantenanschriften 233
Bildquellen 234
Literatur 235
Verzeichnis der deutschen Pflanzennamen 236
Verzeichnis der lateinischen Pflanzennamen 241
Sachregister 249

Wasser im Garten – Wesen und Möglichkeiten

Wasser ist Urelement und Voraussetzung für das Dasein alles Lebendigen, ist Symbol des Lebens. Schon immer hat es das Denken und Fühlen des Menschen in Poesie und Prosa beschäftigt. In allen Kulturkreisen wurde es, früher oder später, über seine Nutzung als Lebensgrundlage hinaus, einzig seiner belebenden Wirkung und Schönheit wegen als gestaltendes Element ein wesentliches Gartenmotiv. Auch unsere Zeit kann sich seinem Zauber und seiner mannigfaltigen Wirkung nicht verschließen.

Es wäre verlockend, die Geschichte der Gartenkunst von Anbeginn an unter dem Aspekt der Verwendung des Wassers als bestimmendes Gestaltungselement zu betrachten. Die Fülle der gefundenen Möglichkeiten im Zeitenablauf würde den Rahmen dieses Buches sprengen. Es gibt großartige Beispiele in der Vergangenheit, denen sich selbst bedeutende Lösungen der Gegenwart in Parks und Ausstellungen als vergleichsweise bescheidene Beiträge anschließen.

Jede Lösung ist Ausdruck der Lebensform ihrer Zeit, entweder geheimnisvoll-romantisch oder repräsentativ-formal. Was bedeutet nun der Garten unserer Zeit für den Menschen? Ästhetische und funktionelle Lösungen allein genügen nicht, um ein Gegengewicht gegen einseitige, durch die Zivilisation bedingte Überbeanspruchung als Ausgleich zu schaffen. Erst das Ursprüngliche, Gewachsene, das, was wir durch unsere Lebensform zwangsläufig verloren haben, kann der Gegenpol sein. Wir wollen auf der kleinen Bühne des Gartens den ständigen Wandel der Vegetationsbilder im jahreszeitlichen Wechsel als Spiegel des großen Naturgeschehens erleben.

Erleben – das heißt teilnehmen – ist das Grundthema der Gärten unserer Zeit.

Aus dieser Einstellung ergeben sich entscheidende Impulse für die Verwendung des Wassers im Garten. Es ist Lebensraum für eine Fülle bezaubernder Pflanzen- und Tierarten.

Die Pflanze ist dann nicht nur Dekorationsmaterial, sondern wird zu einem lebendigen Partner, zur Bereicherung unserer Erlebniswelt.

Die gestalterische Lösung – großräumiger Wassergarten, Einzelbecken, Sumpf oder Moorbeet, Feuchtwiese, Bachlauf – ist damit zunächst sekundär. Die wesentliche Aufgabe liegt darin, einen Lebensbereich für Pflanzen und die dazugehörige Tierwelt so auszubilden, daß sie ein Optimum ihrer Entwicklung erreichen können. Erst daraus resultiert die formale Lösung und ihre Einbindung in den Gartenraum. Sumpf- und Wassergärten sind aber nicht nur erlebnisreiche Gartenräume, sondern darüber hinaus ein kleiner Ersatz für die durch zivilisatorische Maßnahmen zerstörten Teich- und Feuchtgebiete und ein geringer Beitrag zur Erhaltung von Tier- und Pflanzenarten, deren Lebensraum eingeengt ist, wobei es sich dabei nicht nur um zur Zeit heimische Arten handeln muß, denn im Laufe der Entwicklung wandelt sich auch das Gesicht der jeweils auftretenden Lebensformen. Die ökologischen Auswirkungen können besonders spürbar werden, wenn es gelingt, sie nicht nur als Einzelmaßnahme, sondern summiert in einem größeren Bereich durchzuführen.

Wasserflächen im Gartenraum

Die Gestaltungsaufgabe, die Gesellschaft der Wasserpflanzen darzustellen, kann und soll nicht nur mit übernommenen Architekturformen gelöst werden, zumal diese unter anderen Voraussetzungen entstanden sind und meist aus der Formung eines Brunnens entwickelt wurden. Nicht immer ist die Eingliederung der Wasserfläche gleichzusetzen mit dem isoliert stehenden, gebauten Bekken mit Randabdeckung und Springbrunnen. Dies kann durchaus ein anderes Gartenthema sein. Sumpf- und Wasserpflanzen sind hier nur eine schmückende Zugabe. Dies wird besonders sichtbar, wenn ein solch scharf begrenztes Becken in einer glattgeschorenen Rasenfläche angelegt wird und ohne Anlehnung an begleitende Randvegetation, wie langhalmige Rohrkolben *(Typha)* Blumenbinsen *(Butomus)* oder Pfeilkraut *(Sagittaria)*, beziehungslos herausragen.

In solcher Situation ist eine flache Brunnenschale mit einem Wasserspiel die gestalterisch bessere Lösung. Die sinnvolle Einordnung der Wasserfläche wird durch die Gesamtkonzeption des Gartens, durch seine funktionelle Nutzung und durch die standortbedingten Faktoren bestimmt.

Wasserflächen und ihre Pflanzen- und Tierwelt sind magische Anziehungspunkte im Garten, deswegen und weil sie weniger durch Fernwirkung beeindrucken, sollten sie grundsätzlich in Verbindung mit dem engeren Lebensraum angeordnet werden, um auch in der unwirtlichen Jahreszeit ihren Zauber darzubieten.

Fast alle Wasserpflanzen sind Kinder des Lichts und brauchen volle Sonneneinstrahlung. Wasserflächen sollten deshalb nicht im Schattenbereich des Hauses oder von Bäumen angeordnet werden. Ausreichender Seitenschutz, besonders gegen winterliche Ostwinde, ist notwendig. Die Wassertiefe wird durch die Arten der Wasser- und Sumpfpflanzen bestimmt, die im Garten wachsen sollen. Im Gelände vorhandene Höhenunterschiede bestimmen Eingliederung, Ausdehnung und Gestaltung. Die Größe der geplanten Sumpf- und Wasserfläche ist entscheidend für die Einordnung in den Gartenraum. Der Charakter der Bepflanzung der Wasserflächen und ihrer Umpflanzung wird bestimmt durch die auf sie einwirkenden Umweltfaktoren.

Entsteht daraus auf trockenem, armen Sandboden ein Vegetationsbild der Steppenheide, so wird auch die Bepflanzung der Wasserflächen eine andere Aussage haben müssen als unter Bedingungen, die eine vitale, üppige Flora möglich machen.

Für den naturverbundenen Betrachter gibt es da bestimmte unüberschreitbare Grenzen. Dieses Naturgesetz gilt nicht nur für größere Anlagen, sondern auch für kleinste Gärten.

Gestaltungsbeispiele

Beispiel 1: Wassergarten auf 500 m². In einer Gartenfläche dieser Größe kann die Wirkung eines großräumigen Sumpf- und Wassergartens durch die Summierung kleinerer Beckeneinheiten in entsprechendem Abstand mit relativ geringem Aufwand erreicht werden, wenn Wasserpflanzen und ihre Begleitpflanzung auf trockenem Grund auf eine Gesamtwirkung abgestimmt werden. Es kommt immer darauf an, eine in einer Pflanzung angeschlagene Melodie bis zur letzten Konsequenz zu Ende zu spielen, d. h., die Darsteller eines solchen Schauspiels müssen in ihrer Aussage und Erschei-

Japaniris sehen mit ihren ungewöhnlich großen Blüten so aus, als ob Schmetterlinge über der Wasserfläche schwebten.

nung die gleiche Sprache sprechen. Für den Sumpf- und Wassergarten bedeutet dies, daß der Habitus der gewählten Pflanzen auch dann in die Melodie einstimmen muß, wenn diese keine Wasserpflanzen sind. Das Ergebnis ist dann der Zusammenklang aller Erscheinungen zu einem überzeugenden Vegetationsbild.
Vier kleinere Wasserbecken werden versetzt um einen zentralen Sitzplatz gruppiert. Der Platz wird von einer mit Glyzinen *(Wisteria sinensis)* überrankten Pergola überschirmt und faßt die Beckenelemente zu einer Einheit zusammen.
Der besondere Charakter dieses Gartens wird durch die eindrucksvolle Silhouette einiger Sumpfzypressen *(Taxodium distichum)* unterstrichen. Aufstrebend, fast pyramidal, nadelabwerfend, mit lichtgrünem Austrieb und tabakbrauner Herbstfärbung

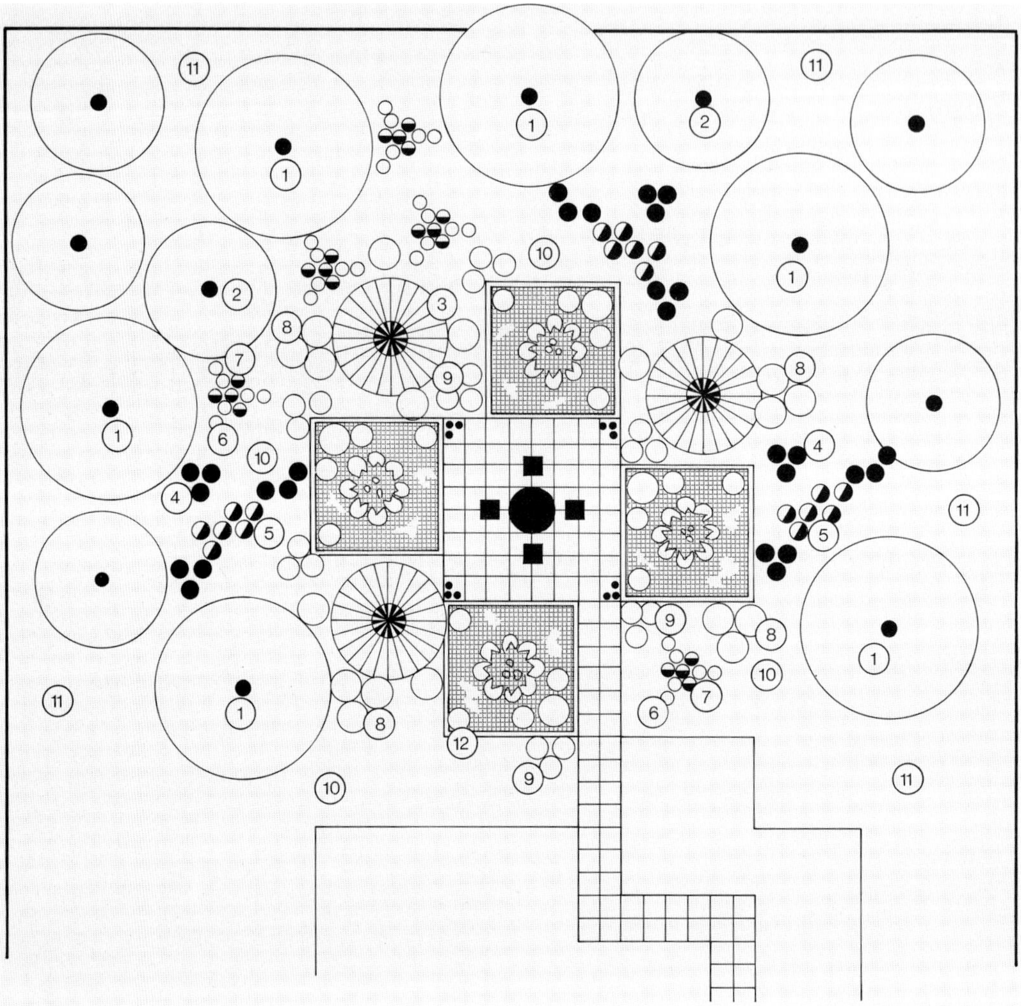

Pflanzenliste zu Beispiel 1: Wassergarten auf 500 [2]

1 Sumpfzypresse
Taxodium distichum
2 Sumach
Rhus typhina 'Laciniata'
3 Riesen-Chinaschilf
Miscanthus japonicus

In den Wasserbecken:
Rohrkolben
Typha minima
Simse
Scirpus lacustris
Schwanenbinse
Butomus umbellatus
Wasserfeder
Hottonia palustris
Wasserhahnenfuß
Ranunculus aquatilis
Scheinkalla
Lysichitum americanum

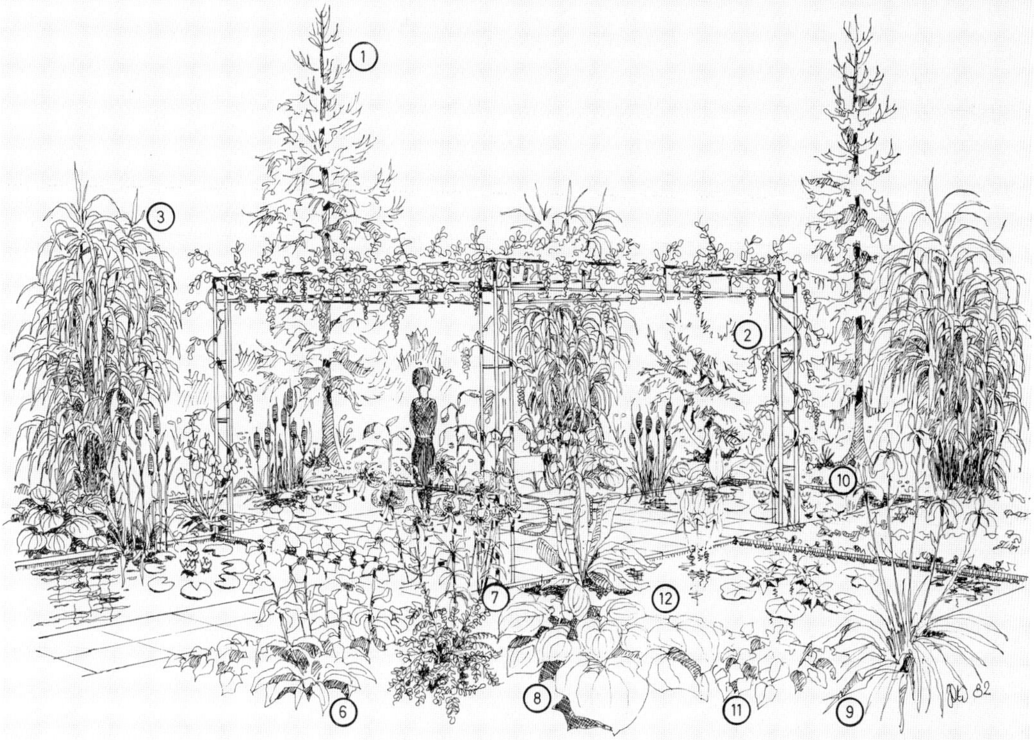

Seerosen in Sorten
Nymphaea

4 Taglilien
Hemerocallis-Hybriden

5 Schmucklilie
Agapanthus campanulatus-Headbourne-Hybriden

6 Scheinmohn
Meconopsis betonicifolia

7 Lilie
Lilium 'Panamint'

8 Lilienfunkie
Hosta plantaginea var. *grandiflora*

9 Schwertlilie
Iris spuria in Sorten

10 Glockenblume
Campanula poscharskyana

11 Elfenblume
Epimedium youngianum 'Niveum'
+Akelei
Aquilegia alpina 'Superba'
+Primeln
Primula sieboldii
+Goldsiegel
Uvularia grandiflora
+Krötenlilie
Tricyrtis hirta
+Pfauenradfarn
Adiantum pedatum

12 Glyzine an der Pergola
Wisteria sinensis

ist die Sumpfzypresse eine urweltliche Erscheinung. Der geschlitztblättrige Sumach *(Rhus typhina* 'Laciniata') bildet mit farnartiger Belaubung und seiner Herbstfärbung aus Gold, Kupfer und leuchtendem Rot eine überzeugende Ergänzung. Sie wird noch gesteigert durch die Benachbarung mit einigen Horsten des Riesen-Chinaschilfs *(Miscanthus japonicus)*. Diese übermannshohen Gräser vermitteln durch das Spiel ihrer Halme im Sommerwind den Eindruck flüsternder Schilfränder – ein Spiel, das sich in den Wasserbecken fortsetzt, wo Rohrkolben *(Typha minima)*, Simse *(Scirpus lacustris)* und Schwanenblume *(Butomus umbellatus)* von den aufragenden, zarten, rosafarbenen Blütenständen der Wasserfeder *(Hottonia palustris)* und den weißen Schalenblüten von Wasserhahnenfuß *(Ranunculus aquatilis)* umblüht werden. Eine wichtige Rolle spielt die Scheinkalla *(Lysichitum americanum)* im Frühling mit ihren leuchtend gelben Blütenscheiden, im Sommer mit ornamentalen Blattspreiten. – Das bedeutsamste Sommerfest aber veranstalten in den vier Wasserbecken die Seerosen *(Nymphaea)*. Schon der botanische Name klingt verheißungsvoll und märchenhaft. Ihre Blüten, die während des ganzen Sommers immer neu aus dem nassen Grund auftauchen, sind wirklich ein Märchen, selbst in unserer nüchternen Zeit. Die in diesem Buch aufgestellten Sortenlisten zeigen die Vielfalt der Verwendungsmöglichkeiten.

Die Umpflanzung der Wasserbecken muß mit Bedacht ausgewählt werden.

Taglilien *(Hemerocallis*-Hybriden) schenken uns zitronenfarbene, goldgelbe, kupferfarbene und braune Sorten, die als Ergänzung geeignet sind. Ihre Farbskala wird durch die Zuordnung der unter leichtem Schutz winterharten Schmucklilie (*Agapanthus*-Headbourne-Hybriden) mit leuchtend blauen Blütenquirlen zu ungewöhnlicher Wirkung gesteigert, besonders wenn ihnen breite Horste der Lilienfunkie (*Hosta plantaginea* var. *grandiflora*) zugesellt werden. Ihre breit herzförmigen Blätter und die hüfthoch herausragenden weißen Blütentrauben ergeben bildhafte Zusammenklänge. Es ist ein wirkungsvolles Spiel mit den Gelbtönen der Taglilien, dem Blau der Schmucklilien und dem Weiß der Lilienfunkien, die einen starken Duft ausströmen. Trupps der *Iris spuria* stimmen durch ihre Erscheinung in die Melodie der Wasserpflanzen ein, obwohl sie ohne nassen Untergrund auf normalem Gartenboden gedeihen. Ihre vielfältige Farbpalette macht wirkungsvolle Kombinationen möglich.

Neben dem Goldgelb der 'Archie Owen' wird das dunkelbraune Mahagonirot mit orangefarbenen Adern der 'Contradiction' besonders leuchtend. Die mittelblaue Blüte mit hellen Adern in den Hängeblättern der 'Protege' erhält durch die Zuordnung der 'Marilyn Holloway' mit hellem Blaugrau und gelber Mitte eine wirkungsvolle Ergänzung.

Die eleganten Blüten dieser Irisart sind nur selten in Gärten zu bewundern, obwohl sie eine wesentliche Bereicherung des Schwertliliensortiments darstellen. Angelehnt an die *Miscanthus*-Horste strahlt eine Pflanzenkombination ungewöhnliche Atmosphäre aus. Durch die Vergesellschaftung des himmelblauen Scheinmohns *(Meconopsis betonicifolia)* mit den schwefelgelben Türkenbundblüten der Lilie 'Panamint' auf einem Teppich der breitflächig rankenden Glokkenblume *(Campanula poscharskyana)* entwickeln sich nachhaltige Blütenfeste, die in jedem Jahr mit Ungeduld erwartet werden, uns dann aber wochenlang die Freude an überzeugenden Vegetationsbildern vermitteln. In Halbschattenbereichen der Gehölze wächst ein breiter Teppich aus Elfenblumen (*Epimedium youngianum* 'Niveum') mit zierlichem Laub und weißen, orchideenhaften Blüten. Eingesprengte Akelei (*Aquilegia alpina* 'Superba') erheben sich neben hellvioletten Japanprimeln *(Primula sieboldii)* und einigen Goldsiegeln *(Uvularia grandiflora)* sowie der im Herbst blühenden Krötenlilie

Schon ein kleiner, kreisrunder Tümpel eignet sich für das in jedem Jahr neue Blütenfest der Seerosen.

(Tricyrtis hirta) aus dichten Nestern des Pfauenradfarns *(Adiantum pedatum)*. Dieser muß mit breitem Pinsel in ein solch besonderes Vegetationsbild eingesetzt werden.

Selbst in begrenzten Gartenräumen lassen sich die vorgeschlagenen Pflanzenkombinationen verwirklichen, wenn sowohl die Auswahl der Gehölze als auch die Größe der Wasserfläche den vorhandenen Gegebenheiten angepaßt wird.

Beispiel 2: Garten der Sumpfprimeln. Alle hier genannten Primelarten und die ihnen zugeordneten Begleitpflanzen brauchen einen sehr feuchten bis nassen Untergrund, um im Halbschatten das Optimum ihres Wachstums und damit ihre volle Schönheit während des Sommers zu entfalten.

Sind diese ökologischen Bedingungen im Garten nicht gegeben, so können sie vom Liebhaber dieses zauberhaften Vegetationsbildes ohne übertriebenen Aufwand leicht geschaffen werden.

Eine durch einen umlaufenden Plattenpfad begrenzte Fläche, deren Größe von dem zur Verfügung stehenden Gartenraum abhängig ist, wird etwa 30 cm tief ausgehoben. Das anfallende Erdreich wird bis zur Hälfte mit Torfmull gemischt und seitlich gelagert. Um ein wasserdichtes Sumpfbecken auszubilden, werden Sohle und Seitenwände der Aushubflächen mit einer starken Spezialfolie, die in den Nähten verschweißt wird, isoliert.

Das Pflanzsubstrat wird mit Aufhügelung der Randflächen wieder so eingefüllt, daß eine mittlere, den Raum diagonal durchdringende, offene Wasserfläche ausgespart

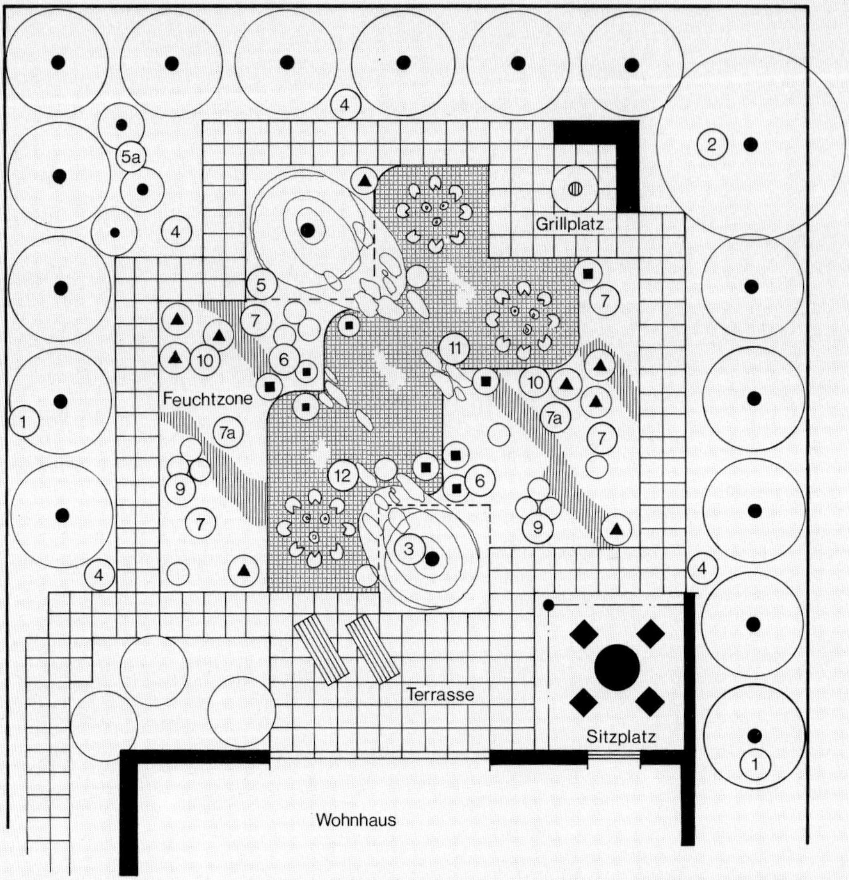

Pflanzenliste zu Beispiel 2: Garten der Sumpfprimeln

1 Gartenbambus
Pseudosasa japonica
2 Blütenkirsche
Prunus subhirtella 'Accolade'
3 Muschelzypresse
Chamaecyparis obtusa
'Nana Gracilis'
+Kaukasusvergißmeinnicht
Brunnera macrophylla
4 Prachtspiere
Astilbe chinensis 'Pumila'
Geißbartspiere
Aruncus dioicus (A. *sylvester*)
Waldglockenblume
Campanula macrantha
Türkenbundlilie
Lilium-Bellingham-Hybriden
5 Sternmagnolie
Magnolia stellata
+Mehlprimel
Primula farinosa

+Sumpfdotterblume
Caltha palustris
+Moorfarn
Dryopteris cristata
5a Rhododendron
Rhodendron × praecox
6 Scheinkalla
Lysichitum camtschatcense
7 Sumpfprimel
Primula florindae
– × bullesiana
– alpicola
– sikkimensis

7a Sumpfvergißmeinnicht
Myosotis palustris 'Thüringen'
8 Seerose
Nymphaea 'Atropurpurea'
9 Blutweiderich
Lythrum salicaria 'Feuerkerze'
10 Spierstaude
Filipendula rubra 'Venusta'
11 Schwanenbinse
Butomus umbellatus
12 Teichsimse
Scirpus lacustris

wird. Die entstehenden Böschungen werden durch Steinpackungen oder anderes geeignetes Material abgestützt, um ein Abschwemmen des eingefüllten Bodens zu verhindern.

Schon im März-April blüht die Sternmagnolie *(Magnolia stellata)* mit weißen Sternblüten (siehe Abb. Seite 126). Sie wächst auf der Kuppe eines aus dem Sumpfgebiet aufsteigenden Hügels. Zu ihren Füßen leuchten im feuchten Grund breite Flächen überdekkende Mehlprimeln *(Primula farinosa)*, deren Wirkung durch die Zuordnung von weißen Sumpfdotterblumen (*Caltha palustris* var. *alba*) verstärkt wird. Beide werden nach der Blüte unansehnlich und darum von einigen Trupps des Moorfarns *(Dryopteris cristata)* mit straff aufrecht stehenden Wedeln überschirmt. Gleichzeitig öffnen sich weißblütige Scheinkalla *(Lysichitum camtschatcense)* mit muschelförmigen Blütenscheiden. Ihre üppigen blaugrünen Blattspreiten ergeben im Sommer einen wirkungsvollen Kontrast zu den Farnwedeln.

Primeln wirken nur dann überzeugend, wenn sie nicht einzeln, sondern zu mehreren großflächig gepflanzt werden. Sie werden durch im Wasser stehende solitärartige Einzelgestalten, wie Sumpfsimse *(Scirpus lacustris)* Blutweiderich *(Lythrum salicaria)* und Schwanenbinse *(Butomus umbellatus)*, akzentuiert.

Primula florindae und ihre Keylour-Hybriden bilden in den Sommermonaten aus üppigen Blattschöpfen bis zu 60 cm hohe Etagen leuchtend gelber und brauner Blütenquirle, deren Fruchtstände bis in den Winter hinein wirkungsvoll sind. *Primula* × *bullesiana* überrascht mit gelben, orangen und roten Blütenetagen, die 40 cm Höhe erreichen. Trupps von *Primula alpicola* mit milchweißer und *Primula sikkimensis* mit schwefelgelber Tönung erweitern die Palette. Die einzelnen Farbkomplexe werden gegliedert durch Bänder des himmelblauen Sumpfvergißmeinnichts (*Myosotis palustris* 'Thüringen').

Es ist merkwürdig, wie selten ein solches Sommerfest nachhaltiger Wirkung gefeiert wird. Es wird ergänzt durch die sich im offenen Wasserbereich entfaltenden großen Blütenschalen der Seerose (*Nymphaea* 'Atropurpurea'). Ihre bronzefarbenen Staubblätter sind ein wirkungsvoller Kontrast zu der ungewöhnlich eindrucksvollen granatroten Blüte mit dem schwefelgelben Zentrum der Staubblätter.

Der Raumschluß für diesen Sumpfbereich wird durch eine Hecke aus Pfeilbambus *(Pseudosasa japonica)* bewirkt. Sie erreicht eine Höhe von etwa 3 bis 4 m und bringt durch das grazile, bewegte Spiel ihrer Halme einen besonderen Erlebniswert. Wurzelausläufer werden durch senkrecht gestellte Eternitplatten am Wuchern gehindert. In den verbleibenden Freiflächen strahlen Geißbartspiräen *(Aruncus dioicus)* kombiniert mit weißen und blauen Waldglockenblumen (*Campanula macrantha* und 'Alba') mit eingesprengten orangefarbenen Türkenbundlilien (*Lilium* Bellingham-Hybriden) eine kräftige, sommerliche Wirkung aus.

Sie wird durch einen Teppich sommerblühender Astilben (*Astilbe chinensis* 'Pumila') mit federigen, rosafarbenen Blütenrispen zusammengefaßt.

Den Sitzplatz am Ende des Wasserlaufs überschirmt eine im April mit zahllosen, rosafarbenen Blüten überschüttete Japankirsche (*Prunus subhirtella* 'Accolade'). Sie ist ein wirklicher Frühlingstraum. Ihr malerisch überhängendes Gezweig entwickelt auch nach der Blüte eine wirksame Silhouette.

In entsprechenden Aussparungen der Sumpffläche wird auf trockenem Grund ein wintergrüner Akzent durch die schwach wachsende Muschelzypresse (*Chamaecyparis obtusa* 'Nana Gracilis') gesetzt. Ihre fächerförmigen und muschelartig gedrehten Zweige ergeben eine reizvolle Wechselwirkung aus Licht und Schatten. Das Kaukasus-Vergißmeinnicht *(Brunnera macrophylla)* bildet darunter himmelblaue Blütensträuße über robuster Belaubung. Durch

Das Riesenchinaschilf ist in Verbindung mit dem geschlitztblättrigen Sumach ein wirkungsvoller Schauspieler auf der Bühne des Wassergartens.

Einsprengung großkroniger weißer Narzissen entsteht eine besondere Wirkung.

Beispiel 3: Garten der Japaniris. Wer die zauberhaften japanischen Schwertlilien *(Iris kaempferi)* in seinem Garten zu einem vorsommerlichen Festival bitten will, muß die gleichen Vorbereitungen treffen, wie sie in Beispiel 2 beschrieben sind, also eine entsprechende Pflanzfläche wasserdicht isolieren. Auch Japaniris brauchen feuchten, torfhaltigen, sauren Boden. Der durch Isolierung entstehende Wasserspiegel muß etwa 20 cm tiefer liegen als die Bodenoberfläche. Die äußere, umlaufende Pflanzfläche wird durch druckimprägnierte Holzschwellen, die den Höhenunterschied abfangen, begrenzt. Die Aufschließung der Gartenflä-

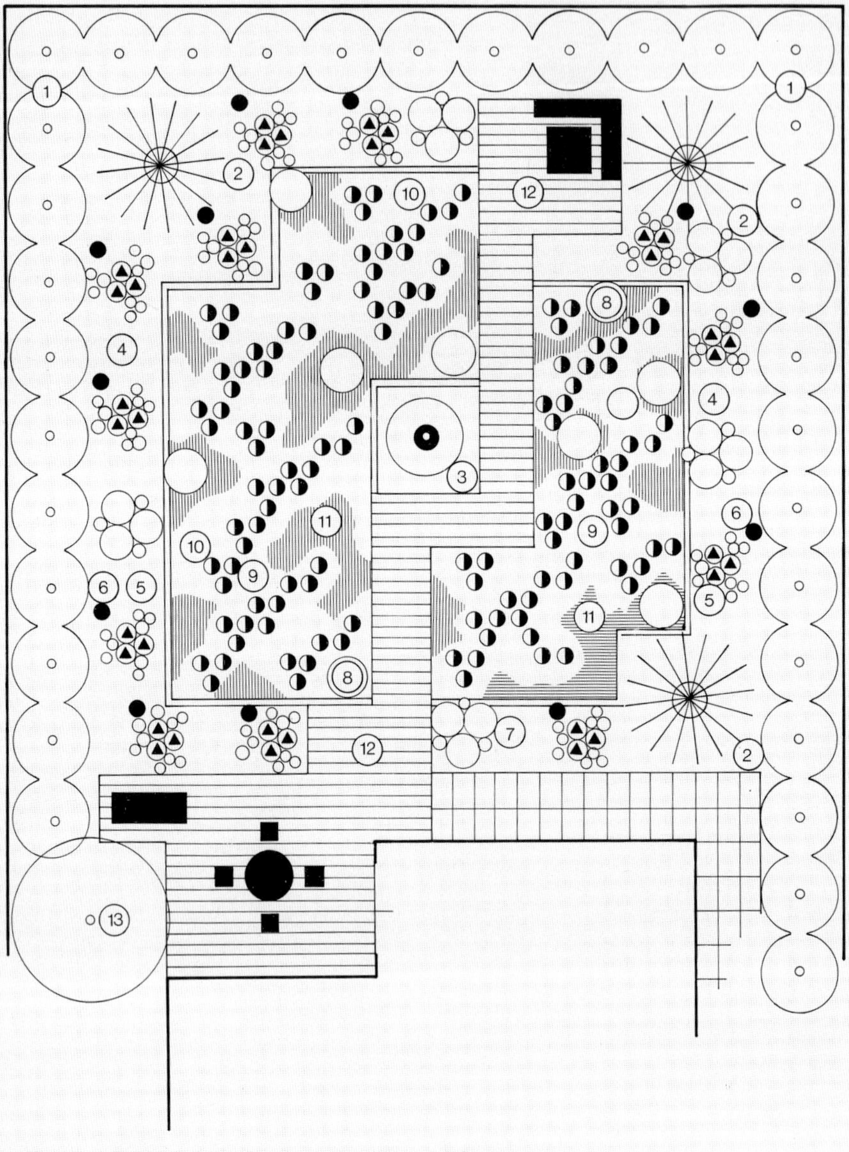

Pflanzenliste zu Beispiel 3: Garten der Japaniris

1 *Ilex*-Hecke
Ilex aquifolium 'Alaska'
2 Gartenbambus
Sinarundinaria nitida
3 Rostbart-Ahorn
Acer rufinerve
4 Blauer Günsel
Ajuga reptans 'Atropurpurea'
+Waldanemone
Anemone sylvestris
5 Sibirische Schwertlilie
Iris sibirica-Sorten
+Trollblumen
Trollius-Hybride 'Goldquelle'
+Spierstaude
Filipendula hexapetala 'Plena'

6 Amstelraute
Thalictrum aquilegifolium
7 Wasserdost
Eupatorium purpureum 'Atropurpureum'
+Lanzensilberkerze
Cimicifuga cordifolia
8 Scheinkalla
Lysichitum americanum
9 Japaniris
Iris kaempferi in Sorten
+Rosenprimel
Primula rosea 'Gigas'
+Schneeglöckchen
Galanthus nivalis
+Schachbrettblume
Fritillaria meleagris
+Knotenblume
Leucojum aestivum
+Sumpffarn
Thelypteris thelypteroides
10 Sumpfvergißmeinnicht
Myosotis palustris 'Thüringen'
+Wollgras
Eriophorum vaginatum
+Herbstzeitlose
Colchicum autumnale
11 Tümpel
12 Bohlensteg
13 Schneeglöckchenbaum
Halesia carolina

che erfolgt von der Terrasse am Hause, die als Holzpodest ausgebildet ist, über einen abgewinkelten, brückenartigen Bohlensteg durch die Feuchtzone zum Sitzplatz im hinteren Gartenteil. So können alle pflanzlichen Kostbarkeiten aus der Nähe betrachtet werden.

Die Pflanzinseln werden so erhöht, daß in den Restflächen kleine Tümpel entstehen, die ideale Laichplätze für Frösche, Kröten und anderes Wassergetier als Lebensraum ergeben.

Schon im April steigen im Sumpfteil die Blütenstände der Amerikanischen Scheinkalla *(Lysichitum americanum)* mit lichtgelben, ausdrucksvollen Blütenscheiden kniehoch aus dem feuchten Grund. Nach dem Verblühen entwickelt die Pflanze imposante Blattschöpfe mit breiter, dekorativer Belaubung während des ganzen Sommers.

Blitzende, karminrote, vielblütige Teppiche spinnt zwischen ihnen die zur gleichen Zeit blühende Rosenprimel (*Primula rosea* 'Gigas'). Sie wird besonders leuchtend, wenn

Keine bunte Blütenwirkung, sondern die stille Aussage standortsgerechter Pflanzengestalten bestimmt hier das Bild.

sie mit Schneeglöckchen *(Galanthus nivalis)* durchsetzt wird. Ihnen folgen die Blütenlaternen der Kiebitzeier *(Fritillaria meleagris)*. Ihr lustiges, schachbrettartiges Muster aus Weiß und Purpur muß in so großer Anzahl erscheinen, daß sie die ganze Sumpffläche durchwirken. (Auf geeignetem Standort wird dies durch Selbstaussaat erreicht.) Sind sie verblüht, erscheinen Horste der Sommerknotenblume *(Leucojum aestivum)*. Sie trägt ihre Blütenglocken kniehoch und setzt das Spiel früher Schneeglöckchen bis in den Sommer fort. Horste des Sumpffarns (*Thelypteris thelypteroides* früher *T. palustris*), der bis ins offene Wasser hinein wächst, steigert ihre Wirkung mit hellgrünen Wedeln. Und dann beginnt das Fest der Blüte der Japanischen Schwertlilien *(Iris kaempferi)*. Sie werden auf kleinen, überhöhten Hügeln zwischen Tümpeln gepflanzt. Es ist schwer, die ungewöhnliche Ausstrahlung dieser Pflanze mit Worten zu umschreiben. Ihre vielfarbene Palette reicht von Schneeweiß, Perlmuttergrau über Himmelblau zu Hellblau und Rosa zu Tiefviolett. Sie sind getuscht, geadert, gestrichelt und in reinen

Die Randbepflanzung der Wasserflächen muß in ihrer Aussage mit der Atmosphäre des Standorts zusammenklingen.

Farbtönen gezüchtet worden (s. Liste S. 94). Sie sind es wert, einen besonderen Gartenplatz bestimmend zu beherrschen. Die variable Wirkung ihrer Blütenform und Farbe verbietet eine Mischung der Sorten. Jede Sorte sollte einzeln oder in Trupps auftreten, um ihre Ausstrahlung voll auszuschöpfen (Abb. S. 130). Während des ganzen Sommers spiegelt auch hier das Sumpfvergißmeinnicht (*Myosotis palustris* 'Thüringen') das Himmelblau eines Sommertages (Abb. S. 133). Wird dieses Vegetationsbild mit lockeren Bändern des nicht wuchernden Scheidenwollgrases *(Eriophorum vaginatum)* durchsponnen (Abb. S. 140), so ergeben deren silbrige weiße, wollige Schöpfe unter den Irisblüten und dem Himmelblau der Vergißmeinnicht eine raffinierte Wirkung und verleihen dem Sumpfgarten die ganz besondere Note eines naturhaften, überzeugenden Vegetationsbildes. Es klingt mit dem Aufflackern rosafarbener Blütenkelche der Herbstzeitlose *(Colchicum autumnale)* im Herbst aus (Abb. S. 141). Die Atmosphäre dieses eindeutigen Standorts wird sichtbar, wenn auch die begleitende Randpflanzung außerhalb der Feuchtzone einstimmt. Die Hülse *(Ilex aquifolium* 'Alaska') schafft als freiwachsende Hecke einen wintergrünen Raumschluß. Die lackgrüne, stachelige Belaubung und der herbstliche Beerenbehang sind Hintergrund für leuchtende Blütenfarben. Drei Kansuschirmbambus *(Sinarundinaria nitida)* mit bräunlichen Trieben und schmaler, zierlicher Belaubung sind bestimmende Raumakzente. Im Zentrum des Sumpfteils auf erhöhter Insel im Winkelpunkt des Steges bildet der Rostbart-Ahorn *(Acer rufinerve)* einen während des ganzen Jahres wirkungsvollen Schwerpunkt. Der Schneeglöckchenbaum *(Halesia carolina)* gibt der Terrasse Sichtschutz und bezaubert im Mai durch das Spiel seiner pendelnden weißen Blütentrauben. Unter der raumschließenden Ilex-Hecke bildet eine geschlossene Bodendecke aus dem blauen Günsel (*Ajuga reptans* 'Atropurpurea') im April-Mai mit blauen Blütenkerzen auf bronzefarbenem Laub, bestickt und durchsetzt mit weißen Blütensternen der gleichzeitig blühenden Waldanemone *(Anemone sylvestris)* einen dauerhaften Untergrund (Abb. S. 123). Es ist ein prächtiger Kontrast zu den um diese Zeit die Atmosphäre bestimmenden Sibirischen Schwertlilien *(Iris sibirica)*.

Die in Kultur befindlichen Hybriden bieten eine breite Palette der Blautöne. Hellblau mit waagerechten, leicht getönten Hängeblättern blüht 'Blue Mere', dunkelblau (Abb. S. 131) die großblumige 'Blue Cape', samtig dunkelviolett mit schwarzblauem Grund die Sorte 'Dreaming Spires', während 'Cambridge' türkisblau, an der Basis weiß und gelb gefleckt, sehr wirkungsvoll ist. Einige hinzugefügte 'White Swirl' mit edlen, reinweißen Blüten machen alle Blautöne noch leuchtender. Der Reiz der schmetterlingshaften, an dünnen Stielen schwebenden Blütenkelche dieser Iris wird besonders wirksam in Verbindung mit den geschlossenen Blütenbällen der Trollblumen (*Trollius*-Hybride 'Goldquelle'). Er wird ergänzt durch Horste der Spierstaude (*Filipendula hexapetala* 'Plena'), mit farnartigem Laub und weißer, üppiger Blütendolde, und der Zuordnung der hellvioletten, quirligen Blütenrispen der Wiesenraute *(Thalictrum aquilegifolium)*.

Übermannshohe imposante Büsche entwikkelt im Herbst der Wasserdost (*Eupatorium purpureum* 'Atropurpureum'), dessen weinrote Blütenrispen von den zierlichen Kerzen der Lanzensilberkerze *(Cimicifuga cordifolia)* durchsetzt werden.

Beispiel 4: Der Sumpfwald. Ist ein naturfeuchter, nahrhafter Boden in geschützter Lage vorhanden, so kann daraus auch auf einem kleinen Grundstück eine Gartenform in freier Anordnung entwickelt werden, deren Wirkung nicht nur auf Blütenfülle ausgerichtet ist. Sie ist vielmehr eine Darstellung vitaler, üppiger Ausdruckskraft, die aus den hier gegebenen ökologischen Bedingungen heraus entwickelt wird. Die Gartenfläche wird mit kleinen Geländekuppen modelliert, um die optische Raumwirkung zu steigern. Die dabei entstehenden Mulden werden durch geeignete Isolierung zu wasserhaltenden Tümpeln und schaffen in Verbindung mit entsprechenden Gehölzen die Atmosphäre eines Sumpfwaldes.

Der anstehende Boden wird durch mechanische und biologische Maßnahmen zu seinem Optimum aufgewertet. Das sind die Voraussetzungen für die Gestaltung eines ungewöhnlichen Vegetationsbildes mit fast tropischer Ausstrahlung, auch in klimatisch weniger begünstigten Situationen.

Der Katsurabaum *(Cercidiphyllum japonicum)* ist mehrstämmig und treibt an leicht überhängenden Zweigen herzförmige Blätter leuchtend rotbraun aus, die sich später frischgrün verfärben.

Sie strahlen besonders im Gegenlicht der Morgensonne eine zauberhafte Wirkung aus. Sie wird verstärkt durch die Benachbarung mit einem kleinbleibenden Ahorn *(Acer capillipes)* mit vielblütigen, aufrechten Blütenrispen und langen, zugespitzten Blättern mit roten Blattnerven. Auch im Winter wirkt dieser charaktervolle Baum durch seine Rinde mit auffallend weißen Streifen auf braungrünem Grund. Der Spindelstrauch *(Euonymus yedoensis)* spielt in dieser Kombination die gleiche Melodie. Er grünt in den ersten Frühlingstagen, blüht mit langgestielten Blüten im Mai und läßt seinen Fruchtansatz aus rotem Samen mit orangerotem Samenmantel in den Herbsttagen zu einem besonderen Erlebnis werden. Gleichzeitig werden die samtiggrünen 25 cm langen Blätter der Strauchhortensie (*Hydrangea aspera* ssp. *sargentiana*) von hellvioletten, flachgewölbten Doldenrispen überschirmt und bewirken einen fast tropischen Eindruck. Einige Lorbeerkirschen (*Prunus laurocerasus* 'Schipkaensis Macrophylla') setzen immergrüne, im Mai mit weißen Blütenkerzen bestickte Akzente. Aus einem im ganzen Gartenraum ausgelegten Teppich des Sauerklees *(Oxalis acetosella)*, der smaragdgrün austreibt, im Mai schneeweiße, zarte Blütenkelche entfaltet und auch während des Winters durch bräunlichgrünes Laub wirksam ist, beginnt in günstigen Jahren schon Ende Februar ein bezauberndes Blütenfest. Scharen der Karnevalsprimel *(Primula sibthorpii)* durchleuchten mit purpur- und karminrosafarbenen Blütensternen den Garten zu einer Zeit, da manche Menschen noch an Skifahren denken. Weißes und rotes Dreiblatt (*Trillium grandiflorum* und *T. sessile*) folgen ihnen in großer Zahl im April. Die Wirkung dieser auf die Zahl Drei in Blatt und Blüte aufgebauten Pflanze hat magische Ausstrahlung. Zu ihnen gesellt sich um die gleiche Zeit das sowohl im Blatt als auch in der Blütenform durch einen merkwürdigen Gestaltwandel auffallende Schildblatt *(Peltiphyllum peltatum)*. Kniehoch entwickeln sich rosafarbene Steinbrechblüten, die im Sommer durch üppige, schildförmige Blattspreiten abgelöst werden. Das Schaublatt *(Rodgersia podophylla)* mit bronzefarbenen, handförmigen Blättern und cremeweißen, fast mannshohen Blütenrispen unterstreicht durch seine Erscheinung die vitale Atmosphäre, welche durch die ihr verwandte Form des Schaublatts *(Astilboides tabularis)* mit großen, kreisförmigen Blättern und weißen Blütenrispen noch stärker betont wird.

Sie wirken besonders, wenn in diese Gruppe die zarten, purpurlila Blütenquirle der Wiesenraute *(Thalictrum dipterocarpum)* eingefügt werden. Einzelne Gestalten des Zierrhabarbers (*Rheum palmatum* 'Tanguticum') erreichen imposante Höhen und bilden in Verbindung mit den weinroten Blütenschirmen vom Wasserdost *(Eupatorium purpureum)* wichtige Schwerpunkte auf dem leuchtend grünen Untergrund des Sauerklees. Die Wirkung eines solchen Vegetationsbildes ist erst vollkommen, wenn größere Trupps der Farnkräuter eingefügt werden. Sie sind so ausdrucksvoll im Jahresab-

lauf, daß man einen ganzen Garten mit ihnen bepflanzen möchte.
Farnkräuter sind Pflanzengestalten, deren Vorfahren sich schon in einer Zeit entwikkelten, als noch keine Menschen lebten. Steinkohlenlager berichten von ihrem Vorkommen, als die ersten Tierarten die Erde bevölkerten. Dies Geheimnisvolle haben sich auch die heute noch lebenden Formen bewahrt. Wenn man das faszinierende Werk von Prof. Maatsch ,,Das Buch der Freilandfarne", aufschlägt, wird man gepackt von der Fülle der Möglichkeiten, diese urweltlichen Gestalten in den Sumpfwald aufzunehmen. Nur aus Platzgründen muß man sich jeweils für einige besonders hervorragende Arten entscheiden, deren Vertreter wir aus der Gesellschaft der Frauenfarne *(Athyrium)*, der Wurmfarne *(Dryopteris)*, der Rippenfarne *(Blechnum)* mit vielen Varianten auswählen können. Alle stimmen wirkungsvoll in das Orchester dieser Traumlandschaft ein, wenn ihre Wachstumsbedingungen erfüllt sind.
Der Nepal-Schwarzschuppenfarn *(Dryopteris wallichiana)* entwickelt an schwarzen

Pflanzenliste zu Beispiel 4: Der Sumpfwald

1 Katsurabaum
Cercidiphyllum japonicum
2 Ahorn
Acer capillipes
3 Pfaffenhütchen
Euonymus yedoensis
4 Strauchhortensie
Hydrangea aspera ssp. *sargentiana*
5 Lorbeerkirsche
Prunus laurocerasus
'Schipkaensis Macrophylla'
6 Sauerklee
Oxalis acetosella
+Karnevalsprimel
Primula sibthorpii
7 Dreiblatt
Trillium grandiflorum, T., sessile
8 Schildblatt
Peltiphyllum peltatum
9 Schaublatt
Rodgersia podophylla
10 Schaublatt
Astilboides tabularis
+Wiesenraute
Thalictrum dipterocarpum
11 Zierrhabarber
Rheum palmatum 'Tanguticum'
12 Wasserdost
Eupatorium purpureum
13 Nepal-Schwarzschuppenfarn
Dryopteris wallichiana
14 Regenbogenfarn
Athyrium nipponicum 'Metallicum'
15 Rippenfarn
Blechnum spicant
+Japanprimel
Primula japonica 'Atropurpurea'
16 Mummelblume
Nuphar advena
Schlangenwurz
Calla palustris
Sumpfdotterblume
Caltha palustris
Rosenprimel
Primula rosea 'Gigas'
Pfeilkraut
Sagittaria latifolia
17 Königsfarn
Osmunda regalis
+Geflecktes Knabenkraut
Dactylorhiza maculata
+Sumpfwurz
Epipactis palustris
Sumpfschachtelhalm
Equisetum telmateia

Stielen eine Blätterkrone mit einem Durchmesser von einem Meter mit doppelt gefiederten, glänzend wintergrünen Fiedern. Er ist eine Solitärerscheinung und sollte auch so gestellt werden.

Der Japanische Regenbogenfarn (*Athyrium nipponicum* 'Metallicum') stammt aus japanischen Wäldern, seine farblich auffallenden Wedel und purpurfarbenen Adern kontrastieren mit dem Silbergrau der Fiedern. Diese auffällige Kostbarkeit sollte zur Nahbetrachtung vordergründig angeordnet werden.

Der Rippenfarn *(Blechnum spicant)* ist ein sehr elegant wirkender heimischer Farn. Die unteren sterilen Wedel bilden eine spiralige Rosette, aus der sich die später entwickelnden fertilen Wedel wie Lanzen mit schmalen Fiedern steil nach oben kniehoch herausschieben. Durch Rhizomausläufer kann sich der Rippenfarn am richtigen Standort zu breiten, auffallenden Horsten entwickeln. Besonders wirkungsvoll ist die Zuordnung von Scharen der Japanprimeln *(Primula japonica)*.

In den flachen Tümpeln wachsen Pflanzen, deren Bild den Charakter des Sumpfwaldes ergänzend bestimmen. Sie müssen die gleiche Melodie spielen. Mummelblumen *(Nuphar advena)* wachsen hüfthoch aus flachem Wasser mit seerosenähnlichen Blättern. Sie gleichen fast den Lotosblumen. Ihre goldgelben, kugeligen Blüten schweben über dem imposanten Laub.

Aus dem im Schlamm eines Tümpels kriechenden Wurzelstock wächst mit langgestielten, herzeiförmigen, glänzenden Blättern und blauen Blütenähren das Hechtkraut *(Pontederia cordata)*. Es klingt zusammen mit der kriechenden Schlangenwurz *(Calla palustris)* mit grünlichen Blütenkolben und weißer Blütenscheide.

Schon im April leuchten aus allen Tümpeln die lichtgelben Sumpfdotterblumen *(Caltha palustris)*, die besonders auffallen, wenn ihnen die Sumpfprimel (*Primula rosea* 'Gigas') mit hell karminroten, leuchtenden Blütensternen zugesellt wird. Wird ihre Belaubung unansehnlich, werden sie vom Pfeilkraut *(Sagittaria latifolia)* mit breiten, üppigen Blattspreiten und wirkungsvollen weißen, quirlig am Blütenstiel sitzenden Blüten überschirmt.

In einem der Tümpel spiegeln sich die fast mannshohen Wedel des Königsfarns *(Osmunda regalis)*, dessen Gestalt seinem Namen entspricht. In dem dicken Ballen faserig schwärzlicher Wurzeln, der über die Wasserfläche herausragt, wachsen prächtige, heimische Sumpforchideen, wie das gefleckte Knabenkraut *(Dactylorhiza maculata)* mit leuchtend rosafarbenen Blütenständen, sowie die Sumpfwurz *(Epipactis palustris)*, eine Orchideenart, die ihre weißlichgrünen Blüten im Juli öffnet.

Der große Schachtelhalm *(Equisetum telmateia)* ist wie die Farne gleichfalls ein Requisit vergangener Epochen. Die am Rand des Wassers aufsteigenden, unverzweigten Halme bestehen aus mehreren Gliedern, die durch sichtbare Knoten miteinander verbunden sind. Sie bilden mit ihren in Etagen angeordneten Blattquirlen eine ungewöhnlich reizvolle Pflanzenarchitektur im Sumpfbereich.

Wenn die ersten Herbstnebel steigen, schenkt uns der Sumpfwald ein wirkungsvolles Finale.

Das leuchtende Karminrot des Ahorns kontrastiert mit dem schwefelgelben bis kupferfarbenen Laub des Katsurabaumes und den gleichfalls karminroten Blättern des Pfaffenhütchens vor dem dunkelgrünen Laub der Lorbeerkirsche. Der Königsfarn ergänzt diese Palette durch braungoldene Töne.

Es ist ein Konzert der Farben, das den Abschied vom Sommer leicht macht. Das graphische Linienspiel von nicht beseitigten Fruchtständen, vergilbenden Halmen und Blättern über der Schneedecke sind besondere Erlebniswerte, die in den meisten Gärten aus falschem Ordnungsbedürfnis nicht ausgeschöpft werden.

Beispiel 5: Anspruchsvoller Garten. Es gibt viele Pflanzenfreunde, deren höchstes Gartenglück in der Kultur von Pflanzen aus anderen Lebensbereichen, aus mediterranen bis tropischen Floren gipfelt.

Da unser Klima dies im Freiland nur bedingt ermöglicht, tauchen in steigendem Umfang Kleingewächshäuser in Privatgärten auf. Für diesen gesteigerten Erlebniswert sind solche Gartenfreunde bereit, aktiv zu gärtnern und die damit verbundenen Kosten bereitzustellen.

Viele solcher Pflanzen werden in entsprechend großen Kübeln kultiviert und während der Sommermonate im Garten gepflegt. Auch für die Gruppe der tropischen Sumpf- und Wasserpflanzen gibt es viele Möglichkeiten, ihnen im Garten einen Lebensraum zu schaffen, um diese gesteigerten Daseinsformen der Pflanzenwelt während der Sommermonate zu erleben.

Die höheren Wärmeansprüche dieser Pflanzen müssen durch eine zusätzliche Beheizung der Wasserbecken erfüllt werden. Die dafür erforderliche Energie ist heute durch den

Einsatz der Solartechnik oder Wärmepumpen mit Thermostatsteuerung kein unüberwindliches Problem mehr, da diese für die Becken nur in der Zeit der stärksten Sonneneinstrahlung in der sommerlichen Vegetationszeit benötigt wird. Die Pflanzen werden in beweglichen Behältern kultiviert, im Frühling in den Wasserbecken eingesenkt, im Herbst herausgenommen und in einem kleinen Glashaus, in dem auch die Kübelpflanzen untergebracht werden, frostsicher überwintert. Die für die Beheizung eines solchen Hauses während dieser Zeit auf 6 – 10 °C erforderliche geringe Energie wird aus der dann zur Verfügung stehenden Wärmeanlage gewonnen.

Unter solchen Voraussetzungen entsteht ein Garten mit den Attributen eines permanenten Urlaubs in südlichen Zonen während des ganzen Sommers, besonders dann, wenn die in unserem Klima möglichen vitalsten Pflanzenerscheinungen als Begleiter und zur Ergänzung eingesetzt werden. Der im Entwurf dargestellte Garten wird von einer den kleinen Raum diagonal gliedernden, gepflasterten Terrasse aufgeschlossen. Sie bietet durch ihre große Fläche nicht nur Sitzplätze unterschiedlicher Nutzung, sondern auch Platz für Gartenfeste, zum Tanzen, zum Grillen und andere Erholungsmöglichkeiten. Das Glashaus mit Wärmeeinrichtung und Kompostplatz begrenzt die Südseite. An beiden Seiten der Terrasse bestimmen diagonal versetzte, beheizte Wasserbecken den räumlichen Charakter des Gartens.

Die durch den Versatz entstehenden Winkel sind geeignete Standorte für den Sommeraufenthalt großer und kleiner Kübelpflanzen. Da die Kübel ein gestalterischer Beitrag zur Gesamtwirkung des Gartens sind, sollten hier nur gut geformte Tontöpfe und Schalen verwendet werden. Daraus blühen hier mannshohe Stechäpfel *(Datura arborea)* mit ihren phantastischen weißen und gelben, stark duftenden langen Blütengehängen. Eibisch *(Hibiscus sinensis)* entwickelt an großen Sträuchern rote oder gelbe Blütenschalen, aus denen lange Staubfäden herausragen. Es gibt eine Fülle von Möglichkeiten, in Gestalt schöner Kübelpflanzen, wie *Eucalyptus, Cassia* (Gewürzrinde), *Punica* (Granatäpfel) u. a. zu kultivieren, um immer wieder die beglückenden Pflanzenformen des Südens zu erleben.

In drei Wasserbecken bildet die Papyrusstaude *(Cyperus papyrus)* wirkungsvolle graphische Silhouetten mit hohen Stielen, die durch feingliedrige, überhängende Blattschirme gekrönt sind und besonders im leichten Sommerwind ein graziöses Bewegungsspiel aufführen. Im Teichgrund wurzeln tropische Seerosen (*Nymphaea* x *daubenyana*) mit blauen, strahlenförmigen Blüten, die 20 cm hoch aus dem Wasserspiegel aufsteigen. Zwischen ihren Laubblättern liegt ein blaugrüner Teppich des Schwimmfarns *(Salvinia natans),* unter dem tropische Zierfische gern Schutz suchen.

Der Wassermohn *(Hydrocleis nymphoides)* entwickelt lederartige, sattgrüne Schwimmblätter. Darüber schweben handhoch hellgelbe Schalenblüten. Sie sind eine schöne Ergänzung zum hellen Blau der Seerosenblüten, oder wir fügen in das Bild dieser Pflanzengruppe die eindrucksvolle Gestalt der Colocasie *(Colocasia esculenta)* mit blaugrünen, großen Blättern, dunkler Aderung und rötlichen Stielen ein. Die übrigen Becken erhalten die sagenhafte Lotosblume als Führungspflanze. Die beheizten Becken erlauben die Kultur der schönsten ihrer Formen, der Indischen Lotosblume *(Nelumbo nucifera).* Über großen, kreisrunden Schirmblättern schweben an hüfthohen Stielen rosafarbene, faszinierende Blütenschalen, die sich im Wasser spiegeln. Neben ihnen bildet die Kalla *(Zantedeschia aethiopica)* über hellgrünen Blattschöpfen schön geschnittene, leuchtend weiße Blütenscheiden. Ein schwimmender Teppich aus Wasserhyazinthen *(Eichhornia crassipes)* überdecken mit ihren Rosetten aus löffelförmigen, hellgrünen Blättern an kugelförmig aufgeblasenen Schwimmstielen durch üppige Entwicklung

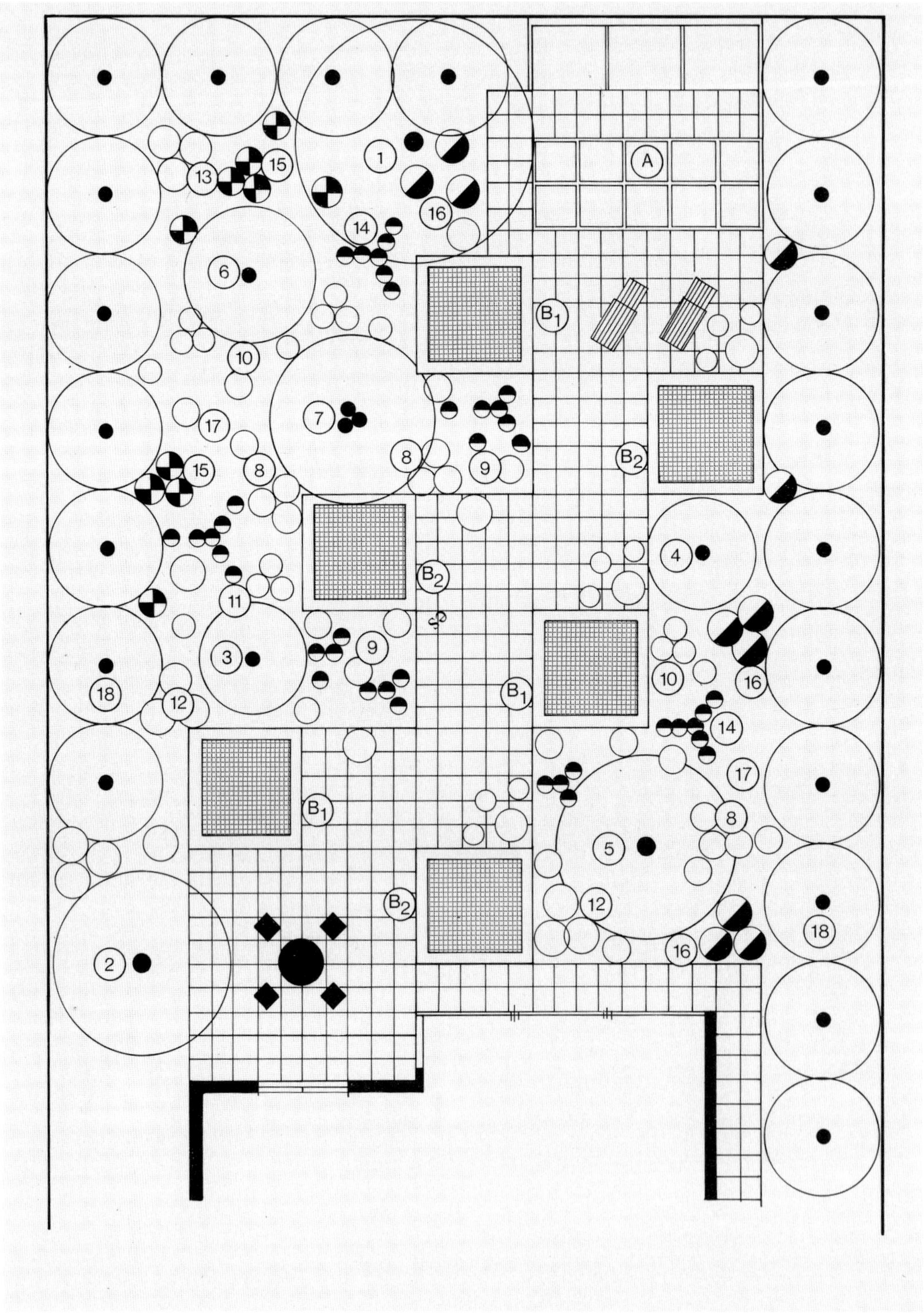
A
B1
B2
1
2
3
4
5
6
7
8
9
10
11
12
13
14
15
16
17
18

Pflanzenliste zu Beispiel 5: Anspruchsvoller Garten

A Glashaus
B 1 Wasserbecken mit Papyrus
Cyperus papyrus
+Tropische Seerose
Nymphaea x *daubenyana*
+Schwimmfarn, *Salvinia natans*
+Wassermohn
Hydrocleis nymphoides
+Colocasie, *Colocasia esculenta*
B 2 Wasserbecken mit Lotosblumen
Nelumbo nucifera
Sumpfkalla, *Zantedeschia aethiopica*
Wasserhyazinthe, *Eichhornia crassipes*
1 Trompetenbaum
Catalpa bignonioides
2 Taubenbaum, *Davidia involucrata*
3 Aralie, *Aralia elata*
4 Strauchhortensie
Hydrangea aspera ssp. *sargentiana*
5 Magnolie
Magnolia soulangiana ‘Nigra’

Magnolie, *Magnolia kobus* ‘Loebneri’
7 Mammutblatt
Gunnera tinctoria oder *G. chilensis*
8 Lilienfunkie
Hosta plantaginea var. *grandiflora*
9 Sumpfeibisch
Hibiscus moscheutos ‘Southern Belle’
10 Schaublatt, *Astilboides tabularis*
11 Wachsglocke
Kirengeshoma palmata
12 Fackellilie, *Kniphofia*-Hybride ‘Luna’
13 Greiskraut, *Ligularia wilsoniana*
14 Madonnenlilie, *Lilium candidum*
15 Straußfarn, *Matteuccia pensylvanica*
16 Nepal-Schwarzschuppenfarn
Dryopteris wallichiana
17 Bergenienteppich
Bergenia cordifolia
‘Silberlicht’ u. ‘Morgenröte’
18 Eibisch-Hecke
Hibiscus syriacus ‘Woodbridge’

fast die ganze Wasserfläche, die in späten Sommertagen von hellblauen Blütensternen überzogen ist.

Auf diesen eindeutigen Charakter tropischen Wachstums muß auch die Begleitpflanzung der Gehölze und Stauden abgestimmt werden, um ein überzeugendes Vegetationsbild zu entwickeln.

Der Trompetenbaum *(Catalpa bignonioides)* hat eine starke, üppige Ausstrahlung durch große, herzförmige Belaubung und den reichen Flor seiner sommerlichen, langen Blütenkerzen. Sie sind weiß mit gelbem Grund und purpur gefleckt.

Die Wohnterrasse am Hause überschirmt der Taubenbaum *(Davidia involucrata)*. Aus dem breit eiförmigen, rotgestielten Laub entwickeln sich unscheinbare Blütenköpfe mit je zwei großen, lose hängenden gelblichweißen Deckblättern, deren Wirkung auffliegenden Tauben gleicht. (Die Engländer vergleichen sie mit aufgehängten Taschentüchern.) Wenn er blüht, ist er für den Garten eine vielbestaunte Kostbarkeit.

Auch die übrigen Gehölze stimmen durch ihre Gestalt in die angeschlagene Melodie vitalen Wachstums ein. Der sogenannte Teufelsspazierstock *(Aralia elata)* ist ein mehrstämmiger, bizarr wachsender, dickästiger und exotisch anmutender Strauch mit langen, doppelt gefiederten Blättern und großen, gelblichweißen Blütendolden im Spätsommer.

Die Strauchhortensie *(Hydrangea aspera* ssp. *sargentiana)* läßt durchaus die Atmosphäre tropischer Üppigkeit entstehen. Die langen, herzeiförmigen, samtig grünen, dekorativen Blattgehänge mit den breiten, flachgewölbten Doldenrispen, mit weißen und violetten Randblüten, machen diesen ungewöhnlichen Strauch zu einem bedeutsamen Beitrag in diesem Vegetationsbild.

Die gleiche Rolle spielen durch ihre bezaubernden Glockenblüten und ihren bestechenden Habitus zwei Magnolien: *Magnolia soulangiana* 'Nigra' öffnet im Mai zahlreiche purpurfarbene große Blütenschalen mit faszinierendem Schmelz und unvergleichlichem Blütencharme und blüht während des ganzen Sommers nach.

Magnolia kobus 'Loebneri' vereinigt die Frohwüchsigkeit der Kobushi-Magnolien mit der Blühwilligkeit der bekannten Sternmagnolien. Die Blütezeit dieses kleinen Baumes ist ein Gartenfest wert.

Das Mammutblatt (*Gunnera tinctoria*, syn. *G. chilensis*) ist unter den in unserem Klima möglichen Tropengestalten bei ausreichendem Winterschutz die stärkste Demonstration vegetativen Wachstums. Die riesigen, bis 2 m breiten Blattspreiten entfalten sich im Mai nach ihrem Winterschlaf aus rosafarbenen Knospenanlagen wie emporgestreckte Hände. Sitzt man im Sommer unter ihren weit ausladenden Blättern und blinzelt durch die Lichtlücken in die Sonne, so erhascht man einen kleinen Zipfel des Paradieses.

Eine wirkungsvolle Umpflanzung bilden Horste der Lilienfunkie (*Hosta plantaginea* var. *grandiflora*) mit großen, breit herzförmigen Blättern und duftenden weißen Blütenständen.

In dieser Umgebung können die unwahrscheinlich großen, rosafarbenen Blüten des Sumpfeibisch (*Hibiscus moscheutos* 'Southern Belle') ihren einmaligen Zauber entfalten. Das Schaublatt *(Astilboides tabularis)* formt kreisrunde Blattstände wie die Blätter der Lotos. Sie werden von zierlichen, cremeweißen Blütenrispen überschirmt. Die Wachsglocke *(Kirengeshoma palmata)* zeigt im Spätsommer über spitz gelappten Blättern wachsartige, gelbe Blütensterne.

Mannshohe Blütenkolben aus schilfartigen, dunkelgrünen Blättern entwickelt die Fakkellilie (*Kniphofia*-Hybride 'Luna') mit

Solche bildhaften Wirkungen der Pflanzengestalten können zu Traumlandschaften gesteigert werden.

leuchtend gelben Blütenkerzen im Spätsommer. In diesem sommerlichen Blütenfest wirken die ornamentalen Blütenstände des Greiskrautes *(Ligularia wilsoniana)* mit pyramidalen, mannshohen Blütentürmen besonders eindrucksvoll.
Der ganze Garten wird durchsetzt mit schneeweißen Madonnenlilien *(Lilium candidum)* und erhält wirkungsvolle Akzente durch die Zuordnung von Farnen – Straußfarn *(Matteuccia pensylvanica)* und Nepal-Schwarzschuppenfarn *(Dryopteris wallichiana)*. Alle Gehölze, Stauden und Lilien werden nun durch einen verbindenden Teppich zusammengefaßt, der durch seine Struktur eine überzeugende Unterstreichung und Abrundung dieses auf vitales Wachstum abgestimmten Vegetationsbildes bewirkt.
Diese Forderung erfüllt eine sonst nicht immer leicht einzuordnende Pflanze, so daß ihr meist eine untergeordnete Rolle zugewiesen wird. Hier aber wird sie zu einem bestimmenden Gestaltungsmoment mit überraschender Wirkung: die Bergenie. Ihre großen, ovalen, lederigen, meist wintergrünen Blätter schaffen einen ausdauernden, absolut unkrautsicheren Untergrund. *Bergenia cordifolia* 'Silberlicht' wird im April-Mai von zahlreichen weißen, fußhohen Trugdolden überragt (Abb. S. 149). z. B. 'Morgenröte', mit rosafarbenen Blüten, wird zur Differenzierung sparsam eingesprengt.
Die Zeit eines solchen großflächig wirkenden Blütenfestes ist im Zusammenwirken mit der Magnolienblüte ein besonderes Frühlingserlebnis. Der Gartenhof erhält durch eine Blütenhecke aus winterhartem Eibisch (*Hibiscus syriacus* 'Woodbridge'), dessen große, leuchtend rote Blütenschalen den Garten im Spätsommer umblühen, eine in das vitale Konzert einstimmende Begrenzung.
Die Palette der durch Sumpf- und Wasserpflanzen und ihrer Begleiter denkbaren Kombinationen ist durch diese Skizzen längst nicht ausgeschöpft. Sie sollen nur anregen, durch Freude an nicht alltäglichen Pflanzen und mit etwas Phantasie neue, naturhafte Gartenbilder zu schaffen, die letztlich wie jede Beschäftigung mit dem Garten gesteigerte Lebensfreude vermitteln.

Sumpf-, Moor- und Feuchtgärten

Immer mehr neigen Gartenliebhaber, aber auch Gartengestalter und Architekten dazu, Teile des Gartens oder sogar einen ganzen Garten als sogenannten Naturgarten anzulegen, der sich dann bei richtiger Haltung und Wartung – so absurd das klingen mag – zu einem echten Biotop entwickeln kann. Im Rahmen dieses Buches wird die Wasservariante dieser Idee behandelt, d. h. der Naturgarten in Kombination mit Wasser: Teich, Teichrand, Bach, Wasserfall, Moor und Flachwassersumpf. Eine Form des Wassergartens wird meist vergessen, das ist der Feuchtgarten. Im Feuchtgarten bestimmt das Wasser zwar die Vegation, es tritt aber kaum sichtbar in Erscheinung.

Der Sumpfgarten

Dem Vorbild der heimischen Natur nachgeahmt ist, als Variante des Wassergartens, der Sumpfgarten, ein Mittelding zwischen Teich und Feuchtwiese. Seine Wassertiefe sollte von 0 bis 50 cm reichen, seine Fläche mindestens 3 m^2 einnehmen, wenn möglich mehr (mehrere Folienwannen kombinieren); denn nur bei einer einigermaßen großen Fläche sind die Voraussetzungen gegeben, die dem Sumpfgarten eine Tendenz zur Biotop–Entwicklung geben können. Deshalb wird man versuchen, ein paar kleine, freie Tümpelchen mit einzuplanen, die gut besonnt sind und als Laichplätze für Frösche und Kröten dienen. Rings um das Sumpfgärtlein oder wenigstens an zwei Seiten sollte ein Weg verlaufen, und ein paar Trittplatten oder Findlinge sollten durch das Gebiet füh-

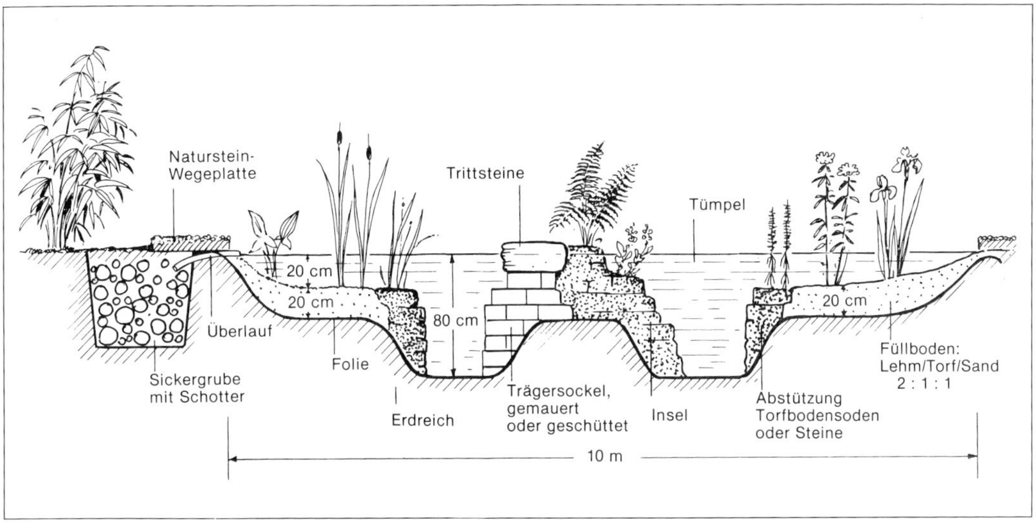

Der Sumpfgarten im Querschnitt mit Flachwasserzonen, freien Wasserflächen und Inseln. Bauanleitung s. Seite 198.

ren, damit man nahe an das Tiergeschehen heran kann. Sie müssen auf einem Steinsokkel lagern, sonst versinken sie ; ihr Abstand muß müheloses Gehen ermöglichen, darf aber den Gesamteindruck nicht stören.

An Pflanzen eignen sich alle, die für die Uferzone der Teiche und Tümpel in Frage kommen (s. Seite 82). Die Auswahl ist so reichhaltig, daß es leicht fällt, ein auf die Größe des Sumpfgartens abgestimmtes Sortiment zusammenzustellen.

Während man in einer großen Anlage *Iris pseudacorus* in den Sorten 'Golden Queen', 'Bastardii', 'Beuron', 'Ilgengold' und *Iris versicolor* mit *Typha angustifolia* und *T. latifolia* kombiniert, wird man im kleinen Sumpfgärtlein *Iris chrysographes, Typha minima* und *T. shuttleworthii* wählen. Unabhängig von der Größe des Gartens sind die anderen Sumpfstauden einzusetzen, wie *Myosotis, Calla, Menyanthes, Hippuris, Sagittaria, Alisma, Butomus* und *Acorus.*

Bei einem Wasserstand, der flacher als 20 cm ist, lassen sich auch die Sumpfdotterblume *(Caltha palustris)* und der Sumpffarn *(Thelypteris thelypteroides)* verwenden.

Man kann auch inselartige Aufschüttungen einplanen, die immer mindestens 15 cm über dem Wasserspiegel sind und setzt darauf Königsfarn *(Osmunda regalis)*, Frauenfarn *(Athyrium filix-femina)*, Kammfarn (Moorfarn) *(Dryopteris cristata)* und sogar Scheincalla (*Lysichitum americanum* und *L. camtschatcense*). Im Bereich des Abflusses lassen sich Bambusse und sogar Sumpfzypressen anpflanzen, die sich im feuchten Boden außerhalb der Folie üppig entwickeln. Aber auch jeder andere Feuchtigkeit liebende Baum oder Strauch könnte Nutznießer des überschüssigen Wassers sein (s. Tabelle ,,Gehölze für den Feuchtgarten", S. 102).

Wenn es aber gar nicht um die große Auswahl geht, sondern einzig um die viel umworbene Japaniris? Dann eröffnet der Sumpfgarten eine interessante Möglichkeit: Wenn der Wasserstand durch eine entsprechende Einrichtung (evtl. verschieden hohe ,regulierbare' Abflüsse) unterschiedlich hoch zu halten ist, also z. B. im Winter um 20 bis 30 cm gesenkt werden könnte, ließen sich wunderbare Gartenbilder mit diversen *Iris kaempferi* gestalten. Die Japanische

Sumpfgarten mit Blutweiderich, Königsfarn, Rohrkolben und Zungenhahnenfuß.

Sumpfiris mag im Winter, nämlich zu der Zeit, wo in Japan der Wintermonsun Trokkenheit bringt, gern etwas trockener stehen, und das könnte man auf diese Weise ermöglichen. Man sollte, wenn man es gern kleiner hätte als im Gestaltungsbeispiel 3 (Seite 19), so ein kleines *Iris-kaempferi*-Feld mit *Thelypteris thelypteroides* und *Caltha* unterpflanzen, damit im Frühling Leben im Sumpfgarten ist und während der Irisblüte kein üppiger Konkurrent stört (Abb. 131, 145).

Moor und Moortümpel

Eine besonders reizvolle Spielart des Feuchtgartens ist das Moor, besonders reizvoll deshalb, weil es dem Garten einen völlig neuen Akzent gibt. Hinzu kommt, daß es für Pflanzen, die kurz vor dem Aussterben sind, zu einem Refugium und neuen Ausgangsort werden kann. In vielen Gärten ist das bereits verwirklicht worden, trotz der Schwierigkeit und Grenzen, denen der Versuch unterliegt.

Für ein Moor im Garten genügt bereits eine knapp 1 m^2 große Wanne aus Folie, Beton oder Kunststoff, z. B. eine Maurerbütte oder ein Betonring mit Boden. Wenn man die Ränder gut verdeckt und dafür sorgt, daß kein kalkhaltiges Wasser den Boden neutralisiert, kann es in jede dazu passende Gartenumgebung eingefügt werden. Je nach dem Säuregrad des verwendeten Bodens oder nach der Auswahl der Pflanzen, die ja letztlich den Säuregrad bestimmen, kann es in verschiedener Weise gestaltet werden, z. B. als Hochmoorbeet. Das Hochmoorbeet hat keine Fernwirkung; es fordert zur Nahbetrachtung auf und sollte daher leicht zugänglich sein. Wenigstens von einer Seite wären Platten- oder Natursteinzugänge nötig.

Lange hält sich ein solches „Hochmoor“ d. h. ein über dem Grundwasserspiegel uhrglasförmig hinausgewachsenes Torfmoor, im Garten nicht. Nach spätestens 5 Jahren muß der Boden erneuert werden, wenn man nicht peinlichst darauf achtet, daß keine alkalischen Substanzen hineingelangen, was oft schon durch den Wind besorgt wird. Sobald sich der Boden neutralisiert, verändert sich die Pflanzengemeinschaft. Insekten und Wind tragen fremde Saat hinein, und damit ist der Grundcharakter des Hochmoorbeetes verfälscht. Man muß neu gestalten.

Die größte Schwierigkeit, ein Hochmoorbeet anzulegen, besteht jedoch darin, daß viele der in Frage kommenden Pflanzen nicht käuflich zu erwerben sind. Da sie obendrein oft unter Naturschutz stehen, bleiben dem interessierten Sammler nur botanische Gärten, Pflanzengesellschaften und andere Interessengemeinschaften und deren Samentauschinstitutionen als Bezugsquelle offen. Die Übersichtsliste der Moorpflanzen (s. Seite 111) gibt daher nicht nur die Pflanzennamen und einen kurzen Steckbrief, sondern sie weist auch darauf hin, ob die Pflanzen im Handel erhältlich und ob sie geschützt sind. Es versteht sich, daß man keine Pflanzen der Natur entnimmt, sondern sie aus Saat nachzieht, um sie zu erhalten, sie evtl. aus eigener Saat zu vermehren und dann der freien Natur unter angemessenen Bedingungen und nach Absprache mit den zuständigen Verantwortlichen wieder zuzuführen.

Bau eines Moors oder Moortümpels siehe Seite 204.

Die unterschiedlich getönten Blätter umranken die Seerosenblüten, die bei dunklem Untergrund besonders zur Geltung kommen. Abdichtung: Folie.

Auf der rechten Seite reicht der Teichrand aus Beton bis an die Terrasse des Hauses. Gegenüber vermitteln die aufgeschütteten faustgroßen Kiesel den Eindruck eines natürlichen Flußufers. Im Vordergrund *Alisma.*

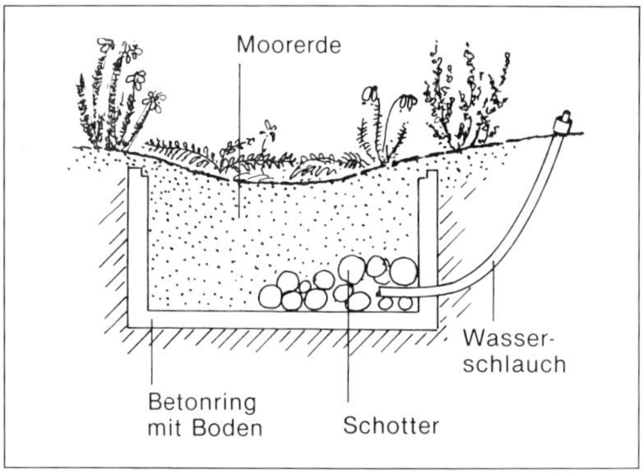

Hochmoor im kleinen Heidegarten. Torfmoos und Moosbeere, Lungenenzian und Fettkraut bestimmen das Bild. Am Rande stehen niedrige Formen der Glockenheide.

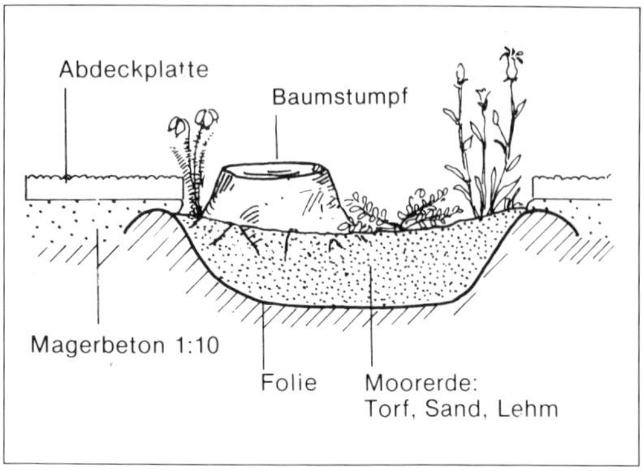

Ein kleines Moor zwischen den Trittsteinen der Terrasse oder der sonnigen Sitzecke.

Heidemoor und Heidemoortümpel

Während ein Hochmoorbeet mehr eine botanische Angelegenheit ist, hat das Heidemoor, besonders wenn es mit einem oder mehreren Tümpeln kombiniert ist, einen recht dekorativen Charakter. Außerdem kann es mit einer ganzen Reihe von Pflanzen bestückt werden, die man als echte Gartenpflanzen bezeichnen kann und bei denen man nicht mit dem Naturschutzgesetz in Konflikt gerät.

Ein Heidemoor wird in einen Heidegarten eingefügt. Es sollte etwas vertieft liegen, sozusagen zwischen den Heidehügeln.

Kleines Heidemoor im Querschnitt mit Wollgras, Sumpffarn, Pfeifengras, Rosmarinheide, Lungenenzian, Bergwohlverleih, und Königsfarn. An den Rändern schließen sich Glockenheide und Besenheide an.

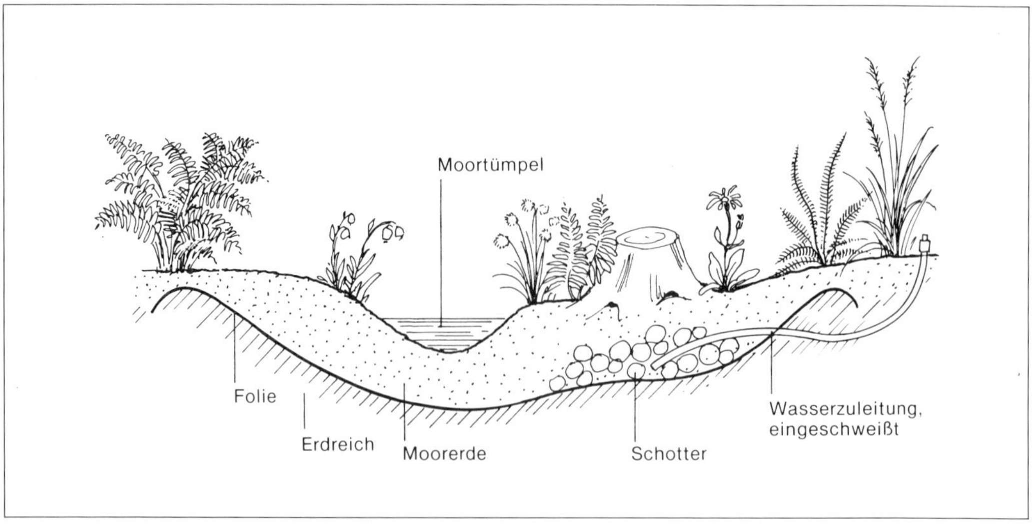

Großes Heidemoor mit Bepflanzungsvorschlag. Im rechten, der Sonne zugewandten Bereich stehen: ***Calluna, Erica tetralix, Andromeda, Vaccinium oxycoccos, Ledum*** **und** ***Blechnum*** **Hinten:** ***Betula nana, Myrica gale, Dryopteris cristata, Eriophorum*** **und links:** ***Osmunda regalis, Athyrium f.-femina*** **und** ***Calla palustris.***

Großes Heidemoor mit Moortümpel (Querschnitt)

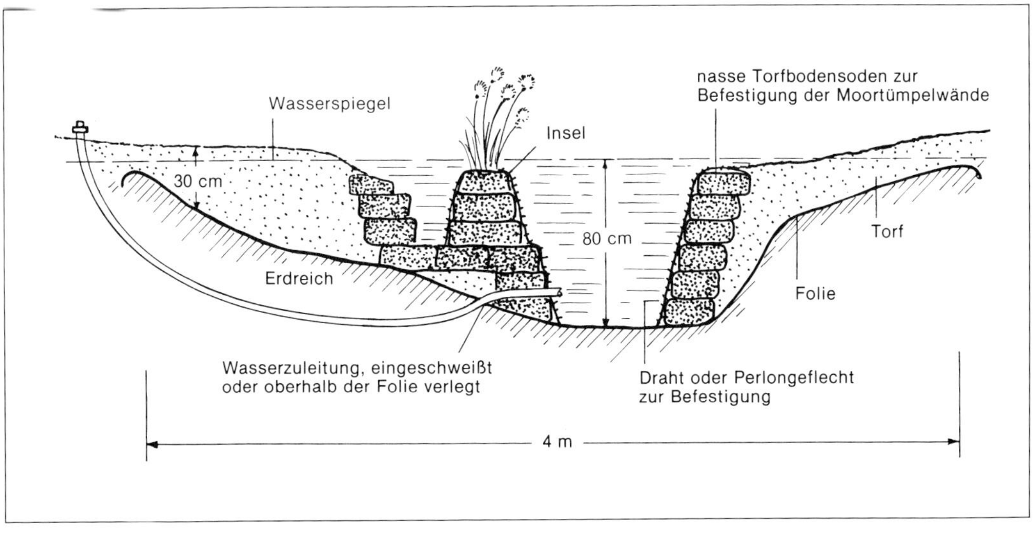

Feuchtwiese mit saurem Charakter, geeignet für Wollgras und Binsen.

Ein kleines Heidemoor ohne Tümpel enthält vielleicht einen Porststrauch *(Ledum palustre)*, wenige Exemplare Glockenheide *(Erica tetralix)*, einen Polster der Moosbeere *(Vaccinium oxycoccos)* und etwas Torfmoos. Die Glockenheide kann sogar noch außerhalb der Folie oder außerhalb eines eingegrabenen Gefäßes stehen. Weiter draußen wird sie durch *Calluna* (Besenheide) abgelöst. Je nach Größe des Gartens und dem Interesse des Gartenbesitzers läßt sich mit dem Heidemoor die Anlage einer oder mehrerer größerer oder kleinerer Moortümpel verbinden. Einzelne Wollgrasbüschel (*Eriophorum vaginatum*) und der Wasserschlauch *(Utricularia)*, eine Wasserinsekten verzehrende Pflanze, die im braunschwarzen Moorwasser schwimmt und bei günstigem Stand schöne gelbliche Helmblüten hervorbringt, geben solchen Moortümpeln einen eigenartigen, melancholischen Reiz. Besonders gedeihen an den nassen Rändern auf magerstem Torf Sonnentau *(Drosera)* und Fettkraut *(Pinguicula vulgaris)*, aber auch Rosmarinheide *(Andromeda polifolia)*, Moosbeere *(Vaccinium oxycoccos)* und das Scheidige Wollgras *(Eriophorum vaginatum)*, das sich zumal auf flachem Torfziegel-Inselchen als kleine, weißfleckige Solitärstaude sehr reizvoll ausmacht. Allzugroß ist die Auswahl der Pflanzen und Gehölze für ein solches Moor nicht, wenn es auch inmitten des Heidegartens ein Blickpunkt sein kann. Außerdem blühen die Stauden und Gehölze dieser Pflanzengemeinschaft nicht prachtvoll wie andere Sumpfgewächse, sondern eher zart und dezent, und es wird wohl nur ganz besonders veranlagte Gartenbesitzer reizen, sich ein großes Moor im Garten anzulegen.

Die Feuchtwiese

In kleinen Gärten ist die Anlage einer Feuchtwiese besonders zu empfehlen, da sie geringer Pflege bedarf und die Folie nicht allzutief eingesenkt zu werden braucht.
Es sollte solche Rasensaat gewählt werden, deren Arten feuchten Boden vertragen. Aber auch normales Gras kann Verwendung finden, da sich im Laufe der Zeit die Gräser behaupten, die am feuchten Standort gedeihen. So eine Feuchtwiese ist etwas, was nicht jeder in seinem Garten hat, nämlich ein „Rasen" auf dem Sumpfdotterblumen, Märzbecher, Schachbrettblumen, Wiesenschaumkraut, Kuckuckslichtnelken, Scharbockskraut und Himmelsschlüssel wachsen. Sogar das Buschwindröschen, das gelbe Windröschen und verschiedene Knabenkräuter gedeihen darauf. Man sollte diese Wiese höchstens zweimal im Jahr mähen, zum erstenmal erst dann, wenn die meisten

oben:
Kleines Moor mit *Cypripedium reginae* und *Rubus arcticus*.

unten:
Heidemoor mit Rippenfarn und Knabenkraut.

Blumen ihre Saat reif haben, also Mitte Juli. Wenn man früher mäht, sollte man um Saatstände, besonders um die der seltenen Pflanzen herummähen. Wenn keine Herbstzeitlosen *(Colchicum autumnale)* auf der Wiese stehen, kann sie ab Anfang August wie ein Rasen behandelt, also einmal wöchentlich gemäht werden. Allerdings sollte

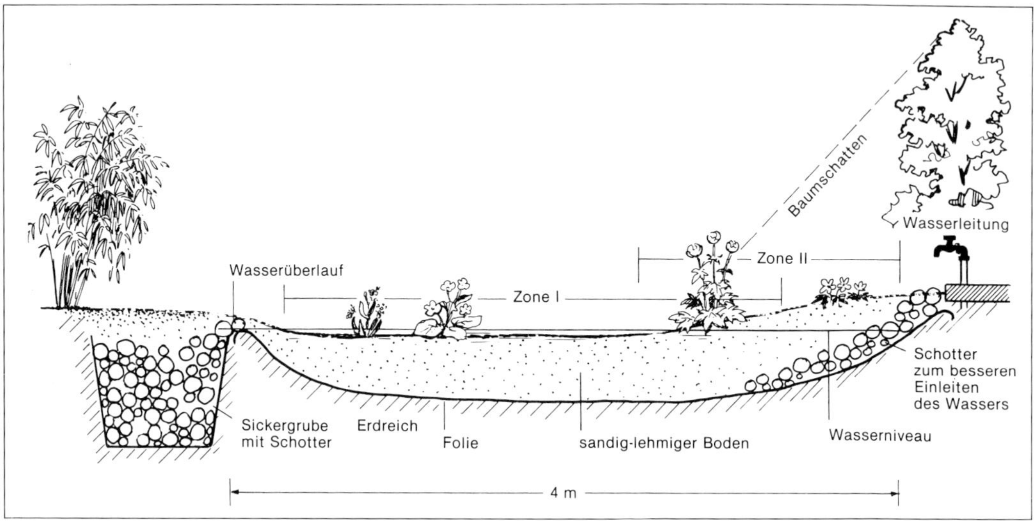

Die Feuchtwiese (Querschnitt). Sie kann, wenn ein Tümpel mit eingeplant wird, ein in sich geschlossenes Biotop werden.

die Schnitthöhe 10 cm nicht unterschreiten, damit die Stauden keinen Schaden leiden. Ab Ende September muß mit dem Mähen aufgehört werden.

Man kann so eine Feuchtwiese sowohl mit einem Bach als auch mit einem Teich oder Tümpel kombinieren, man muß dann nur die Folie an den dafür vorgesehenen Stellen entsprechend tief legen. Ein Tümpelchen inmitten einer Feuchtwiese wird bestimmt in nicht allzulanger Zeit Frösche oder Kröten zum Laichen anlocken, da die sonnige Lage und das üppige Grün der Wiese ideale Bedingungen bringen. Nur Vorsicht dann beim Mähen!

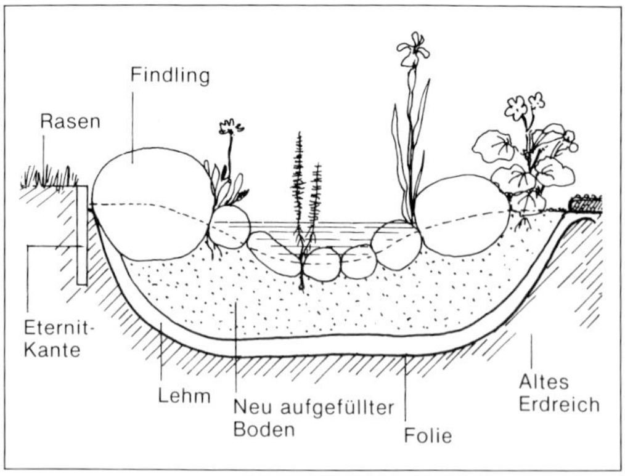

Der Bach (Querschnitt)

Der Wasserlauf

Fast alle stehenden Gewässer haben einen oft kilometerlangen Zulauf, der sie speist; da liegt es auf der Hand, daß der Wassergarten, wenn er Vollkommenheit anstrebt, auch einen Wasserlauf haben sollte, ganz abgesehen von der Bereicherung, die er dadurch erfährt. Wieviele Pflanzenplätze für Sumpfpflanzen, für Stauden und Gehölze, die Feuchtigkeit oder Frische im Boden lieben, werden zusätzlich geschaffen, wenn man dem Gartenteich einen längeren, der Größe des Gartens oder auch der des Geldbeutels angemessenen Zulauf beifügt!

Aber nicht nur viele Quadratmeter Pflanzenplätze werden geschaffen – durch einen Bach im Garten kommen viele Komponenten hinzu, die den Garten reizvoller und lebendiger machen. Im Gegensatz zum Teich ist das Wasser eines Baches in Bewegung; es gleitet, strudelt, ja, bei geschickter Anlage des Wasserlaufs fällt oder stürzt es sogar. Dabei glitzert es in der Sonne und erzeugt Geräusche, die einem Garten eine ganz besondere Atmosphäre verleihen. Mit am wichtigsten aber ist der Einfluß eines Bachlaufes – er darf allerdings nicht zu winzig sein – auf das Kleinklima des betreffenden Gartenteils. Lufttemperatur und Luftfeuchtigkeit werden durch bewegtes Wasser merklich beeinflußt; durch diese manchmal nur geringfügige Veränderung des Kleinklimas gedeiht manche Pflanze in der Nähe eines Baches noch, während sie an einem anderen Platz, der gar nicht weit davon entfernt zu sein braucht, versagt.

Auch für die Tierwelt kann ein Wasserlauf ein gern besuchter Anziehungsort sein. langschweben. Mückenlarven haben dagegen weniger Chancen zur Entwicklung, da sie sich in dem doch überwiegend bewegten Wasser nicht allzugut halten können.

Wiesen-, Wald- oder Bergbach?

Bei der Anlage des Baches und besonders bei seiner Bepflanzung könnte man drei unterschiedliche Varianten in Betracht ziehen: den sonnigen Bach, der auch als Wiesenbach gelten kann, den schattigen Bach oder Waldbach und den Alpinum-Bach, der selbstverständlich auch sonnig liegen muß.

Wenn man von der Wasserzone eines Baches einmal absieht, also von dem Bereich, in dem das Wasser fließen soll und in dem möglichst keine Pflanzen stehen sollten, dann kann man die Ränder noch nach abnehmendem Feuchtigkeitsgrad in zwei verschiedene Pflanzenbereiche einteilen. An

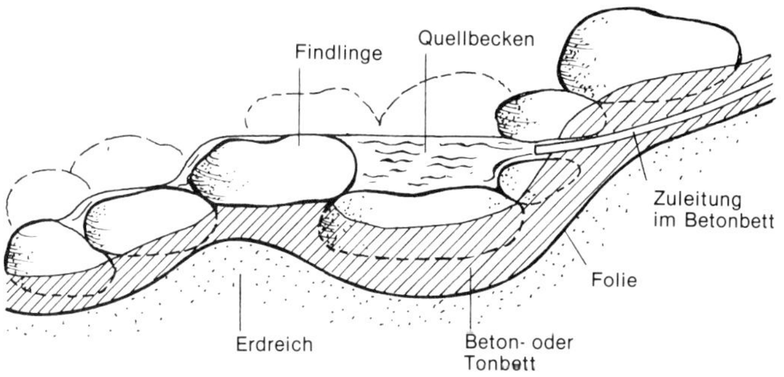

Die Quelle aus abgerundeten Findlingen, ein Vorschlag für den norddeutschen Gartenbesitzer.

Durch seine unterschiedliche Wassertiefe bietet er vielen Singvögeln Gelegenheit zum Baden oder Trinken. In kolkartigen Erweiterungen und kleinen, toten Seitenarmen oder Nebentümpelchen mit stehendem oder nur ruhiger fließendem Charakter laichen Frösche und Kröten, legen Libellen und andere Wasserinsekten ihre Eier ab. Es ist eines der schönsten Bilder, wenn an sonnigen Tagen schillernde Libellen den Bach ent- das fließende Wasser schließt sich die Flachwasserzone (0 bis 30 cm) an. Diese Zone kann sich, je nachdem, wie man die ganze Anlage gestaltet hat, auch noch über das Wasserniveau bis zum Folienrand erheben. Darauf folgt außerhalb der Folie eine bodenfeuchte Randzone, die je nach Bodendurchlässigkeit und fließender Wassermenge 0,30 m bis über 1 m breit sein kann. Aber die Feuchtigkeit kann durchaus noch weiter reichen, und der Boden trocknet oft selbst in 2 m Entfernung nicht aus, wenn der Bach nur regelmäßig in Betrieb ist.

Viele Pflanzen der bodenfeuchten Randzone der Tümpel und Teiche fühlen sich in den entsprechenden Feuchtigkeitsbereichen des Wasserlaufs wohl, ja sie wachsen meist sogar in den fließenden Bereich hinein. Alle Typen der Sumpfdotterblume (*Caltha palustris,* Abb. S. 145) können im Wasser am Rande des Baches stehen; sie blühen aber noch genauso gut im frischen Bereich der Randzone außerhalb der Folie oder neben dem Rand des Betonbaches. Die Rosenprimel (*Primula rosea,* Abb. S. 45) meidet zwar das Wasser, in allen anderen Uferrandbereichen wächst sie aber prächtig, wenn man üppige Pflanzenkonkurrenz fernhält. In normalem Gartenboden versagt sie.

Bau des Wasserlaufes siehe Seite 210 und 226.

Manche Schattenpflanzen, die im Garten nur an waldigem Standort gedeihen, kann man am Bach- oder Teichufer in die volle Sonne setzen, und man erzielt dann oft ein

Ein großer Findling mit Höhlungen und Buchten, von unten für die Wasserzufuhr durchbohrt, dient als Quelle.

solch üppiges Wachstum, wie es sonst nicht möglich ist. Das beste Beispiel bietet der Königsfarn *(Osmunda regalis)*. An einem feuchten, sonnigen Standort, also etwa in der Biegung eines Baches, kann er 2 m Höhe erreichen und dabei reichlich Sporenwedel bilden. Auch der Frauenfarn *(Athyrium filix-femina)* sieht in Sonne und am Wasser viel frischer und straffer aus als im Waldschatten.

Welche Pflanzen geeignet sind, ist aus den Listen Seite 89 zu ersehen.

Zum Schluß sei nur noch darauf hingewiesen, daß man die endgültige Wuchshöhe einkalkulieren sollte. Kleine Bäche erfordern niedrigere Stauden. Ein breiter, wasserreicher Bach kann z. B. gut und gern etliche Sumpfschwertlilien (*Iris pseudacorus,* Abb. S. 131) und ebensoviele Sibirische Iris (*I. sibirica,* Abb. S. 131) verkraften. Aber an einem kleinen, schmalen Wasserlauf pflanzt man von Iris besser die zarten Arten, in Gelb *Iris forrestii* oder *I. wilsonii,* in Blau oder Violett *I. chrysographes.*

Bachlauf mit Rosenprimeln und gefüllten Sumpfdotterblumen.

unten: Froschlöffel und Zwergbinse im Bach.

Sumpfgarten mit Tümpel, ein idealer Platz für Kröten und Frösche zum Laichen.

Quelle und Mündung

Wo soll unser hauseigener Bach entspringen, wo münden, und wie? Der phantasievolle Hobbygärtner wird eine „echte Quelle" haben wollen – und damit auf eine natürliche Art die Wasserzufuhr tarnen. Als Quelle eignet sich ein sanft sprudelnder Springbrunnen in einem Tümpelchen. Eine Quelle läßt sich aber auch gut aus flachen Steinen oder Findlingen bauen (siehe Abb. Seite 43 und unten).

Das Wasser sollte verdeckt unter einem Stein in eine etwa 20 bis 50 l fassende Mulde, den Quelltümpel, geleitet werden. Oft sieht man eine Quelle aus einem erhöhten Steinberg entspringen. Das entspricht nicht den natürlichen Gegebenheiten und wirkt daher unschön. Die Quelle sollte sich bei Hanglage immer im unteren Drittel, allenfalls in der Mitte des Hanges, befinden. Bei relativ ebenem Gelände muß sie etwas vertieft liegen. Als Bachende wird wohl in den meisten Fällen der Gartenteich dienen. Wo das technisch nicht möglich ist, sollte trotzdem eine kleine teichähnliche Erweiterung den Bach beenden, weil die Umwälzpumpe einen gewissen Raum für den Ansaugstutzen benötigt. Ist keine Umwälzpumpe eingeplant, muß eine mit Schotter und grobem Kies gefüllte, etwa 1 m^3 fassende Sickergrube das überschüssige Wasser aufnehmen. Da es sauber ist, kommt es dem Grundwasser zugute. Bei durchlässigem, leichtem Boden ist die Sickergrube entbehrlich, da das Wasser, wenn es nicht gerade ein kleiner Fluß ist, so vom Boden aufgenommen wird und dabei sogar noch kräftigen Gräsern (*Miscanthus japonicus,* siehe Abb. Seite 19), Bambussen (*Sinarundinaria murielae* und S. *nitida)* oder gar einer Sumpfzypresse *(Taxodium distichum)* zu üppigem Wachstum verhilft. Wer aber steifen Lehm oder Ton im Garten hat, tut gut, bei seiner Gemeinde die Erlaubnis zum Einleiten des überschüssigen Wassers in die Kanalisation oder den Straßengraben einzuholen. Die Gebühren dafür werden dadurch aufgewogen, daß man für den Bach in einem solchen Garten keine Folie zu kaufen braucht.

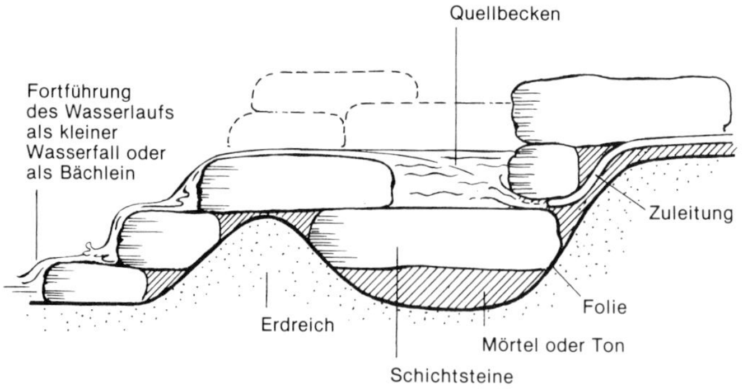

Eine Quelle aus mehr oder weniger flachen Schichtsteinen, wie man sie in Mittelgebirgsgegenden erhält.

Pflanzliche Lebensbereiche im und am Wasser

Wie es Pflanzen gibt, die ihren Naturstandort im Gebirge, in der Steppe oder im Wald haben, so gibt es Arten, die ihren Lebensbereich im Moor, im Sumpf, Wasser oder am Uferrand haben.
Verschiedentlich treten sie auch sowohl in diesem wie in einem anderen Lebensbereich auf, doch hat im allgemeinen jede Art ihren eigenen Lebensraum und ihre eigene typische Vegetationsbreite.
In der Uferregion finden sich Pflanzengesellschaften mit unterschiedlichem Habitus, mal schlank aufrechtstrebend, linearisch oder lanzettlich wachsend, dann solche mit auffallend breiten, rundlichen Blättern. Wenn diese auch gegensätzlich erscheinen, so bilden sie doch Gemeinschaften, weil ihnen die vorhandenen Lebensbedingungen am gleichen Standort zusagen. Im Wasser finden wir Pflanzen, die nur untergetaucht (submers) leben („Unterwasserpflanzen") und solche, deren Blätter auf der Wasseroberfläche schwimmen („Schwimmblattpflanzen") oder über die Wasserfläche hinaus wachsen. Sowohl bei den Unterwasser- wie bei den Schwimmblattpflanzen gibt es Arten, die im Teichgrund wurzeln, aber auch solche, die frei im Wasser schwimmen („Schwimmpflanzen"). Innerhalb dieses Schemas gibt es fließende Übergänge; so können Pflanzenarten, die untergetaucht leben, auch Landformen entwickeln und dadurch außerhalb des Wassers wachsen.
Umgekehrt gibt es Arten, die eigene Unterwasserformen bilden können, wenn sie im Wasser leben müssen. Die Gründe für die erworbene vielfältige Anpassungsfähigkeit der Pflanzen sind in der Natur immer wieder vorkommende plötzliche Änderungen der Standortbedingungen, wie z. B. Hochwasser oder Absinken des Wasserspiegels durch anhaltende Trockenheit.
Um eine natürlich wirkende Vegetation im Wassergarten zu schaffen, betrachten wir die verschiedenen Situationen in der freien Landschaft. So unterscheiden wir:

- Weiher oder Teiche, Gräben und Tümpel mit stehendem Wasser
- Moore, Sümpfe und Feuchtgebiete mit unterschiedlichem Wasserstand
- Wasserläufe und Bäche mit stehendem oder leicht fließendem Wasser
- Bäche und Flüsse mit stark fließendem oder stürzendem Wasser.

Jede dieser aufgeführten Gewässerformen hat ihre eigene Flora. Je mehr das Wasser in Bewegung ist, desto weniger siedeln sich darin Pflanzen an. Dagegen finden wir die reichhaltigste und vielfältigste Vegetation in den Teichen mit wenig bewegtem Wasser. Diesem Bereich der ruhigen und wärmeren Gewässer mit ihrem nährstoffreichen Bodengrund (eutrophe Zone) entstammen die meisten Arten, die wir im Wassergarten verwenden.

Die Moore, Sümpfe und Feuchtgebiete haben je nach Standort und Lage ihre eigene charakteristische Vegetation. Deshalb wird dieser Lebensbereich eigens behandelt (s. Seite 34).

An und in den Fließgewässern ist in der Regel das Wasser sauerstoffreicher, kühler und nährstoffärmer. Die Strömung macht den Pflanzen zu schaffen. Wenn sie sich nicht ausreichend verankern, werden sie fortgerissen und weggeschwemmt. Aber auch diesen Verhältnissen haben sich einige Arten angepaßt, vorwiegend Unterwasserpflanzen, wie Flutender Hahnenfuß *(Ranunculus fluitans)* Flutendes Laichkraut *(Potamogeton nodosus),* Dichtes Laichkraut *(Potamogeton densus),* Brunnenkresse *(Nasturtium officinale)* Bachbunge *(Veronica beccabunga),* Bach-Quellkraut *(Montia rivularis).*

Mit den heutigen technischen Möglichkeiten können die unterschiedlichen Lebensräume für Sumpf- und Wasserpflanzen künstlich erstellt werden.

Dagegen ist zusätzliche Belichtung und Heizung der Freilandanlagen nur begrenzt möglich und aus Kostengründen nicht immer vertretbar. Deshalb sollten in Gegenden mit geringer Sonneneinstrahlung oder in kühleren Klimabereichen nur robuste Seerosen und Wasserpflanzen verwendet werden und keine wärmebedürftigen Arten oder Sorten.

Standortschema

Die Pflanzen des Wassergartens stammen, wie vorhin kurz erwähnt, zum allergrößten Teil aus ruhigen, relativ warmen Gewässern mit nährstoffreichem Bodengrund; ihre einzelnen Gattungen und Arten besetzen dort bestimmte Zonen, die sanft ineinander übergehen. So wachsen einige sowohl in der einen wie in der anderen Zone, und zum flacheren Bereich hin die meisten. Zum besseren Verstehen teilen wir die Wasserpflanzen nach ihren Standortansprüchen in verschiedene Lebensbereiche („Zonen") ein. Das hieraus resultierende Schema ist eine aus Erfahrungswerten abgeleitete Hilfskonstruktion zur Darstellung der pflanzlichen Lebensräume an einem Teich; die angegebenen Wassertiefen sind als Circa-Angaben zur Orientierung zu verstehen. Keine „Zone" im Sinne der Definition bildet der äußere Randbereich eines künstlichen Teiches, der mit wasserundurchlässigem Material (Beton, Folie, Kunststoff) abgedichtet wurde. Trotzdem beziehen wir, dem Zweck dieses Buches entsprechend, auch die Beckenumgebung in die Betrachtung ein und unterscheiden, von innen nach außen:

- Seerosen- und Schwimmblattzone
- Seichtwasserzone
- Flachwasserzone
- Sumpfiger Bereich
- Bodenfeuchte Randzone
- Äußerer Beckenrand (normaler Gartenboden)

Eingebunden in die übrige Pflanzung, die sich im Wasser spiegelnde Ufersituation. Die Bank lädt zum Betrachten ein.

Standortansprüche

Wasser

Unbestritten ist Wasser von guter Qualität für den Wassergarten bzw. für den Gartenteich von ausschlaggebender Bedeutung, insbesondere wenn Fische oder andere Tiere darin gehalten werden (s. auch „Fische für den Gartenteich", Seite 171)). Die Klarheit allein sagt nichts über seine Qualität aus. Deshalb sollte der Besitzer eines Gartenteiches oder Wassergartens die wichtigsten chemischen Grundbegriffe kennen, ohne sich unbedingt mit Formeln abzuquälen.

Wasserreaktion. Die pH-Meßzahl (pH = pondus Hydrogenii) gibt den Säuregrad an. Pondus ist im Lateinischen das Gewicht,

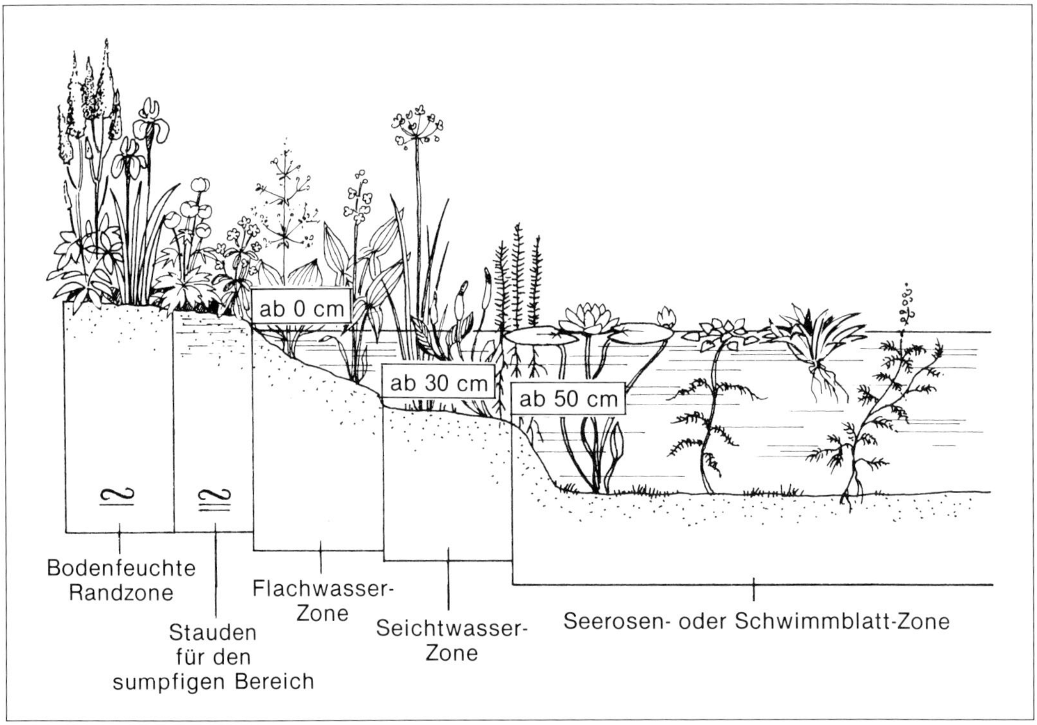

Lebensräume für Ufer-, Sumpf- und Wasserpflanzen

Hydrogenium die Bezeichnung für Wasserstoff (H). Der Wert wird bestimmt durch die Wasserreaktion; von neutralem Wasser (pH 7) spricht man, wenn gleichviele H^+- und OH^--Ionen im Wasser vorhanden sind. Ist der pH-Wert unter 7, so spricht man von saurer Reaktion, d. h. mehr H^+ und weniger OH^-. Ist der pH-Wert über 7 (7 bis 14), so ist das Wasser alkalisch, d. h., es sind weniger H^+ und mehr OH^--Ionen vorhanden. Neutral nennen wir den pH-Wert bei 7 (Säure-Base-Gleichgewicht). Das Wasser mit diesem Wert ist auch für den Gartenteich geeignet. Alle Organismen im Wasser einschließlich der Fische und Mikroorganismen reagieren auf ein falsches Säure-Base-Verhältnis.

Mit abgepackten, preiswerten Indikatorlösungen können heute sowohl Säure-Basen- wie auch Härtetests selbst durchgeführt werden.

Wasserhärte. Alle Wasser werden geprägt durch ihre Umwelt, wie Erde, Pflanzen, abgestorbene Substanzen, Niederschläge, Verdunstung und Anzahl der darin lebenden Fische. Neben Sauerstoff (O_2) gehört Kohlensäure (CO_2) zu den wichtigsten Substanzen des Wassers (H_2O). Sauerstoff wird von den Pflanzen produziert und an das Wasser abgegeben, mit dem Leitungswasser eingebracht oder durch Pumpen eingeblasen. Kohlensäure (CO_2) entsteht durch Umsetzungsprozesse organischer Substanzen und abgestorbener Lebewesen, ferner aus der Atmung der Wassertiere und der Pflanzen. Kohlensäure ist ein wichtiger Ausgangsstoff für die Assimilation der Pflanzen. Der Kohlensäuregehalt des Wassers und der Kalkgehalt der eingebrachten Erde bestimmen die Karbonathärte (abgekürzt KH) des Wassers. Von der Karbonathärte hängt die notwendige Gleichgewichtskohlensäure im Wasser ab (s. auch Seite 171). Kohlensäure ist wie Sauerstoff im Wasser löslich. Der Sättigungsgrad liegt aber viel höher. Kohlensäure kann durch Bindung an Kalk gespeichert werden. Je mehr gelöster (doppelkohlensaurer) Kalk im Wasser enthalten ist, desto härter ist das Wasser. Weiches Wasser enthält nur wenig oder gar kein Kalziumkarbonat. Der Gehalt an Härtebildnern im Wasser wird zahlenmäßig in Härtegraden ausgedrückt. In Deutschland rechnet man mit deutschen Härtegraden, abgekürzt dH°; 1 Grad dH entspricht einem Gehalt von 10 mg/l Kalziumkarbonat (CaO_3). Andere Kalziumsalze (hauptsächlich Gips) sowie Magnesiumsalze bilden die Nichtkarbonathärte (NKH), auch als bleibende Härte bezeichnet.

Karbonathärte und Nichtkarbonathärte (KH + NKH) bilden zusammen die Gesamthärte, abgekürzt GH. (s. Seite 192). Die Karbonathärte beeinflußt mit den Wert der Gesamthärte im Wasser. Für unser Teichwasser ist eine Gesamthärte von 8 bis 12° dH wünschenswert (s. auch „Fische für den Gartenteich", Seite 171). Hohere Werte lassen sich durch vorsichtige Zugabe von Schwefelsäure senken.

Grund- und Brunnenwasser kann von Ort zu Ort sehr unterschiedlich sein. Die Gründe können Gesteins- und Erdschichten im Boden sein, oder aber auch sonstige örtliche Gegebenheiten. Deshalb kann eine allgemeine Aussage über Wasser solcher Herkunft nicht gemacht werden. Wenn keine Verunreinigung feststellbar ist, wird man es auch verwenden können. Im Zweifelsfall müßte man eine Analyse vornehmen oder anfertigen lassen. Wasser aus Teichen, Weihern oder Flüssen zum Auffüllen zu verwenden, ist nur dann zu empfehlen, wenn darin keine unerwünschten Bestandteile enthalten sind. Die Klarheit eines Wassers ist noch kein Beweis für seine Reinheit. Verunreinigungen, im Wasser gelöst, sind nicht immer sichtbar.

Dagegen kann sogenanntes Altwasser aus einem vorhandenen Gartenteich, der in guter biologischer Verfassung ist, beigemischt werden. Dies ist besonders bei Verwendung von Leitungswasser, aber auch Regenwasser, anzuraten. Zwar kann mit Regenwasser nachgefüllt werden, oder es kann bei Niederschlägen laufend in geringen Mengen dem Teich zugeführt werden, doch ist es nicht zu empfehlen, nur mit Regenwasser den Gartenteich zu füllen. Dagegen kann Wasser mit Härtegraden von über 12° dH Gesamthärte mit Regenwasser „verschnitten" werden.

Die Toleranz der Sumpf- und Wasserpflanzen im Säure-Base-Gleichgewicht ist breit. Wie wir feststellen konnten, passen sich die meisten Arten den Gegebenheiten an. Schäden können dann auftreten, wenn Pflanzen z. B. aus einem sehr sauren Bereich in einen Bereich mit einem alkalischen Wert (über pH 7) gebracht werden oder umgekehrt. Dies kann im ungünstigsten Fall dazu führen, daß empfindliche Unterwasserpflanzen, z. B. Wasserschlauch *(Utricularia)*, einfach vergehen.

Wenn Fische in den Teich kommen, ist auf die Qualität des Wassers besonders zu achten. Sie können nicht in frisch eingelassenes Wasser eingesetzt werden, sondern dieses muß erst einige Tage abstehen. Den Pflanzen dagegen schadet frisches Leitungswasser nicht.

Wasser aus dem öffentlichen Versorgungsnetz ist in der Regel von guter Qualität und allen anderen Herkünften vorzuziehen. Es wird in den Wasserwerken durch chemische und mechanische Verfahren aufbereitet, d. h. zum Schutze des Leitungsnetzes neutralisiert (pH 7). Das Wasser mit diesem Wert ist auch für den Gartenteich geeignet. Mit

preiswerten, abgepackten Indikatorlösungen können heute Wasseranalysen selbst durchgeführt werden.
In Gegenden mit stark alkalischem Wasser, wo sowohl das Grund- wie auch das Leitungswasser hohe Härtegrade aufweist und deshalb für das Nachfüllen unbrauchbar ist (z. B. bei Pflanzen aus dem Moorbereich oder wo das kalkhaltige Wasser zu starker Veralgung führt), kann eine Entkalkung durch Kationenaustauscher helfen (s. „Enthärtungsanlagen", Seite 130). Es darf aber nie das Ziel sein, das ganze Wasser vollkommen zu entkalken; es soll nur auf die gewünschten Härtegrade gebracht werden, für den Wassergarten üblicherweise auf 8 bis 12° dH.
Eine Anlage zur Beseitigung des Eisengehaltes im Wasser wie sie vom Handel für Haushalte angeboten wird, kann für das einzubringende Wasser bei starkem Eisengehalt ebenfalls von Nutzen sein.

Erde. Die Erde ist neben Wasser Voraussetzung für die Existenz der meisten Wasserpflanzen. Ihre Zusammensetzung und Beschaffenheit wirkt sich auf die Entwicklung der Pflanzen aus und kann auch das Wasser positiv oder negativ beeinflussen. Deswegen sollte die Erde nicht „irgendwoher", auch nicht aus Seen und Flüssen, genommen werden, damit vermieden wird, daß unerwünschte Stoffe, Fischparasiten oder Unkräuter eingeschleppt werden.
Das Problem „Erde" kann nicht früh genug angegangen werden. So läßt sich durchfrorener Lehm später besser verarbeiten, abgelagerte Erde ist „reifer", und Unkräuter, besonders Wurzelunkräuter, die aufgehen, lassen sich dann noch vor dem Einbringen entfernen. Welches Substrat verwendet werden soll, richtet sich danach, was zur Verfügung steht und welche Pflanzen darin gepflanzt werden sollen.
Wir kennen leichte (sandige) und schwere (lehmige, tonige) Erden mit allen Zwischenstufen. Wer über lehmigen Acker- oder Gartenboden verfügt, hat das ideale Pflanzsubstrat für Seerosen und andere Wasserpflanzen. Dieser lehmige Boden hat eine bessere Struktur und ein besseres Festhaltevermögen als sandiger. Er vermag Nährstoffe besser zu speichern und gibt wurzelnden Wasserpflanzen sicheren Halt. An der Luft wird Lehm steinhart, doch im Wasser bleibt er weich. Torf, möglichst Humin- oder Schwarztorf, kann solcher Erde (bis ¼) beigemischt werden, ebenfalls abgelagerter Kompost oder Rasenerde. Der Lehmanteil sollte aber nicht unter 60% sinken, insbesondere wenn darin Seerosen oder andere anspruchsvolle Wasserpflanzen, wie Scheinkalla *(Lysichitum)*, Gelbe Teichrose *(Nuphar)*, Goldkeule *(Orontium)* oder Hechtkraut *(Pontederia)*, gepflanzt werden. Das gilt auch für den Fall, daß dieses Substrat zum Füllen von Pflanzgefäßen verwendet werden soll. Sandige Erde hat nicht soviel Nährstoffreserven und würde leichter aus den Löchern der Pflanzgefäße gespült werden.
Zum Aufbau und zur vollen Entwicklung brauchen auch Wasserpflanzen Spurenelemente wie Mangan, Kupfer, Bor und verschiedene andere. Wo solche fehlen oder wo Haupt- und Kernnährstoffe wie Stickstoff, Kalium (Kali), Phosphor (Phosphorsäure), Kalzium (Kalk) und Magnesium nicht in ausreichender Menge zur Verfügung stehen, werden die Pflanzen kümmern. Typische Symptome sind dann schwacher Wuchs und auffallend mehr gelbe Blätter oder verkrüppelte Triebe, die früh vergilben und absterben. Schlecht ernährte Pflanzen sind anfälliger gegen Krankheiten und den Befall von Schädlingen. Um Mangelerscheinungen vorzubeugen, wird dem Erdsubstrat Dünger beigemischt. Das kann verrotteter organischer sein oder getrockneter Rinderdünger. Die maximale Zugabe beträgt nicht mehr als 20% (getrocknete Substrate können gehaltreicher sein!).
Sonst können auch folgende organische und mineralische Dünger beigemischt werden,

bezogen auf 10 Liter Erde: 50 g Osmocote (Spiess Urania), 25 g Nitrophoska permanent und 20 g Hornspäne (z. B. Hornoska). Keinesfalls aber den Dünger direkt in das Pflanzloch bringen! Die starke Düngerkonzentration kann Wurzelverbrennungen an den Pflanzen hervorrufen oder Fäulnisprozesse einleiten. Den Dünger möglichst gleichmäßig mit der Erde mischen.

Die angegebene Menge kann auch zum Nachdüngen verwandt werden (s. auch „Pflanzung und Pflege" Seite 67).

Auch fertig abgepackte Spezialerde für Seerosen und Wasserpflanzen kann in Fachgeschäften bezogen werden. Beim Kauf aber darauf achten, daß die größere Menge des Substrates aus Lehm oder Ton besteht und mit Langzeitdüngern und Spurenelementen versehen ist. Zum Verschicken eignet sich solche Erde nicht. Sie ist zu schwer, und die Transport- oder Portokosten kämen unverhältnismäßig hoch.

Seltener sandige, um so mehr aber lehmhaltige Böden enthalten immer eine gewisse Menge Schwemmteilchen, die, auch wenn langsam Wasser eingelassen wird, aufgewirbelt werden. Zwar werden diese irgendwann auch zur Ruhe kommen, aber es ist nicht auszuschließen, daß das Wasser wochenlang trübe und undurchsichtig bleibt. Vielfach setzen sich auch Rückstände auf den Blättern ab. Vorsorglich sollte deshalb nach der Pflanzung in lehmige Erde der Bodengrund einige Zentimeter mit einer grobkörnigen, gewaschenen Sandschicht abgedeckt werden. Wird der Boden auf dem Grund ausgebracht, dann mindestens in einer Dicke von 20 cm. Bei tiefwurzelnden Wasserpflanzen, wie Scheinkalla *(Lysichitum),* Goldkeule *(Orontium),* Rohrkolben *(Typha)* oder Mandschurischem Wildreis *(Zizania),* sollte die Schicht dicker sein (mind. 30 cm). Die übrigen Sumpf- und Wasserpflanzen – außer Seerosen *(Nymphaea)* und Teichrosen *(Nuphar)* – sind mit weniger gehaltvollen Erdsubstraten zufrieden. Bei überdüngtem Boden leidet ihr natürliches Erscheinungsbild.

Der Boden für ein Moorbeet besteht aus reinem Naßtorf, der nicht gedüngt werden darf. Geringe Zusätze von saurem oder wenigstens neutralem Lehm können den Boden besonders bei grobfaserigem Torf bindiger machen. Der pH-Wert sollte beim Hochmoorbeet unter 5, besser noch unter 4 liegen. Nicht jeder Handelstorf erfüllt diese Bedingung, und nicht jeder Gartenbesitzer hat einen Torfstich in seiner Nähe. Aluminium- oder Kalziumsulfat (s. Seite 192) können den pH-Wert senken.

Auch der Erde für Farne und *Iris kaempferi* wird u. U. Torf beigemischt, um einen „sauren" Boden zu schaffen.

Winterharte Pflanzen für den Wassergarten

Zu den Pflanzengesellschaften, deren natürlicher Lebensraum das Wasser ist, gehört eine davon stark geprägte Pflanzenwelt. Im Uferbereich haben sie bekannte Vertreter, wie Rohrkolben *(Typha)*, Wassersimse *(Scirpus)*, Wasserschwertlilie *(Iris pseudacorus)*, Froschlöffel *(Alisma)* und Pfeilkraut *(Sagittaria)*. Im tiefen Wasser sind es Seerosen *(Nymphaea)*, Teichrosen *(Nuphar)* und Unterwasserpflanzen, die zuweilen ihre Blüten über die Wasseroberfläche hinausschikken. Diese Wildarten sind in Mitteleuropa heimisch und z. T. auch weit darüber hinaus verbreitet; die Mehrzahl davon wird auch gern in unseren Wassergärten gepflanzt, da sie als typische Bewohner des Lebensraumes ,,Wasser" gelten. Nicht geschätzt werden dagegen solche, deren übermächtiger Ausdehnungsdrang die gesamte Teichfläche zuwachsen lassen würde, wie das Schilf und stark wuchernde Gräser und Binsen. Aber auch die übrigen Wasserpflanzen entwickeln enorme Lebenskräfte und haben einen starken Ausdehnungsdrang. Im Wassergarten müssen deshalb die Pflanzen so gesetzt werden, daß sie sich nicht in Kürze über die gesamte Fläche ausbreiten können. Da sie nur bis in eine begrenzte Wassertiefe hineinwachsen, sollte nach dem Flach- und Seichtwasserbereich, dem Lebensbereich der Uferpflanzen, etwa ab 30 cm der Bodengrund abfallen bis auf mindestens 60 cm. Dann werden die Bewohner der Uferzone wohl Triebe und Ausläufer ins tiefe Wasser bringen, die aber nicht Fuß fassen und leicht entfernt werden können. Auch sollten durch Einbringen von festem Material (Steinplatten, Eternitwände) die Sorten so getrennt werden, daß sie nicht ineinanderwachsen können. Rechtzeitiges Auslichten schafft Luft in den Beständen.

Erläuterung der Zeichen, Abkürzungen, Kurzangaben

Die Standortangaben beruhen auf dem bereits behandelten Standortschema (siehe Seite 49).

Die Wuchshöhe rechnet, wenn nichts anderes genannt, von der Wasseroberfläche an. Beispiel: ,,80 cm hoch" besagt, daß die Pflanze 80 cm über die Wasseroberfläche hinausragt. Dies trifft aber nur dann zu, wenn sie in der Wassertiefe steht, der sie zugeordnet wurde. Die Angaben können immer nur ungefähr sein, da die Pflanzen bei günstigen Verhältnissen noch erheblich höher werden können. Auch der umgekehrte Fall ist möglich.

Die Zusammenstellungen repräsentieren das jeweilige Gebrauchssortiment. Sie erheben nicht den Anspruch, vollzählig zu sein – insbesondere aus dem großen Bereich der Wildflora lassen sich weitere Gattungen und

Abkürzungen und Erläuterung

Seerosen- und Schwimmblattzone

≋W Wurzelnde Schwimmblattpflanzen, deren Blätter überwiegend auf dem Wasser schwimmen

≋S Frei schwimmende Wasserpflanzen, die sich nicht oder nur selten – meist im flachen Bereich – oder im Bodengrund verankern

≋U Unterwasserpflanzen, deren Trieb- und Blattmasse sich überwiegend unter der Wasseroberfläche befindet

≈ *Seichtwasserzone* (30 bis 50 cm Wassertiefe)

∼ *Flachwasserzone* (0 bis 30 cm Wassertiefe)

Triebe und Blattmasse stehen überwiegend über der Wasserfläche. Die Zahl in Klammern (z. B. 20 bis 30) gibt die günstigste Wassertiefe an.

≃ *Sumpfiger Bereich*

≌ *Bodenfeuchte Randzone*

♃ Staude, für normalen Gartenboden außerhalb des Beckens

⇝ Ausläufertreibende, zum Wuchern neigende Pflanzen, die in andere Pflanzengruppen hineinwachsen können; deshalb setzt man sie besser für sich oder in Gefäße.

N. Nachbarschaftspflanzen, mit denen zusammen die jeweils beschriebene Art eine Pflanzengesellschaft bildet. Das heißt aber nicht, daß die vorgeschlagenen Nachbarn oder Nachbarn überhaupt obligatorisch sind.

○ Für sonnige Lage

◐ Halbschatten liebend oder vertragend

● Liebt (verträgt) Schatten

Römische Ziffern geben die Blütezeit an (z. B. IV–V = April–Mai)

∧ Winterschutz angebracht

Arten verwenden, und gewiß wird die eine oder andere Pflanze auch kultiviert –, dafür sind sie üblicherweise in der Bundesrepublik Deutschland zu beschaffen.

Die Angaben zu den Zonen wollen im Sinne der Darlegungen des vorigen Kapitels verstanden werden. In aller Kürze: die Zonen gehen ineinander über; d.h., die Pflanzen können im allgemeinen auch in den Nachbarzonen wachsen (gilt insbesondere für Seerosen- und Schwimmblatt- sowie für Seicht- und Flachwasserzone), und nicht alle Pflanzen lassen sich eindeutig der einen oder anderen Zone zuordnen.

Sofern dem lateinischen Namen ein weiterer in Klammern folgt, handelt es sich um ein Synonym. Korrekt nach der Nomenklatur ist jeweils der erstere.

Die Seerose, Königin des Wassers

Die meisten Sumpf- und Wasserpflanzen wirken vorwiegend durch wohlgestalteten, formschönen Aufbau oder durch bizarre Blüten und Früchte. Diese Pflanzenwelt prägt den Lebensbereich „Wasser“. Ihre meist aufstrebenden Gestalten nehmen ein bereicherndes und belebendes Wechselspiel mit den benachbarten Seerosen auf, die ihre Blätter auf das Wasser legen und die mit ihren prächtigen Blüten eine reizvolle Stimmung in den Wassergarten bringen. Die Seerose zählt ohne Zweifel zu den edelsten Gewächsen; ihre Blüte gehört zu den schönsten des Blumenreiches.

Die botanische Bezeichnung der Seerose, *Nymphaea,* ist von dem griechischen Wort Nymphe abgeleitet. Die Nymphen waren in der griechischen Mythologie Naturgöttinnen, Töchter des Zeus, die u. a. im Meer und in Quellen wohnten. Sie waren Symbole der Reinheit und des Unerreichbaren. Die Seerosen, insbesondere die zu den Nymphaeaceen gehörenden Lotosblumen.

hatten und haben noch bei vielen Völkern kultische Bedeutung. Auch die Seerosenarten des Nordens waren Gegenstand der Verehrung und tauchten in Sagen, Dichtungen und Märchen auf.
Der Volksmund gab den Seerosen viele Namen. Die gebräuchlichsten sind „Nixenblume" und „Wasserlilie". Insgesamt gibt es etwa 50 verschiedene Seerosenarten. Davon sind die meisten allerdings in den Tropen beheimatet und in unseren Breiten nur unter Glas bei zusätzlicher Heizung ausdauernd.

Allgemeine botanische und gärtnerische Eigenschaften

Uns interessieren in erster Linie Seerosenarten und -sorten, die in nördlichen Breitengraden winterhart und ausdauernd sind und keines zusätzlichen Schutzes bedürfen, wenn sie in einer Tiefe von 50 bis 80 cm stehen.
Wurzelstock. Das stärkehaltige Rhizom ist ein Nährstoffreservoir der Pflanze. Den Rhizomen der heimischen Weißen Seerose sprach man gewisse heilende Kräfte zu; so wurden sie früher kranken Haustieren mit ins Futter gegeben. In dem Rhizom ist Luft enthalten, wie auch in allen übrigen Pflanzenteilen der Seerose. Deswegen können umgesetzte Rhizome, wenn sie nicht besonders verankert werden, leicht aufschwimmen. Aus dem Rhizom bzw. aus dem Wurzelstock treibt die Seerose in jedem Jahr wieder aus. Hier sitzen die Blatt- und Blütenstiele, und hier werden in der Vegetationszeit neue gebildet, die ebenfalls an die Wasserfläche hinaufwachsen.
Blatt. Der Stiel trägt am Ende das lederartige Blatt. Der Blattstiel ist kräftig und innen hohl, in ihm werden Sauerstoff und Stärke zur Knolle geleitet. Die Blätter liegen üblicherweise auf der Wasseroberfläche – man spricht deshalb von „Schwimmblättern" –, nur bei seichtem Wasserstand stehen sie darüber. Sie sind grün und mit einem Wachsüberzug bezogen, im jungen Stadium oft rötlich, bei gelben und bei manchen roten Sorten auch auffallend braun-rot gefleckt. Die Funktion der Blätter ist die gleiche wie bei Landpflanzen. Die Spreiten der Blätter sind rundlich bis oval und an der Basis bis zum Stiel eingeschnitten. Bei manchen Sorten lappen sie über, bei anderen sind die Blattlappen mehr oder weniger auseinandergespreizt (s. Abb. Seite 58). Jedes Blatt stirbt nach einer gewissen Zeit ab und hinterläßt am Rhizom eine deutliche Narbe. Alte, lange Rhizome weisen deswegen viele solcher Blattnarben auf.
Blüte. Die Blütenknospen sind länglich, kugelig oder kegelförmig. Aufgeblüht erreichen sie einen Durchmesser von 10 bis 20 cm, selten mehr. Die Blütenstengel sind, wie die Blattstengel, in der Längsachse mit Luftkanälen durchzogen. Die Blüte besteht aus den äußeren grünen Hüll- oder Kelchblättern, den inneren Blüten- sowie den Staub- und Fruchtblättern (s. Abb. Seite 58). Die Hüllblätter sind innen weißlichgrün. Sie umschließen und schützen die gesamte Blüte, sowohl in der Entwicklung als Knospe wie auch täglich am Abend, wenn die Blüte sich wieder schließt. Manche öffnen sich schon ab 7 Uhr und schließen sich nachmittags um 16 Uhr, manche Sorten auch später. Bei kühler Witterung kommt es vor, daß die Blüte sich nicht oder nur halb öffnet. Dagegen blüht sie auf oder bleibt geöffnet bei plötzlichem Temperatursturz im Sommer, z. B. bei aufkommendem Gewitter, wenn das Wasser wärmer ist als die Luft. Bis heute konnte nicht festgestellt werden, welcher Reiz das Öffnen und Schließen der Blüte be-

oben:
***Nymphaea alba*, die unter Naturschutz stehende weißblühende Seerose unserer heimischen Gewässer.**

unten links:
***Nymphaea* 'Escarboucle', die feurigste der dunkelroten Seerosen.**

unten rechts:
***Nymphaea*-Hybride (Tropische Seerose). Eine farbenprächtige großblumige Seerosen-Hybride tropischen Ursprungs von mannigfaltiger Schönheit. Allerdings stellen diese besondere Ansprüche an Temperatur und Standort.**

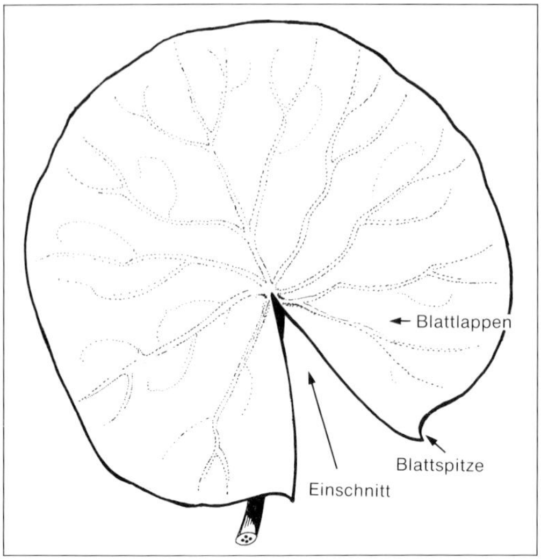

Blatt der Seerose

Allerdings setzen nur die Wildarten Samen an, nicht die Sorten oder Hybriden.
Gelegentlich werden Seerosen auch als Schnittblumen angeboten, im Süden Deutschlands mehr als im Norden, wo offensichtlich Aberglaube die Seerosenblüte umrankt und dem nichts Gutes prophezeit, der Blüten pflückt und ins Haus bringt.
Die Lebensdauer der einzelnen Blüte beträgt durchschnittlich eine Woche, bei einigen, z. B. 'Mme. Wilfron Gonnère' und 'Anna Epple' bis zu zwei Wochen. Im letzten Blütezeitabschnitt (1 bis 2 Tage) findet die Seerose nicht mehr die Kraft sich zu schließen und bleibt geöffnet, bis sie vergeht. Gewisse Abweichungen können durch Temperaturschwankungen entstehen. Die Entwicklung der Blüten ist abhängig vom gesamten Zustand der Pflanze, von der Temperatur des Wassers und nicht zuletzt auch von der Sorte. In warmer, sonniger Witterung bilden sich mehr Blüten. Nach etwa acht Blättern erscheint in der Regel bei allen Sorten eine Blüte. Wird der Bestand an Blättern größer, kommen in dichterer Reihenfolge auch die Blüten. So können an einer eingewachsenen alten Pflanze zugleich bis zehn Blüten und mehr blühen. Die Hauptblütezeit der Seerosen ist von Juni bis September. Bei zusagenden Witterungsverhältnissen zeigen sich bereits im Mai die ersten Blüten. Bis in den Oktober hinein blühen gelbe und gelbrote Seerosensorten.

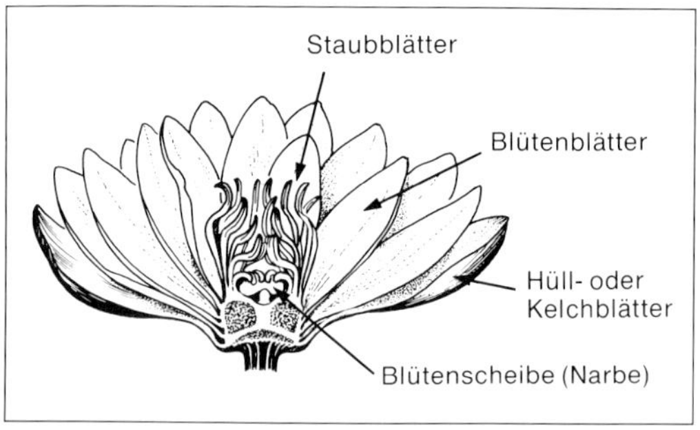

Querschnitt einer Seerosenblüte

wirkt. Sicher sind Licht und Wärme daran beteiligt. Die zahlreichen Blüten- oder Kronenblätter im Innenteil (meist 24) sind schalenförmig, elliptisch, spitz zulaufend; innen immer schmaler, dünner und kürzer werdend, gehen sie in die Staubblätter über. Sind die inneren Blütenblätter stärker ausgebildet, erscheint die Blüte gefüllt. In der Mitte der Seerosenblüte befindet sich ein gelber Fleck, die sogenannte Blütenscheibe. Um sie herum stehen die Staub- und Fruchtblätter. Sie sind meist lebhaft gelb bis orange und stehen besonders bei weißen Sorten in auffallendem Kontrast zu den Blütenblättern. Ist die Blüte noch jung, sind die Staubblätter nach innen geneigt. Ist sie älter, stehen sie senkrecht und neigen sich nach außen – das Zeichen, daß die Blüte bald vergeht.
Im allgemeinen liegen die Blüten auf dem Wasser; bei flachem Wasserstand und bei bestimmten Sorten steigen sie 10 bis 20 cm, selten mehr, darüber hinaus.
Die Früchte der Seerosen sind flachrund von der Größe einer Walnuß; das Fruchtfleisch ist gelatineartig, bräunlich, der Samen im Reifezustand hell- bis dunkelbraun.

Standort und Wachstum

Alle bei uns verwendeten Seerosensorten lieben einen warmen, sonnigen Standort. Sie gedeihen aber auch in beschatteter Lage. Allerdings ist eine optimale Entwicklung nur dort gewährleistet, wo ausreichend Licht, Wärme und Nährstoffe zur Verfügung stehen. Steigt die Wassertemperatur im Frühjahr, reagiert die Seerose sofort mit Wachstum, und es dauert nicht lange, bis sich die ersten Blätter auf der Wasseroberfläche zeigen. Der stärkste Zuwuchs der Seerosen erfolgt in den warmen Sommermonaten; nach Eintritt kühleren Wetters im Herbst läßt er nach.

Sorten, die mit dem Wuchs nicht abschließen – alle gelben neigen dazu – überwintern dann schlechter.

Die Widerstandsfähigkeit des Wurzelstocks gegen Frost richtet sich nicht zuletzt danach, in welchem Zustand die Pflanzen in den Winter gekommen sind. Deshalb sind gelbblühende Sorten in den meisten Fällen auch gefährdeter, weil sie zu spät mit dem Wuchs abschließen.

Auf wechselnden Wasserstand stellen sich Seerosen sofort ein. Wird der Wasserstand höher, schieben sie innerhalb von Stunden ihre Blätter nach.

Plötzliche Temperaturschwankungen wirken sich negativ auf das Wachstum der Pflanzen aus. So kann es vorkommen, daß bereits entwickelte Knospen nicht zum Aufblühen kommen, sondern vielmehr bereits im Wasser vergehen, weil die Temperatur für eine Weiterentwicklung nicht ausreicht. Auch Blätter können sich zusammenkrausen, wenn nach warmem Wetter plötzlich kühlere Temperaturen folgen.

Alle weißen Sorten sind wuchskräftiger, nicht zuletzt wohl deswegen, weil die Mehrzahl von heimischen weißen Arten abstammt.

Die Entwicklung der Seerosenpflanze ist sehr unterschiedlich. Bei Zwergseerosen und solchen für flachen Wasserstand rechnet man bei Verwendung eines ausreichenden Behälters von 30 x 30 cm mit einer Fläche von ¼ bis ½m². Bei allen anderen Sorten, außer bei den starkwachsenden (z. B. 'Marliacea'-Sorten) kann eine Pflanze etwa 1 m² Wasserfläche bedecken, sofern das Pflanzgefäß einen Durchmesser von mindestens 30 cm oder besser 40 cm hat. Dies allerdings nicht gleich im ersten Jahr. Um nach der Pflanzung ein besseres Bild zu erreichen und um Mißerfolge weitmöglichst auszuschließen, ist es ratsam, bei kleinen Pflanzen 2 Stück in einen Behälter zu setzen. Wieviele Seerosen gepflanzt werden können, wenn diese direkt in den Bodengrund gesetzt werden, richtet sich nach der Größe des Beckens und der Wüchsigkeit der Sorte. Bei Zwergseerosen, (Seite 71 bis 76, mit n gekennzeichnet) ist ein Abstand von 40 bis 60 cm zu empfehlen. Die übrigen Sorten, außer den stark wachsenden 'Gladstoniana', 'Charles de Meurville' und 'Marliacea'-Sorten werden im Abstand von 1 bis 1,5 m gepflanzt. Auf dem Bodengrund gesetzte Pflanzen begrenzen ihr Wachstum nicht. Sind sie zu groß geworden, muß der Bestand durch Abtrennen von Trieben reduziert oder die Pflanzen müssen herausgenommen und aufgeteilt werden. Dabei kann man leicht feststellen, wie fest sich Seerosen mit ihren Rhizomen am Bodengrund festhalten können. Es bedarf oft großer Anstrengungen, um die Pflanzen herauszunehmen. Ob ein Unterschied im Wuchs oder in der Blühwilligkeit zwischen Pflanzen besteht, die von Seitentrieben stammen, und solchen von Triebspitzen, konnte nicht festgestellt werden. Es wird wohl so sein, daß sich die starke Triebspitze schneller entwickelt und eher blüht als ein kleinerer Seitensproß.

Im ersten Jahr nach der Pflanzung bilden die Sorten die größten Blumen; nachher werden diese, auch die Blätter, immer etwas kleiner, je nachdem, wieviel Nährstoffe vorhanden sind. Bei Temperaturschwankungen werden die Farben verwaschener; rote Sorten können ganz rosa werden und rosa fast

Nymphaea 'Mme. Wilfron Gonnère'. Eine Edelsorte unter den Seerosen von feinstem malerischen Reiz.

weiß. Sortenmerkmal ist außerdem, daß Pflanzen im Aufblühen dunkel und im Verblühen heller sind. Dies kann auch umgekehrt der Fall sein.

Pflanzung und Pflege

Wassertiefe. Die Tabellen Seite 77 bis 79 sollen die Auswahl der Seerosen erleichtern; dazu ist anzumerken, daß die angegebene Wassertiefe einen Mittelwert darstellt. Bei wesentlichen Abweichungen in den tieferen Bereichen kann die Seerose mit geschwächtem Wuchs reagieren, im ungünstigsten Fall sogar eingehen.
Es ist ein Irrtum, daß Seerosen lieber im tiefen als im flachen Wasser stehen. Insbesondere bei einer Neuanpflanzung sollten die Pflanzen zumindest anfangs an einen warmen Standort kommen, und das ist näher zur Wasseroberfläche. Sind sie dann ausreichend entwickelt und erstarkt – man kann

***Nymphaea pygmaea* 'Alba'. Die kleinste Seerose, deren zierliche Blüten nur selten größer als 2,5 cm werden.**

dies an der üppigen Entwicklung der Blätter erkennen –, können sie tiefer bzw. an ihren endgültigen Standort gepflanzt werden.
Der Mißerfolg einer Pflanzung liegt in fast allen Fällen darin, daß eine Seerose gleich am Anfang zu tief gesetzt wurde. Da sie in den meisten Fällen schon einige Tage aus ihrem ursprünglichen Standort herausgenommen wurde, kann man sagen, daß sie geschwächt ist und nicht die Kraft aufbringen kann, sofort mit Blättern an die Oberfläche zu treiben. Übrigens eignen sich für sehr tiefen Wasserstand die weißen Sorten besser als alle farbigen. Bei sehr flachem Wasserstand können Pflanzen mit den Blättern und den Blüten aus dem Wasser herauswachsen. Solange etwas Wasser vorhanden ist, gehen sie deswegen nicht ein. Lediglich besteht dann die Gefahr, daß sie im Winter Schaden nehmen können, weil sie allen Unbilden der Kälte ausgesetzt sind. Zudem leidet ihr typisches Wuchsbild darunter; sie sehen wenig schön aus und verdecken mit ihren aufrechtstehenden Blättern ihre eigenen Blüten. Bei plötzlichem Absinken des Wassers vertrocknet zwar eine Anzahl Blätter; erfahrungsgemäß gehen die Pflanzen aber nicht ein, weil sie kräftig genug sind, um neue zu bilden. Die Pflanzen stellen sich immer sehr schnell auf die veränderten Verhältnisse ein.

Pflanzzeit. Seerosen können ab Frühjahr (Mai) und während des ganzen Sommers gepflanzt werden. Das pflanzliche Leben im Wasser erwacht im Frühjahr später als auf dem Land, wo sich der Boden sogleich erwärmt, sobald er abgetrocknet ist. Seerosen wachsen in der warmen Jahreszeit schneller und sicherer an als in kühlen Frühjahrs- oder Herbstmonaten. Erst bei Wassertemperaturen von etwa 15°C an bildet die Seerose neue Wurzeln und treibt neue Blätter.

Pflanzenqualität. Die Größe des Rhizoms ist nicht ausschlaggebend; vielmehr muß die Pflanze in einem vollkommen gesunden Zustand sein und darf keinerlei faulige oder weiche Stellen aufweisen. Der Besatz mit Blättern ist nicht entscheidend. Diese sterben, insbesondere wenn es sich um ältere Exemplare handelt, unmittelbar nach dem Pflanzen doch ab. Gesunde Stammstücke bilden sehr schnell neue Blätter. Auch lange Wurzeln braucht die Pflanze nicht zu haben, denn aus dem Wurzelstock bzw. Rhizomstück werden bald neue gebildet. Eine Qualitäts-Verkaufspflanze sollte aus einem ausgepflanzten Bestand kommen, d.h. mindestens eine Vegetationsperiode als Einzelpflanze kultiviert worden sein. Der Durchmesser des Stammstückes sollte, außer bei den unter den Zwergseerosen aufgeführten Sorten, nicht unter 4 cm sein.

Eine ohne Ballen zum Versand kommende Seerose muß von allen Schmutzstoffen befreit sein. Pflanzen mit Topfballen sind losen Rhizomstücken vorzuziehen. Die Qualitätsbestimmungen des Bundes deutscher Staudengärtner (Sondergruppe Stauden im Zentralverband Gartenbau), besagen zu See- und Teichrosen:

Starkwüchsige Arten und Sorten: „Der Trieb muß gut sichtbar und kräftig entwickelt sein oder drei bis vier Blätter und starke, gut ausgebildete Wurzeln besitzen; Stammstücke stark wachsender Sorten müssen 6 bis 8 cm lang sein. Bei Gefäßkultur Mindestinhalt des Kulturgefäßes 1000 cm^3 (Container 13 cm Durchmesser). Beispiele: *Nuphar*-Arten, *Nymphaea alba, Nymphaea*-Hybriden."

See- und Teichrosen, schwachwachsend: „Der Trieb muß gut sichtbar und kräftig entwickelt sein oder drei bis vier Blätter und starke, gut ausgebildete Wurzeln besitzen. Bei Gefäßkultur Mindestinhalt der Kulturgefäße entsprechend. Beispiele: *Nymphaea*-Laydekeri-Sorten 400 cm^3 (Container 8 x 8 x 8,5 cm), *Nymphaea pygmaea* und *pygmaea*-Sorten 250 cm^3 (Container 7 x 7 x 8 cm)."

Selbstverständlich kann die Qualität der Seerosen entsprechend ihrem jahreszeitlichen Entwicklungsstand sehr verschieden sein. So können Pflanzen, die im zeitigen Frühjahr aus ihrem Element genommen wurden, auf gar keinen Fall einen Zustand aufweisen, der mit einer im Sommer herausgenommenen Pflanze vergleichbar wäre.

Lagern. Die Seerosen sind empfindlich, wenn sie nicht im Wasser sind. Deshalb sollten sie, wenn sie nicht gleich gepflanzt werden können, erst einmal in einen Teich, ein Becken oder in einen Behälter gebracht werden, wo sie im Wasser schwimmen können. Diese Methode empfiehlt sich insbesondere dann, wenn es sich um abgeschnittene Rhizomstücke mit wenig Blattwerk

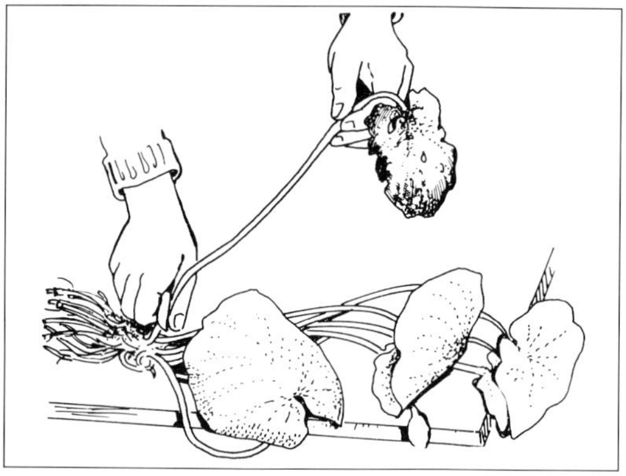

Abgeknickte oder beschädigte Blätter werden vor dem Pflanzen entfernt.

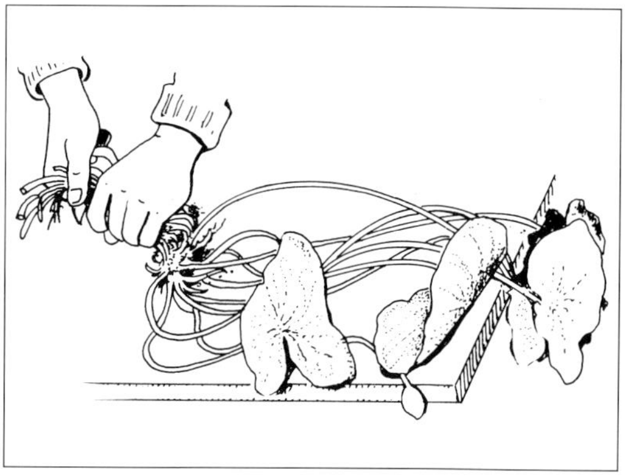

Die Wurzeln werden handbreit unter dem Rhizom abgeschnitten.

Die Seerose wird mit dem Rhizom so eingepflanzt, wie sie am vorherigen Standort gewachsen ist.

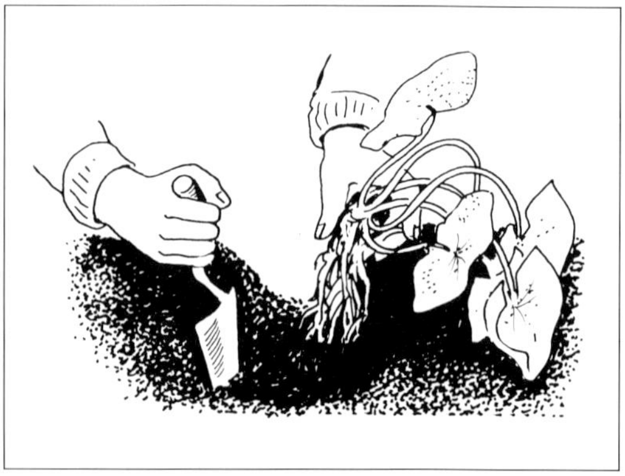

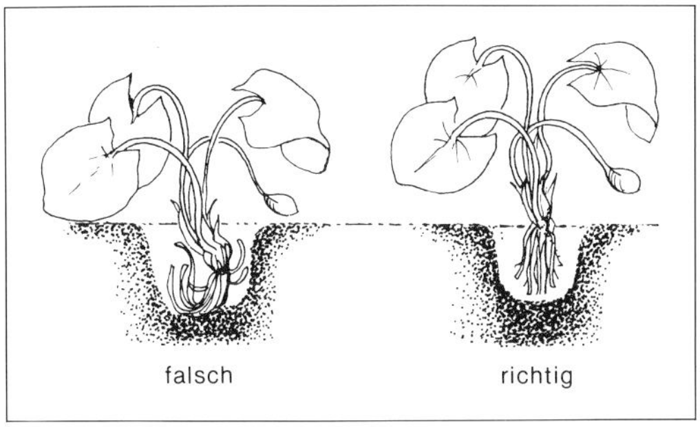

Seerosen dürfen nicht zu tief gepflanzt werden. Das Rhizom, aber auch die Wurzeln, müssen ihrer natürlichen Lage entsprechend eingesetzt werden. Umgebogene Wurzeln führen zu Wachstumsstockungen.

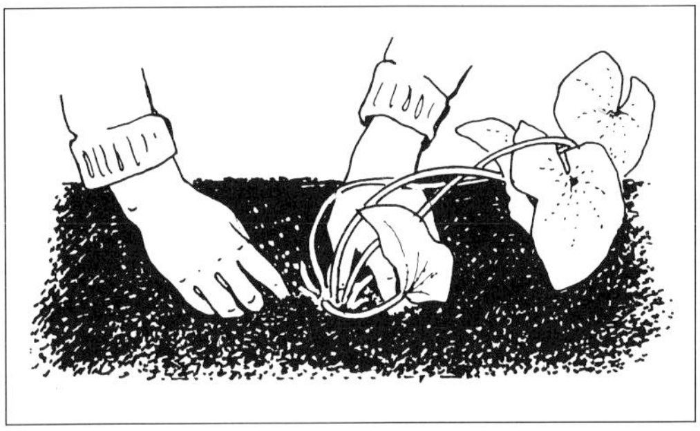

Pflanzen mit Topfballen werden so weit ins Pflanzloch eingesetzt, bis die Oberfläche des Ballens mit dem Bodengrund abschließt.

Die Pflanze wird seitlich fest angedrückt.

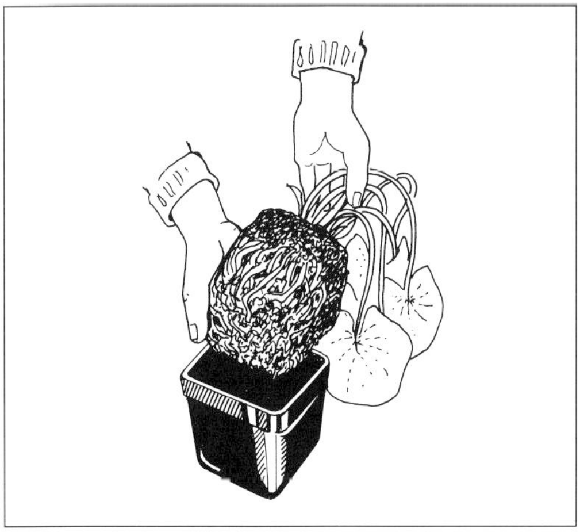

handelt. Der Standort der Behälter sollte in diesem Fall nicht kühl sein. So ist es nicht von Schaden, wenn die Pflanzen darin einige Zeit oder Tage schwimmen. Es zeigen sich dann schon erste neue Wurzeln und Ansätze von neuen Blättern; vor allen Dingen heilen Wundstellen (Schnittstellen) schneller ab. Dieses Verfahren wenden wir in der Gärtnerei vielfach bei Umpflanzungen mit Erfolg an. Sonst Seerosen kühl und schattig lagern, wenn sie nicht gleich gepflanzt werden können. In einer geschlossenen Folientüte mit etwas Wasser halten sie sich auch gut, weil darin genügend Luftfeuchtigkeit enthalten ist. Es genügt auch, die Pflanzen an einem schattigen Ort mit feuchtem Papier abzudecken. Der Zeitraum, in dem Seerosen außerhalb lagern, sollte so kurz wie möglich sein. Längeres Lagern schwächt sie und kann ein Faktor bei Mißerfolgen sein.

Vorbereiten. An der Seerose werden alle abgeknickten oder beschädigten Teile entfernt; die Wurzeln werden handbreit unter dem Rhizom abgeschnitten (s. Abb. Seite 62). Ist ein Teil des Rhizomes in Fäulnis übergegangen, muß das abgestorbene Stück herausgeschnitten werden. Die Schnittstelle wird zweckmäßigerweise vorbeugend gegen weiteres Eindringen von Fäulnis mit Holzkohle oder mit Fungiziden (Pflanzenschutzmitteln gegen Pilzbefall) behandelt.

Einpflanzen. Das Rhizom wird der natürlichen Lage entsprechend gepflanzt. Seerosen wachsen mit ihrem Rhizom waagerecht im oberen Bereich des Bodengrundes. Das Rhizomteil wird etwas schräg in die leicht ausgehobene Mulde gelegt, vorsichtig mit Erde bedeckt und angedrückt (s. Abb. S. 62). Lediglich das Ende des Rhizomes kann aus dem Boden schauen. Bei einer zu tief eingesetzten Pflanze besteht die Gefahr, daß sie nur kümmerlich austreibt. Ausnahme bei *Nymphaea tuberosa*-Abkömmlingen mit den typischen, an den Enden verdickten Sprossen. Diese können ganz in den Bodengrund gedrückt werden. Ist damit zu rechnen, daß das Rhizomstück bei Einlassen des Wassers

aufschwimmt, muß das Stammstück mit Steinen beschwert, gegebenenfalls auch mit einem umgebogenen Stück Draht oder einer Astgabel verankert werden; Festdrücken allein reicht nicht immer aus.
Zur Pflanzung im freien Wasser oder in größeren Teichen werden Seerosen vorher in einen Weiden- oder Spankorb gesetzt; dieser vergeht mit der Zeit und die Pflanze kann dann auf dem Bodengrund weiterwachsen. In solche Körbe gepflanzte Seerosen können anfangs flach stehen und in den wärmeren Bereichen des Wassers abgestellt werden. Man kann sie dort auch besser im Auge behalten und erkennt, wann sie austreiben und angewachsen sind.

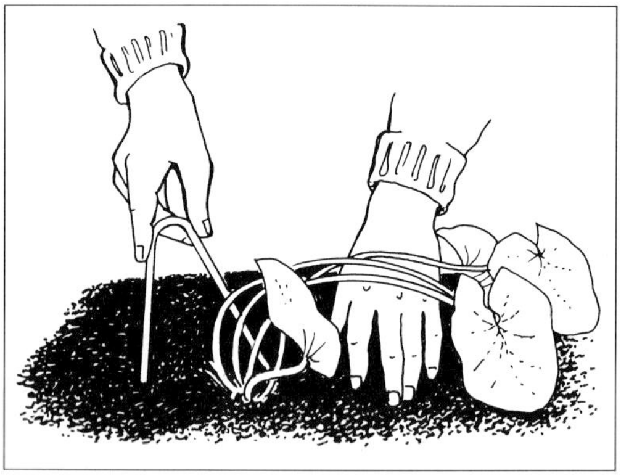

Verankern einer gepflanzten Seerose ohne Ballen gegen Aufschwimmen.

Pflanzung in Behältern. Sinngemäß wird auch die Pflanzung in Behältern entsprechend dieser Beschreibung durchgeführt. Bei Körben mit durchlöcherten Wandungen wird vorher ein Tuch (Ballentuch, Sackleinen) in den Korb gelegt, damit die Erde nicht ausgespült wird.
Gute Durchdringung des Bodens mit sauerstoffreichem Wasser begünstigt das Anwachsen der Seerosen.
Mindestens die Hälfte eines Wasserbeckens sollte freie Wasserfläche bleiben; Liebhabern von Seerosen ist es unbenommen, mehr einzusetzen und dichter zu pflanzen.

Absenken des Wasserstandes kann, sofern dadurch nicht andere Pflanzen geschädigt werden, so weit erfolgen, bis die eingesetzten Seerosen nur ca. 30 cm Wasser über sich haben. Bei niedrigem Wasserstand brauchen sie nicht so viel Kraft aufzuwenden, um die ersten Blätter an die Oberfläche zu treiben. Der Wasserstand wird dann jeweils nur um so viel erhöht, wie die Pflanzen Blätter treiben.
Im tiefen Wasser (von 1 m an) können gut entwickelte große Seerosen mit zusätzlicher Erde am Wurzelbereich balliert (ähnlich wie Baumschulpflanzen) und dann am endgültigen Standort abgesenkt werden. Diese Methode erscheint sicherer, als die Pflanze an einen Stein zu binden und abzulassen, da hierbei das Rhizom oder der Wurzelstock bestenfalls auf den Boden zu liegen kommt, aber nicht von Erde umgeben ist.
Platzbedarf. In Pflanzbehälter gesetzte Seerosen benötigen etwa 1 m^2 Wasserfläche. Je nach Größe der Gefäße und Wüchsigkeit der Sorte kann der Platzbedarf etwas größer bzw. kleiner sein. Zwergseerosen z. B. 'Laydekeri'-Sorten, benötigen nur die Hälfte davon. Bei schwachwüchsigen Sorten bzw. solchen für Flachwasser, wie 'Froebelii,' 'Ellisiana' und 'Mme. Mce Laydeker' genügt dagegen ein Abstand von ca. 50 cm.
Pflege. Schon beim Einlassen des Wassers ist darauf zu achten, daß die Pflanzen nicht durch zu hastiges Einlassen aufgeschwemmt werden; auch einige Wochen danach können sie noch aufschwimmen, z. B. an stürmischen Tagen oder wenn große Fische (Karpfen) sie hochwühlen.

Seerosen-Anzuchtbecken in der Wasserpflanzengärtnerei. Einfache halbierte Holztonnen, Brunnenringe, große Betonbecken im Freiland und in den Gewächshäusern – alles wird für die Kultur der Seerosen und anderer Wasserpflanzen genutzt. Es ist eine geheimnisvolle, aber liebenswerte Welt, die der Zauber dieser Teiche mit ihren Pflanzen ausstrahlt. Nicht nur die Blüten, sondern auch die Blätter sind von mannigfaltiger Schönheit.

Abgestorbene Blätter können, soweit man an sie herankommen kann, herausgenommen werden. Ob man dies auch mit den zum Winter hin absterbenden machen soll, hängt davon ab, ob der Teich mit dieser Blattmasse fertig wird (s. „Abgestorbene Pflanzenteile abschneiden?“, Seite 185, und „Seerosen im Winter“, Seite 184).
Wichtig ist, daß bei Schädlingsbefall und anderen Schädigungen sofort die im Kapitel „Schäden und Schädlinge“ beschriebenen Gegenmaßnahmen ergriffen und im übrigen die Hinweise unter „Standort und Wachstum“ beachtet werden.
Düngung. Im Kapitel „Standortansprüche“ wurden die Grundzüge der Pflanzenernährung dargelegt; danach ist jährliches Nachdüngen dann erforderlich, wenn Seerosen in Behältern stehen oder auch sonst mit wenig Boden und damit Nährstoffen auskommen müssen. Können die Seerosen mit den Körben herausgenommen werden, kann der Dünger (Hornspäne, Osmocote usw.) direkt in die Erde gedrückt werden, und zwar Hornspäne und Nitrophoska Spezial je nach Größe der Pflanze ein bis zwei Hände voll, sonst nach Angaben der Hersteller. Im Wasser stehende Pflanzen müssen anders versorgt werden: man knetet den Dünger in feuchtem Lehm und läßt die Erdklumpen dann in den Wurzelbereich der Seerosen hineinfallen oder – besser – drückt sie dort ein. Oder man rührt Dünger mit Wasser zu einem Brei (bei Osmocote geht das nicht, weil der Dünger in Kapseln ist), füllt damit etliche Kunststoffbecher und stellt sie ins Gefrierfach; die Eisstücke (ohne Becher!) lassen sich leicht in den Bodengrund im Wurzelbereich der Pflanze eindrücken.
Wird der Dünger direkt ins Wasser gebracht, so wird es mit Nährstoffen angereichert. Zwar werden die Seerosen davon profitieren, doch wird dadurch das Algenwachstum gefördert. Im ungünstigen Fall kann das Wasser „umkippen“, d. h. das ökologische Gleichgewicht bricht zusammen.
Weitere Hinweise über notwendige Pflegemaßnahmen sind dem Kapitel „Pflege des Wassergartens“ zu entnehmen.

Große Natursteinplatten verdecken den Teichrand und ermöglichen es, aus nächster Nähe die Reize des Wassergartens zu betrachten. Hinter den rotblühenden Seerosen (*Nymphaea* 'René Gérard') die blauen über der Wasseroberfläche stehenden Blüten von *Nymphaea* × *daubeniana*.

Nymphaea-Wildarten

Soweit bekannt ist, sind die nachfolgend aufgeführten Wildarten zur Zucht der Seerosensorten verwendet worden. Abgesehen von *Nymphaea mexicana* entstammen sie der gemäßigten nördlichen Zone. Ihre Hybriden sind deshalb auch weitgehend frosthart und überstehen unter Wasser auch strenge Winter.

Nymphaea alba, Weiße Seerose

Aufgrund ihres reichen Vorkommens in Mittel- und Westeuropa ist die Weiße Seerose *Nymphaea alba* mit Sicherheit am meisten von allen Arten zur Zucht verwendet worden. Ihr Verbreitungsgebiet ist die gesamte nördliche gemäßigte Zone. Sie setzt willig Samen an. Viele Hybriden ähneln ihrem Wuchsbild und tragen ihre typischen Merkmale. Die natürlichen Standorte von *N. alba* sind ruhige Seebuchten. Man findet sie in flachen (60 bis 120 cm) wie auch in tiefen Gewässern (2 m und tiefer).
Es haben sich viele Standortvariationen gebildet, so Zwergformen, aber auch ausgesprochen starkwachsende, wuchskräftige. Typisch sind die bis 1 m langen, sich verzweigenden, nahezu armdicken gelblichen Rhizome, die in der oberen Schlammschicht des Bodengrundes sich fest verwurzeln. Diese Rhizome sind mit vielen Narben von Blattstielen versehen.

1

2

3

4

5

6

7

8

11↓

9

10

Nymphaea 'Froebelii'

1: *Nymphaea* 'Candidissima Rosea'

2: *Nymphaea* 'Anna Epple'

3: *Nymphaea* 'Princess Elizabeth'

4: *Nymphaea* 'Sunrise'

5: *Nymphaea* 'Rose Arey' (rosa Blüte) *Nymphaea* 'Hermine' (weiße Blüte)

6: *Nymphaea odorata* 'Sulphurea'

7: *Nymphaea* 'James Brydon'

8: *Nymphaea* 'Masaniello'

9: *Nymphaea* 'Marliacea Rosea'

10: *Nymphaea* 'Marliacea Chromatella'

11: *Nymphaea* 'Newton'

Die Blüte ist etwa 12 cm im Durchmesser, reinweiß, wohlriechend. Sie öffnet sich vollkommen. Die Blattlappen stehen weit auseinander. Durch Umwelteinflüsse geht der Bestand vielerorts zurück, deshalb wurde die Weiße Seerose auch unter strengen Naturschutz gestellt.

Nymphaea candida, Glänzende Seerose
War vorwiegend in Nord- und Osteuropa beheimatet. Anscheinend sehr oft mit *Nymphaea alba* vergesellschaftet. Heimisch in kühlen Gewässern und Moorböden. Sehr variabel. Unterschiedsmerkmal zu *N. alba* u. a. Blüten sind kleiner und öffnen sich nie ganz. Kaum noch an Naturstandorten zu finden. Gehört zu den stark gefährdeten Pflanzen (Rote Liste der gefährdeten Tiere und Pflanzen in der Bundesrepublik Deutschland).

Nymphaea mexicana (N. flava), Mexikanische Seerose
Aus Mittelamerika und dem südlichen Nordamerika. Blüht leuchtendgelb. Blütengröße 19 cm Durchmesser, schwach duftend. Blüten stehen immer 10 bis 15 cm über dem Wasser; abgeschnitten schließen sie sich bald und gehen selten wieder auf. Ausläuferbildend. Die Blätter sind eiförmig, am Rande rötlich, in der Jugend mit großen braunen, runden Flecken, unterseits rot angelaufen mit kleinen dunklen Flecken. In der Kultur blühfaul. Vermutlich stammen von dieser Art die meisten gelben und orange bis kupferfarbenen Sorten ab. Jedenfalls finden wir hier die beschriebenen Merkmale mehr oder weniger stark vertreten vor.

Nymphaea odorata, Wohlriechende Seerose
Süßduftende, sternförmige Blüten mit langen und schmalen Blütenblättern. Blüten liegen auf dem Wasser oder stehen einige Zentimeter darüber. Vielfach in schräger Haltung. Weißblühend mit rosa Abarten.

Blattlappen dicht beieinander, mit ganz kurz vorgezogenen Spitzen („N.-odorata-Spitzen“). Heimat: östliche atlantische Staaten der USA.

Nymphaea tetragona, Zwergseerose

Die zierlichste Seerosenart. Blüten weiß, duftend, 2,5–5 cm ∅, an der Basis vierkantig. Blüht von Juni bis in den Spätherbst. Schwimmende Blätter mehr oval-länglich als rund, 10 cm lang. Bei älteren Exemplaren auch bis 20 cm. Wurzelstock nur kurz, bildet keine Ausläufer. Kann nur durch Aussaat vermehrt werden. Beheimatet in Finnland, Rußland, China, Japan, Nordamerika. Oft unter *N. pygmaea* im Handel.

Nymphaea tuberosa, Weiße Knollenseerose

Kriechende dünne, weißliche Rhizome (2 bis 5 cm Durchmesser) mit seitlichen Sprossen, die an den Enden etwas verdickt sind. Daher auch der Name *N. tuberosa* (knollenartig). Die Vermehrung der Art und auch deren Nachkömmlinge geschieht durch Abbrechen der seitlichen Knollen. Sie läßt sich dadurch relativ leicht vermehren. Blüten reinweiß, selten rosa. Stehen einige Zentimeter über dem Wasser. Die Blätter sind fast kreisrund, Blattlappen stehen dicht beieinander oder überdecken sich. Blattrand etwas wellig. Heimisch in den mittleren und nördlichen Staaten der USA. Viele Hybriden sind Nachkommen dieser Art.

Die Züchtung der Seerose

Bekannt geworden sind die ersten Seerosenzüchtungen in den sechziger und siebziger Jahren des vorigen Jahrhunderts. Der größte Teil wurde dann Ende des 19. Jahrhunderts und um die Jahrhundertwende gezüchtet. Früher befaßte man sich züchterisch mit den Seerosen tropischen und subtropischen Ursprungs. Diese fanden großen Gefallen in den fürstlichen Häusern, und tüchtige Gärtner verstanden diese Seerosen und auch die damals sehr beliebten Lotos in Glashäusern zu kultivieren. Von den vielen damals entstandenen Sorten sind nur noch wenige bekannt. Ohne zusätzliche Heizung können die tropischen Seerosen in Mitteleuropa nicht kultiviert werden. Deswegen finden wir sie nur noch in botanischen Gärten, in großen Schauhäusern, z. B. in der „Wilhelma“ in Stuttgart, selten dagegen bei privaten Liebhabern. Der erfolgreichste Züchter von winterharten Seerosen ist Latour-Marliac in Temple-sur-Lot in Frankreich; seine zur Marliacea-Gruppe gehörenden Sorten zählen zu den weitest verbreiteten. Auch die unter der Bezeichnung 'Laydekeri' bekannten Sorten entstammen seinem Hause; sie sind nach seinem Schwiegersohn Laydeker genannt worden. Offensichtlich hat Marliac die beschriebenen Sorten untereinander gekreuzt, aber auch Arten tropischen Ursprungs mit Sicherheit dazugenommen. Davon stammen vorwiegend die farbigen Sorten ab. Sicher hat das günstige Klima im Südwesten Frankreichs mit dazu beigetragen, daß Marliac züchterisch so erfolgreich tätig sein konnte. Als weitere Züchter aus Europa sind bekannt geworden: Froebel (Schweiz), Junge (Deutschland), Perry (England). Amerikanische Züchter waren Dreer, Richardson, Caspary, Hovey, Sturtevant, Treatent und Paine.

Inzwischen gibt es etwa 100 verschiedene Seerosensorten in weißen, roten, rosa und gelben Farben und Zwischentönen. Was vollkommen fehlt, sind blaue und violette Farben. Von Ausnahmen abgesehen, setzen die Hybriden keine Samen an. Nach neuesten Erkenntnissen soll der Grund in unterschiedlicher Anzahl von Chromosomen der Arten zu suchen sein, daß die Hybriden unfruchtbar sind.

Bei einer Anzahl von Sorten läßt sich leicht feststellen, welcher Abstammung sie sind, aber keineswegs bei allen. Meistens sind die Artmerkmale so verwischt, daß eine sichere Erkennung ihrer Abstammung nicht möglich ist. Die Züchter haben auch nichts hinterlassen, aus dem erkennbar ist, wie sie bei der Züchtung vorgegangen sind.

Gebrauchssortiment empfehlenswerter handelsüblicher Seerosensorten in Beschreibungen

Niedriger Wasserstand
(n) = von 20 bis 30 cm
Mittlerer Wasserstand
(m) = von 40 bis 60 cm
Tiefer Wasserstand
(t) = von 60 bis 80 cm

Geringfügige Schwankungen vom flachen zum tieferen Bereich und umgekehrt werden von allen Sorten ohne Beeinträchtigung hingenommen.

Weißblühende Seerosen

Die weißblühenden Sorten sind wüchsig und im allgemeinen unempfindlicher als farbige. Sie vertragen auch besser ungünstige Standorte und tieferen Wasserstand (Ausnahme *Nymphaea pygmaea* 'Alba'). Auf dem dunklen Wasser heben sich die weißen Blüten besonders wirkungsvoll ab. Bei flachem Wasserstand (ca. 40 cm und weniger) wachsen allerdings ihre Blätter aus dem Wasser und können die Blüten verdecken; sie sind deshalb nicht für kleine Becken mit flachem Wasserstand geeignet.

Nymphaea alba s. Seite 67.

'Hermine' (m + t)
Große, sternförmige, reinweiße Blüten. Blumenblätter schmallanzettlich. Blütenknospen schlank, spitz zulaufend. Früheste weiße Sorte. Auf dem Wasser liegend, bei flachem Stand auch aus dem Wasser steigend. Blätter grasgrün. Blatteinschnitt nicht geöffnet. Blattspitzen liegen nebeneinander. Sehr wüchsige und unempfindliche Sorte.

'Marliacea Albida' (t)
Blüten tassenförmig; ähnelt 'Marliacea Rosea'. Durchmesser 15 cm. Blüten reinweiß. Staubblätter leuchtend hellgelb. Blätter grasgrün. Blatteinschnitt weit geöffnet.

Nymphaea pygmaea 'Alba'
Zwergseerose (n)
Blüten reinweiß. Knospenbasis vierkantig. Kelch- und Blütenblätter deutlich in Kreuzform übereinander (von oben gesehen). Die zierlichste Seerose, die es gibt. Blüten 2,5 cm im Durchmesser, selten größer. Etwas langgestreckte, 5 bis 10 cm lange Blätter, bei mehrjährigen Pflanzen doppelte Länge möglich. Solche entwickelten Pflanzen können auch 30 cm tief stehen; jüngere müssen flach gepflanzt werden (ca. 10 cm). Setzt keimfähigen Samen an. Bildet kaum Knollen und keine Seitentriebe und kann deshalb nicht vegetativ vermehrt werden. Die Blütezeit ist ausgesprochen lang, bis in den Herbst hinein. Es kann vorkommen, daß die letzten Blüten noch im Eis einfrieren. Eine hellgelbe Form von *N. pygmaea* ist 'Helvola', die aber wesentlich frostempfindlicher als die Art ist. Es gibt auch rotblühende Variationen ('Rubra', 'Rubis'), da *N. pygmaea* sich willig einkreuzen läßt; doch sind diese Hybriden schwierig zu halten. In Japan werden verschiedene Sorten von *N. pygmaea* kultiviert (Abb. S. 61).
Ob *N. pygmaea* eine reine Art oder ein Bastard ist, konnte nicht geklärt werden, auch nicht, ob es sich um einen Abkömmling von *N. tetragona* handelt.

Nymphaea tuberosa 'Gladstoniana' (t)
Reinweiße, tassenförmige, riesige Blüten, Durchmesser über 20 cm. Blätter fast kreisrund; am Rande leicht gewellt, Durchmesser bei günstigem Standort bis 50 cm. Ihrer enormen Wuchskraft wegen nur für große Becken und Teiche geeignet. Wüchsiger noch als *N. alba*. Verträgt einen Wasserstand von 2 m und auch mehr. Aber nicht als Jungpflanze.

Nymphaea 'Gloriosa' heißt diese johannisbeerrote Seerosensorte. Die auf dem Wasser liegenden stattlichen Blüten sind prachtvoll und von malerischem Reiz. Die Blätter sind grasgrün und unterseits rötlich.

Nymphaea 'Sioux'. Das Farbspiel der Blüten dieser Seerosensorte wechselt von gelb später in kupferrosé und im Verblühen ins rötliche.

Nymphaea tuberosa 'Pöstlingberg' (t)
Siehe 'Gladstoniana' – kein Unterschied erkennbar. Möglicherweise ist der in den 20er Jahren entstandene Typ verloren gegangen. Der Name 'Pöstlingberg' ist ansprechender, deshalb wohl auch mehr verbreitet.

Nymphaea tuberosa 'Richardsonii' (m + t)
Reinweiße, fast kuglige Blüte. Blütenblätter stehen dicht beieinander. Blüte wirkt deshalb vollgefüllt. Frucht- und Staubblätter hellgelb. Blütendurchmesser 15 cm. Glänzend grüne Blätter. Blatteinschnitt nicht geöffnet. Blattspitzen stehen dicht beieinander.

Sorten der zart- bis tiefrosa und lilarosa Farbgruppe

Einige rosa Sorten sind wuchskräftig wie die weißen. Dennoch finden wir in dieser Farbgruppe auch etliche, die sich für kleine Bekken mit flachem Wasserstand eignen.

'Anna Epple' (m + t)
Die Blüte dieser Neuheit zeichnet sich durch gleichmäßig auffallende kräftig-rosa Farbe und besonders lange Blütezeit (Einzelblüte bis 2 Wochen) aus. Stellt eine echte Bereicherung des Seerosensortimentes dar. Blätter grasgrün und fast kreisrund. Wuchs kräftig und robust (Abb. S. 69).

'Laydekeri Lilacea' (n)
Blüte lilarosa karmin punktiert und hell panaschiert. Zur Mitte dunkler werdend. Im Aufblühen fast karmin, im Verblühen heller werdend, fast rosa. Wie bei allen Laydekeri-Sorten ist die Anzahl der Blütenblätter gering, in der Regel 12–14. Übergänge von Blumen- u. Blütenblättern fehlen vollkommen. N. 'Laydekeri Lilacina' ist dasselbe, doch der Name nicht korrekt.

'Mme Wilfron Gonnère' (m)
Gleichmäßiges, reinstes Rosa. Große kugelige Blüten, Blütenblätter stehen dicht bei-

***Nymphaea* 'Graziella', eine sehr seltene Sorte.**

***Nymphaea* 'Formosa'. Attraktive mittelgroßblumige Sorte mit pfirsichrosa, sternförmigen Blüten die auf dem Wasser liegen. Für einen mittleren Wasserstand (50–80 cm), in dem sie auch die reichhaltigste Blüte erbringt.**

einander, deswegen erscheint die Blüte voll gefüllt. Staubblätter hellgelb. Einzelblüte bleibt lange geöffnet und blüht länger als andere Sorten (ca. 10 bis 12 Tage). Durchmesser der Blüten 16 cm. Blätter grasgrün, fast kreisrund. Blattlappen nur wenig geöffnet (Abb. S. 60).

'Marliacea Rosea' (t)
Schöngeformte Blüten, hellrosa, fast weiß, unterer Teil der äußeren Blütenblätter lichtrosa. Öffnen sich sehr früh und schließen sich spät. Blütendurchmesser 18 cm. Sehr reich blühend. Wohl die verbreitetste Sorte. Blätter im Jugendstadium rot, später grasgrün, Rand rötlich, auch unterseits rötlicher Anflug. Blüten ragen bei flachem Wasserstand aus dem Wasser. Auch die Blätter können sich aus dem Wasser erheben. Sehr wüchsig, deshalb nur für größere Teiche. Was als 'Marliacea Carnea' geliefert wird, ist 'Marliacea Rosea'. Es wird auch behauptet, daß es umgekehrt sei (Abb. S. 69).

'Masaniello' (m + t)
Tassenförmige, ansehnliche wohlgeformte rosa Blüten in einheitlicher Farbe, Durchmesser 15 bis 18 cm. Staubblätter hellgelb. Blühwillig und wüchsig. Runde, grasgrüne Blätter (Abb. S. 69).

Nymphaea odorata 'Rosennymphe' (m + t)
Sternförmige, flach trichterförmige mittelgroße rosa Blüten. Bräunlichgrüne mittelgroße Blätter. Für kleinere und größere Becken geeignet. Empfindlich bei spätsommerlicher Pflanzung. Vermehrbarkeit begrenzt (Abb. S. 76).

'Princess Elizabeth' (n – m)
Sehr ansprechende cyklamenrosa Farbe. Blütendurchmesser 12 cm. Duftend. Blüten stehen meist einige Zentimer über dem Wasser. Staubblätter ausgeprägt, goldgelb, Kelchblätter nach unten umgebogen. Blüte schließt sich spät. Blätter grasgrün, unterseits rötlich. Eine der wenigen Hybriden,

die etwas Samen ansetzen. Auch für kleine Becken mit flachem Wasserstand geeignet.

Nymphaea tuberosa 'Rosea' (n + m)
Blüte fleischfarben rosa, Durchmesser 12 cm. Duftet. Große gelbe Staubblätter. Fruchtblätter orangerot. Kelchblätter bronzefarbig mit olivgrün, bei geöffneter Blüte bis zum Stiel zurückgeschlagen. Blütenblätter zahlreich, locker auseinander stehend. Einschnitt der Blätter kurz. Blattlappen liegen neben bzw. leicht aufeinander. Blattstiele rot gestreift. Blätter grasgrün, unterseits rötlich, Durchmesser ca. 25 cm. Für kleine Becken mit flachem Wasserstand.

Karmin-, dunkel- und hellrot blühende Sorten

Die roten Seerosensorten sind nicht weniger blühwillig als die andersfarbigen. Auch hier gibt es eine Anzahl für kleine Becken mit flachem Wasserstand. Es gibt Sorten, die gleichmäßig im Farbton sind, aber auch solche, die zu den Spitzen der Blütenblätter panaschiert sind. Der Ausdehnungsdrang der roten Sorten ist längst nicht so stark wie bei den weiß oder rosa blühenden; entsprechend ist ihr Platzbedarf auch nicht so groß. Alle aufgeführten Sorten wollen nicht tiefer stehen als 40 bis 60 cm. Ausnahmen sind 'Attraction' und 'René Gérard' sowie stärker entwickelte oder eingewachsene Pflanzen. (Maximal aber nicht mehr als 80 cm).

'Atropurpurea' (m)
Dunkel karmesinrot. Staubblätter kupferfarben, Blütenscheibe hell schwefelgelb. Durchmesser der Blüte 18 cm. Gehört zu den dunkelsten Seerosensorten. Blätter rötlich, dunkel gefleckt, besonders im Jugendstadium. Blätterrand leicht gewellt. Durchmesser der Blätter 20 bis 22 cm.

'Attraction' (m + t)
Blüte sternförmig, auffallend groß, Durchmesser bis 20 cm, granatrot, zu den Spitzen hin heller werdend. Staubblätter goldgelb. Blüht besonders lange. Auch als Schnittblume lange haltbar. Große, grüne kreisrunde Blätter, deren Blattlappen auseinanderstehen. Wüchsig.

'Charles de Meurville' (t)
Sehr großblütig. Blütendurchmesser bis 20 cm. Lang und reich blühende Sorte. Innen weinrot, außen heller werdend. Blüte schließt sich spät bzw. bleibt abends noch lange offen. Blätter länglichrund. Blattlappen auseinandergehend. Grasgrün. Mit Schwierigkeiten beim Umpflanzen ist zu rechnen.

'Ellisiana' (m)
Dunkelrot aufblühend, nach 2 bis 3 Tagen hellt die Blüte auf. Bestechende Farbe! Blütenscheibe gelb. Staubblätter orangefarben. Reichblühend. Blätter dunkelgrün, unterseits rot.

'Escarboucle' deutsch 'Karfunkel' (m)
Leuchtend rubinrote Blüten. Auffallende Farbe. Blütendurchmesser 15 bis 18 cm. Orangerote Staubblätter. Duftend. Große hellgrüne Blätter. Erscheinungsbild gut, doch ist Vermehrbarkeit begrenzt wegen geringer Rhizombildung.

'Froebelii' (n)
Karminrote Blüten. Kelchblätter bräunlich. Staubfäden rot. Blüte öffnet sich nie ganz. Steht immer einige Zentimeter über dem Wasser. Blütendurchmesser 10 cm. Bleibt bis abends (18 bis 19 Uhr) im halboffenen Blütenzustand. 19 Blütenblätter. Auch noch bei kühler Witterung zuverlässig blühend. Junge Blätter rötlich, ältere grasgrün.

'Gloriosa' (m)
Wuchskräftige Sorte mit runden, dunkelgrünen, unterseits rötlichen, ungefleckten Blättern. Blüte innen johannisbeerrot. Eine reichblühende Sorte. Durchmesser der Blü-

ten 15 bis 18 cm. Blüte bleibt tagsüber lange geöffnet. Es gibt davon offensichtlich im Handel verschiedene Typen.

'James Brydon' (n + m)
Wertvolle kirschrote Sorte, die eine besondere, charakteristische kugelförmige Blüte besitzt. Die Staubblätter sind orangegelb. Blütendurchmesser 14 cm. Blätter fast kreisrund. Besonders die jüngeren stark rötlich gefleckt. Blatteinschnitt wenig geöffnet. Durchmesser 20 cm. Sicherer Blüher, wüchsig und anpassungsfähig. Spitzensorte!

'Laydekeri Fulgens' (n)
Gleichmäßig weinrot, etwas hell durchsetzt. Dunkelste der Laydekeri-Sorten. Blütendurchmesser 10 cm. Sehr blühwillige Sorte für flachen Wasserstand und kleine Becken. Blätter leicht spitz zulaufend. Ihre Blattlappen sind einander ganz genähert oder überdecken sich. Durchmesser 15 bis 18 cm. Junge Blätter rötlich, später dunkelgrün, leicht gefleckt. Unterseits stärker ausgeprägt (Abb. Seite 76).

'Laydekeri Purpurata' (n)
Die Laydekeri-Sorten gehören zu den wichtigsten Zwergseerosen. Junge Blüten in der Mitte karmin, nach außen heller werdend, mehr weiß und rot gefleckt. Ältere Blüten verblassen. Blätter wie bei allen Laydekeri-Sorten im Jugendstadium rot, später dunkel gefleckt. Durchmesser 15 cm, selten 20 cm. Kein sehr großer Unterschied zu 'Laydekeri Lilacea'.

'Mme. Mce. Laydeker' (n)
Zwergsorte mit kleinen kugelförmigen, hell-dunkelkirschroten Blüten. Für niedrigen Wasserstand, auch in Schalen sehr reizvoll.

'Maurice Laydeker' (n)
Orange bis kirschrot zu den Blütenspitzen heller werdend. Staubblätter dunkel goldgelb. Blütendurchmesser ca. 8 cm. Blätter auffallend dunkelgrün, unterseits rötlich. Im Aufblühen hell, dunkelt später nach. Blattdurchmesser etwa 15 cm.

'Newton' (m)
Hübsche, zinnoberrote, sternförmige Blüten, die über dem Wasser stehen. Durchmesser 12 bis 15 cm

'René Gérard' (m + t)
Dankbare, sichere Sorte. Dunkel karminrote, halbgefüllte, große Blüten mit hellen Spitzen. Durchmesser 15 bis 18 cm. Reich und zuverlässig blühend. Blätter grasgrün. Blattlappen weit geöffnet.

Sorten mit gelben und kupferfarbenen Blüten

Die Farbenskala der Seerosen wird durch die gelben und kupferfarbenen Sorten erweitert. Die Blüten sind formschön. Die kupfernen Sorten wechseln den Farbton von Rosa beim Aufblühen über Orange zum Kupfer beim Verblühen. An einer Pflanze können deshalb verschiedenfarbige Blüten sein. Die gelben und kupferfarbenen Sorten sind wärmebedürftig. Sie sind Abkömmlinge aus Warmgebieten in Übersee *(N. mexicana)*. Man kann Probleme mit ihnen haben. Ihre Anwachsfreudigkeit ist nicht sonderlich groß, wenn nicht optimale Bedingungen herrschen. Auch die Blühwilligkeit läßt zu wünschen übrig, wenn der Sommer nur mäßig warm ist. Einmal angewachsen, können sie sich auch stattlich entwickeln, wenn der Standort ihnen zusagt. Sie können dann auch ohne Bedenken bis 80 cm tief gesetzt werden.

'Colonel A. J. Welch' (m + t)
Sternförmige, kanariengelbe Blüten. Stehen im allgemeinen 20 bis 30 cm über dem Wasser. Blühwilligkeit hängt sehr vom Standort ab. Gelbe Seerosen blühen allgemein nicht so reich wie die Sorten der übrigen Farbgruppen. Stark wachsend. Blätter, wie alle gelben Sorten, in der Jugendform gefleckt.

***Nymphaea* odorata 'Rosennymphe'. Flache, trichterförmige Blüten, in einem fein getönten Rosa beim Aufblühen.**

***Nymphaea* 'Laydekeri Fulgens'. Eine Zwergseerose für kleine Becken mit flachem Wasserstand. Früh und reich blühend.**

Macht eigenartige Kapriolen; bildet mitunter an Fruchtständen bewurzelte Jungpflanzen. Anscheinend typisches Unterscheidsmerkmal zu *N. odorata* 'Sulphurea'. Von den gelben die wüchsigste und sicherste Sorte.

'Marliacea Chromatella' (t)
Die am weitesten verbreitete leuchtend gelbe Sorte. Staubblätter gelb. Blütendurchmesser 16 bis 18 cm. Blütenzahl abhängig vom Standort. Bei zusagenden warmen Temperaturen sehr wüchsig. Blätter deutlich marmoriert. Für Klimabereiche mit mäßigen Temperaturen nicht zu empfehlen. Bei dieser Sorte kann Einfrieren Schaden verursachen.

Nymphaea odorata 'Sulphurea' (m + t)
Sternförmige, schwefelgelbe Blüten, die immer aus dem Wasser stehen. Staubfäden goldgelb. Durchmesser der Blume 14 bis 16 cm. Bei warmem Standort viel Blattmasse bildend. Mit der Blüte oftmals zurückhaltend. Eine ihrer Formen 'Sulphurea Grandiflora', ist in allem größer; sonst 'Colonel A. J. Welch' sehr nahestehend.

Nymphaea pygmaea 'Helvola' (n)
Dieser Abkömmling der Zwergseerose *Nymphaea pygmaea (N. tetragona)* ist die kleinste aller gelben Seerosen. Blütezeit Juni–Oktober. Blütendurchmesser 2,5 cm. Winterschutz beachten! Pflanzen dürfen nicht einfrieren. Am besten frostfrei im Gewächshaus oder in einem frostfreien hellen Raum überwintern.

'Sioux' (m)
Erst gelb, dann kupferrosa, später rötlich. Blütengröße 10 bis 15 cm. Liebt, wie auch ihre Schwestern der gelben Farbgruppe, warmen, sonnigen Standort; kann Schwierigkeiten bereiten, wenn sie bei kühler Witterung verpflanzt wird. Blätter auffallend stark gefleckt.

'Sunrise' (m)
Schwefelgelbe, spitzenförmige, über dem Wasser stehende Blüten, Durchmesser bis 20 cm. Öffnet sich schon sehr früh morgens, deswegen der Name. Unterscheidet sich von *N. odorata* 'Sulphurea' durch stark behaarte Blätter und Blütenstiele. Unterseite der jungen Blätter fast rot, Oberseite dunkel gesprenkelt. Blüht nur an warmen Standorten.

Diese Zusammenstellungen erheben keinen Anspruch auf Vollständigkeit. Sowohl in Frankreich wie auch in England, manchmal auch in der Bundesrepublik Deutschland, werden in Katalogen von Wasserpflanzen-Gärtnereien noch eine Reihe weiterer Sorten geführt. Bei diesen ist aber nicht mit Sicherheit davon auszugehen, daß es sich wirklich um Neuheiten handelt. Es hat sich leider herausgestellt, daß oftmals keine erkennbaren Unterschiede zu alten bekannten Sorten vorhanden sind und die Vermutung aufkommt, daß es Seerosensorten mit mehreren Namen gibt.

Nicht aufgeführt wurden solche Sorten, die nicht beobachtet werden konnten, weil sie nicht vorhanden waren oder solche, die nach ein zwei Jahren wieder verschwunden sind. Da die Ausfälle nach den Wintermonaten eintraten, ist anzunehmen, daß diese Sorten in nicht ausreichendem Maße winterhart sind.

Andererseits ist nicht auszuschließen, daß weitere unbekannte Faktoren den Schaden mit verursacht haben, so daß es noch weiterer Versuche und Untersuchungen bedarf, um zu einem endgültigen Urteil gelangen zu können.

Das Gebrauchssortiment. Die mit Sternchen oder dem Zusatz Li oder w versehenen Sorten gehören zum Standardsortiment der Arbeitsgemeinschaft Staudensichtung des Bundes deutscher Staudengärtner im Zentralverband Gartenbau. Die Anzahl der Sternchen bezeichnet die Höhe der Bewertung. Es bedeuten: * = wertvolle Sorte, ** = sehr wertvolle Sorte, *** = vorzügliche Sorte, Li = Staude für den Pflanzenliebhaber, w = sehr wertvolle Wildstaude.

Nymphaea	Empfohlene Wassertiefe	Blütenfarbe	Bemerkungen	
alba	80–120	reinweiß	Heimische Seerose, unter Naturschutz	w
'Anna Epple'	40 60	kräftig rosa	Blühwillig. Die Einzelblüte hält sich verhältnismäßig lange.	
'Atropurpurea'	40–60	dunkel karminrot	Einheitliche Farbe	
'Attraction'	50–80	granatrot	Tulpenförmige Blüte	
'Charles de Meurville'	60–100	weinrot	Wüchsig, doch auf Umpflanzschock achten	*
'Colonel A. J. Welch'	60–100	gelb	Blühwilligkeit hält sich in Grenzen	
'Ellisiana'	30–40	dunkelrot	Hellt im Verblühen auf	
'Escarboucle'	50–70	rubinrot	Eine der schönsten dunkelroten Sorten	***
'Froebelii'	30–40	karminrot	Für kleine, flache Teiche	*
'Gloriosa'	40–60	johannisbeerrot	Blütenform ähnlich wie 'Masaniello'	*
'Hermine'	50–80	reinweiß	Sternförmige Blüten	**
'James Brydon'	40–60	kirschrot	Reich und lange blühend	***

Das Gebrauchssortiment (Fortsetzung).

Nymphaea	Empfohlene Wassertiefe	Blütenfarbe	Bemerkungen	
'Laydekeri Fulgens'	30–40	weinrot	Zwergseerose für flachen Wasserstand	
'Laydekeri Lilacea'	30–40	lilarosa, innen karmin	Zwergseerose für flachen Wasserstand	*
'Laydekeri Purpurata'	30–40	karmin, außen hell	Zwergseerose für flachen Wasserstand	**
'Mme. Mce. Laydeker'	30–40	hell-dkl.-kirschrot	Für kleine Becken oder Schalen	
'Mme. Wilfron Gonnère'	40–60	reinstes rosa	Kugelige Blüten, voll gefüllt	
'Maurice Laydeker'	30–40	orange bis kirschrot	Zwergseerose für kleine Becken	
'Marliacea Albida'	50–80	reinweiß	Eingewachsene Pflanzen vertragen auch über 1 m Wasserstand	**
'Marliacea Chromatella'	50–80	leuchtend gelb	Eingewachsene Pflanzen vertragen auch über 1 m Wasserstand	**
'Marliacea Rosea'	50–80	zartrosa	Eingewachsene Pflanzen vertragen auch über 1 m Wasserstand	*
'Masaniello'	40–60	rosarot	Tassenförmige, runde Blüten	*
'Newton'	40–60	zinnoberrot	Sternförmige Blüten	
odorata 'Rosennymphe'	40–70	hell rosa	Wüchsig, doch auf Umpflanzschock achten	***
– 'Sulphurea'	60–80	schwefelgelb	Verlangt warmen Standort, wüchsig, doch auf Umpflanzschock achten	*
'Princess Elizabeth'	30–40	cyclamenrosa	Für kleine, flache Becken	*
pygmaea 'Alba'	20	reinweiß	Sehr zierlich. Auf Frostschutz achten!	
– 'Helvola'	20	hellgelb	Kleinste gelbe Seerose. Frostempfindlich.	Li
'René Gérard'	50–80	karminrot	Wüchsige rote Sorte	**
'Sioux'	50–60	kupfergelb-orange	Verlangt warmen Standort, wüchsig, doch auf Umpflanzschock achten	
'Sunrise'	50–60	schwefelgelb	Verlangt warmen Standort, wüchsig	
tuberosa 'Gladstoniana'	60–100	reinweiß	Verträgt auch einen noch tieferen Wasserstand (eingew. Pfl. bis 2 m)	
– 'Pöstlingberg'	60–100	reinweiß	Siehe *N. tuberosa* 'Gladstoniana'	**
– 'Richardsonii'	80–100	reinweiß	Kugelige Blüte, voll gefüllt	*
– 'Rosea'	30–40	fleischfarben rosa	Ideal für kleine Teiche	

Sonstige Seerosensorten. Um eine möglichst vollständige Übersicht über die Sortenvielzahl von Seerosen zu geben, werden in dieser Aufstellung die weniger verbreiteten und bekannten Sorten aufgeführt. Die Artenzugehörigkeit wurde nach bestem Wissen vorgenommen; sicher ist diese bei einigen Sorten umstritten. Da es sich in den meisten Fällen um Abkömmlinge verschiedener Arten handelt, ist die exakte Zuordnung nicht möglich.

Nymphaea	Empfohlene Wassertiefe	Blütenfarbe	Bemerkungen
alba 'Minor'	40–60	reinweiß	Ähnlich *N. alba*, doch kleinere Blüten.
'Albatros'	50–80	weiß mit rosa	
'Amabilis'	50–80	rosa, zu den Spitzen heller werdend	Sehr große Blüten. Staubblätter orangegelb. Blüten ähneln 'Marliacea Rosea'. Allerdings ist der Wurzelstock anders und ist eher *N. tuberosa* zuzurechnen.
'Aurora'	30–50	orange, rosa bis dunkel-rot	Ähnlich bzw. dasselbe 'Solfatare'. Verändert die Blütenfarbe
'Candidissima Rosea'	40–60	rosa	Ähnlich bzw. dasselbe 'Lactaea' u. 'Luciana'. Setzt Samen an
'Cardinal'	60–80	innere Blütenblätter kardinalrot	Sehr großblumig
'Chrysantha'	30–50	aprikosenfarbig	Staubblätter kupfrig-gelb
'Colossea'	60–80	weiß mit zartrosa	Ähnlich 'Marliacea Carnea'. Duftet
'Comanche'	40–60	orange rötlich	Staubblätter gelb kupferfarben
'Conqueror'	50–80	dunkel weinrot	Sehr großblumig
'Formosa'	50–80	Leuchtend rosa, Blütenspitzen heller	Blüten je nach Standort veränderlich
'Graziella'	30–40	Rotorange kupfrig	Verändert die Blütenfarbe. Für kleine Teiche.
'Indiana	40–50	orange-kupfer	Kugelige Blüte
'Marliacea Carnea'	50–80	weiß mit rosa	Kein Unterschied zu 'Marliacea Rosea'
'Moorei'	40–60	dunkel chromgelb	'Marliacea Chromatella' ist etwas heller
'Mrs. Richmond'	50–80	karminrosa, außen hell panaschiert	Sehr große Blüten 'Rembrand' ist dasselbe
'Paul Hariot'	30–50	zart gelb, kupferrot schattiert	Ähnlich 'Sioux', wohlriechend, wechselt die Blütenfarbe
'Pink Opal'	30–50	dunkelrosa	Gut geformte Blüte
'Rose Arey'	40–80	lachsrosa	Lange, schmale Blütenblätter
'Sanguinea'	50–70	feurig karminrot,	Duftend
'Vesuv'	50–80	feurig amarantrot	Blüten stehen etwas über dem Wasser
'William Falkoner'	30–50	rubinrot	Rotgefleckte Blätter
odorata 'Maxima'	60–80	reinweiß	Ähnlich *N. tuberosa* 'Rosea'
– 'Minor'	30–50	zartrosa	Ähnlich *N. odorata* 'Maxima' 'Lusitania' und 'Odalisque'
– 'Sulphurea Grandiflora'	60–80	schwefelgelb	Großblumiger als *N. odorata* 'Sulphurea'
– 'W. B. Shaw'	30–40	zartrosa	Duftend, becherförmige Blüte

Nymphoides peltata
(Seekanne).

Menyanthes trifoliata
(Fieberklee).

Das Gefolge in der Seerosen- und Schwimmblattzone

Die Pflanzenarten dieses Bereichs unterscheiden sich, wie bereits gesagt, insofern voneinander, als manche Arten wurzeln *(w)*, manche frei schwimmen *(s)* und deswegen auch ,,Schwimmpflanzen" genannt werden; sie verankern sich also nicht oder nur selten – meist im flachen Bereich – im Bodengrund.

Schwimmblattpflanzen

Mit ihren auf der Wasseroberfläche schwimmenden Pflanzenteilen prägen die Arten und Sorten das charakteristische Bild dieser Zone. Vorwiegend sind es die Knollen und Rhizome, seltener die Stengel direkt, die im Bodengrund stehen. Die dominierende Rolle der Seerosen, einer Schwimmblattpflanze dieser Zone, gab ihr auch den Namen. Nach unserem Schema beginnt diese Zone bei 50 cm Wassertiefe.

Schwimmblattpflanzen

Botanischer Name	Deutsche Bezeichnung	Bemerkungen
Aponogeton distachyus	Afrikanische Wasserähre	*w* im Flachwasser nicht winterhart
Hydrocharis morsus-ranae	Froschbiß	*s* Schwimmpflanze
Nuphar advena	Amerik. Teichrose	*w* selten
Nuphar japonica	Jap. Teichrose	*w* selten
Nuphar lutea	Gelbe Teichrose	*w*
Nymphaea	Seerose	s. voriges Kapitel
Nymphoides peltata	Seekanne	*w* wuchernd
Polygonum amphibium	Wasserknöterich	*w*
Potamogeton natans	Schwimm. Laichkraut	*w* wuchernd
Trapa natans	Wassernuß	*w* selten

Calla palustris **(Sumpfkalla). Ein ins Wasser gesetztes Rhizom sucht sich im Uferbereich einen passenden Platz, ohne lästig zu werden.**

Aponogeton distachyus **(Afrikanische Wasserähre). Den Blüten dieser Wasserpflanze entströmt ein angenehmer Vanilleduft. Alljährlich monatelanger Dauerblüher.**

Unterwasserpflanzen.

Botanischer Name	Deutsche Bezeichnung	Bemerkungen
Callitriche palustris	Wasserstern	*w*
Ceratophyllum demersum	Hornblatt	*s*
Chara aspera fragilis	Rauhe Alge	*w*
Crassula recurva	Nadelkraut	*w*
Eleocharis acicularis		*w*
– palustris	Sumpfried	*w*
Elodea canadensis	Wasserpest	*w* wuchernd
Fontinalis antipyretica	Wassermoos	*s*
Hottonia palustris	Wasserfeder	*w*
Hydrilla verticillata	Wasserquirl	*w*
Lemna trisulca	Dreifache Wasserlinse	*s*
Myriophyllum spicatum		*w*
– verticillatum	Tausendblatt	*w*
Nitella flexilis	Armleuchtergewächs	*s*
Potamogeton crispus	Krauses Laichkraut	*w*
– lucens	Glänzendes Laichkraut	*w*
– pectinatus	Kammförmiges Laichkraut	*w*
Ranunuculus aquatilis	Wasserhahnenfuß	*w*
– circinatus	Spreizender Hanhenfuß	*w*
– fluitans	Flutender Hahnenfuß	*w*
Riccia fluitans	Wassermoos	*s*
Sagittaria graminea	Grasblättr. Pfeilkraut	*w*
Stratiotes aloides	Krebsschere	*s*

Unterwasserpflanzen

Nützliche ökologische Funktionen haben die untergetaucht (submers) lebenden Wasserpflanzen. Bei den meisten Arten stehen nur die Blüten über dem Wasser; die übrigen Teile sind untergetaucht, oder die oberen Sproßteile schwimmen unmittelbar an der Wasseroberfläche. Die Unterwasserpflanzen (U) wurzeln vorwiegend im Bodengrund, einige schwimmen auch und verankern sich seltener. Da sie assimilieren, geben sie lebensnotwendigen Sauerstoff an das Wasser ab, einige wintergrüne Arten auch in den Wintermonaten. Diese können sich allerdings auch unkrautartig ausbreiten und lästig werden; durch Ausreißen läßt sich ihr Ausdehnungsdrang leicht begrenzen, ohne Unterwasserpflanzen aber würde sich kein ökologisches Gleichgewicht einstellen. Sie geben der Mikrofauna Lebensmöglichkeiten und helfen dadurch indirekt, das Wasser zu klären; sie geben Jungfischen Unterschlupf und, wie auch die übrigen Gattungen der Seerosenzone, den Zierfischen kühlen Schatten bei hohen Temperaturen. Man sagt ihnen oder einzelnen Arten nach, sie würden Algen vernichten. Das ist so zu verstehen: Wenn sich Unterwasserpflanzen dank günstiger Lebensbedingungen stark vermehren, können sie, zusammen mit anderen Pflanzen, die Algen u. U. verdrängen (s. auch ,,Algen" im Kapitel ,,Schäden und Schädlinge").
Die Vermehrung der wurzelnden Unterwasserpflanzen ist einfach: bewurzelte Ausläufer, Teilpflanzen, Büschel oder Abrisse an anderer Stelle in den schlammigen Bodengrund drücken – fertig. Verschiedentlich reicht sogar ein Trieb, der wie ein Steckling unter Wasser gesteckt wird. Die Schwimmpflanzen vermehren sich ohnehin ohne unser Zutun durch Ausläufer oder Seitentriebe.

Wasserpflanzen der Flach- und Seichtwasserzone

In den ruhigen und relativ warmen Gewässern in der freien Landschaft finden wir die reichhaltigste Vegetation in der Flach- und Seichtwasserzone (0 bis 30 cm und 30 bis 50 cm). Diese Zone mit nährstoffreichem Bodengrund wird auch als Ufer-, Seggen- oder Schilfgürtelzone bezeichnet. Manche Arten besiedeln die eine wie auch die andere Zone, aber wachsen in der Mehrzahl über die Wasserfläche hinaus, z. B. Rohrkolben *(Typha)*, Froschlöffel *(Alisma)*, Pfeilkraut *(Sagittaria)*. Die meisten im Wassergarten verwendeten Arten entstammen diesem Lebensraum. Es sind wuchskräftige Pflanzen, vielfach mit einem starken Ausdehnungsdrang. Es kann auch sein, daß einzelne Arten, wie Wassersimse *(Scirpus lacustris)*, Schmalblättriger Rohrkolben *(Typha angustifolia)*, Blumenbinse *(Butomus umbellatus)* oder Igelkolben *(Sparganium)*, in die Seerosenzone hineinwachsen, also tiefer als 50 cm. Alle haben aber sowohl in den natürlichen Gewässern wie auch im Wassergarten eine wichtige biologische Funktion zu erfüllen: sie geben Kleintieren und nützlichen Bakterien Lebensmöglichkeit und tragen durch Abbau organischer Substanzen zur Gesunderhaltung des Wassers bei.
Für den Neuling wurden auf nachfolgender Liste diejenigen Arten und Sorten angekreuzt, die als Grundpflanzung anzusehen sind: unempflindliche, aber nicht unerwünscht wuchernde Pflanzen, die keine sonderliche Pflege benötigen, vollkommen winterhart sind und nicht sofort negativ auf kleine Fehler bei der Einrichtung reagieren. Sie sind auch üblicherweise in Gärtnereien, Gartencentern, Verkaufsbaumschulen usw. erhältlich.

Gartenteich mit üppiger Ufervegetation. *Typha latifolia* (Rohrkolben), vorne *Menyanthes* (Fieberklee) und *Butomus* (Blumenbinse).

Pflanzen für Flach- und Seichtwasser. mit Angaben über die günstigste Wassertiefe und die für die Anfangsentwicklung nach dem Auspflanzen geeignete Pflanztiefe.

— günstigste Wassertiefe   – – – geeignete Pflanztiefe
Durchschnittliche Wuchshöhe in cm; 30/60 bedeutet: Blattwerk 30 cm, Blüte 60 cm hoch
× = für Erstbepflanzung empfohlen

Botanischer Name	Deutsche Bezeichnung	Wasser- bzw. Pflanztiefe Sumpf	10	20	30	40	50	Wuchshöhe Bemerkungen
Acorus calamus	Kalmus		---	—	---			60 ×
– calamus 'Variegatus'	Buntbl. Kalmus		--—	—--				60 ×
Alisma lanceolatum	Lanzettbl. Froschlöffel		---	—	---			25/60
– parviflora	Breitbl. Froschlöffel		—	—--				20/60
– plantago-aquatica	Froschlöffel		--	—	---			40/80 ×
Butomus umbellatus	Blumenbinse			---	—	---	---	100 ×
Calla palustris	Sumpfkalla	---—	—	---				20 ×
Carex pseudocyperus	Segge		--	—	---			80, sehr wüchsig
Cyperus longus	Langes Zypergras		---	—	---			100 Frostschutz
Euphorbia palustris	Sumpfwolfsmilch	---—	—--					60–120
Glyceria max. 'Variegata'	Süßgras	---	---	—	---			40–50 ×
Hippuris vulgaris	Tannenwedel			---	—	---	---	40 × bei Gefäßpflanzung, wuchernd
Iris pseudacorus u. Sorten	Wasserschwertlilie	---	---	—	---			60–80, × bei Gefäßpflanzung
– versicolor	Amerik. Sumpfiris	—	---					60–80 ×
Juncus effusus 'Spiralis'	Korkenzieherbinse		—	---				30–40, selten, Liebhaberpflanze
Juncus ensifolius	Zwergbinse	—	—					20 ×
– inflexus (glaucus)	Blaugrüne Binse	—	—--	--				40–60 ×
– maritimus	Meeresstrandbinse		—	—	---			60–80
Leersia oryzoides	Wilder Reis		—	---				50–100
Lysichitum americanus	Scheinkalla	---—	—--					50
– camtschatcensis		---—	—--					40
Lythrum salicaria	Blutweiderich	—	—	—				100 ×
Lysimachia nummularia	Pfennigkraut	—	---					5–10 × Bodendecker
– thyrsiflora	Strauß-Goldfelberich		--—	---	--			30–40
Marsilia quadrifolia	Kleefarn		--—	—--				10
Mentha aquatica	Wasserminze		---	—	---	-		40–50 ×

Lysichitum camtschatcense **(Scheinkalla). Die auffallenden Muschelscheiden umgeben die Blütenkolben. Die großen samtiggrünen Blätter erscheinen nach der Blüte.**

Pflanzen für Flach- und Seichtwasser (Fortsetzung).

Botanischer Name	Deutsche Bezeichnung	Wasser- bzw. Pflanztiefe (cm) Sumpf | 10 | 20 | 30 | 40 | 50	Wuchshöhe, Bemerkungen
Menyanthes trifoliata	Fieber- oder Bitterklee		20–25 ×
Mimulus luteus	Gauklerblume		20–25 ×
– ringens	Gauklerblume		bis 60
Nuphar pumila	Kleine Teichrose		für ca. 30 cm Wasserstand, Schwimmblatt-pflanze
Orontium aquaticum	Goldkeule		bis 50
Phragmites australis (Ph. communis) 'Striatopticus' ('Var.')	Schilfrohr		120–150
Pontederia cordata	Hechtkraut		50–60
Ranunculus flammula	Brennender Hahnenfuß		30–50 ×
– lingua	Zungenhahnenfuß		bis 150 ×
Sagittaria latifolia	Breitblättriges Pfeilkr.		30/60
– – 'Plena'	Gefülltes Pfeilkraut		30/60
– sagittifolia	Pfeilkraut		30/60 ×
Scirpus lacustris	Seesimse		bis 200 ×
– – 'Albescens'	Weiße Seesimse		bis 200
– maritimus	Strandbinse		60–90
– tabernaemontani	Teichsimse		120–150
– – 'Zebrinus'	Zebrasimse		bis 120
Solanum dulcamare	Bittersüßer Nachtschatten		200–300, lange Triebe, kletternd oder liegend
Sparganium erectum (ramosum)	Aufrechter Igelkolben		100–150
– minimum	Zwergigelkolben		bei 30 cm Wasserstand U sonst 20–25
– simplex (emersum)	Einfacher Igelkolben		30–50
Typha angustifolia	Schmalblättr. Rohrkolben		150–250
– latifolia	Breitbl. Rohrkolben		150–200
– laxmannii	Lockerer Rohrkolben		140–180
– minima	Kleiner Rohrkolben		bis 80
– shuttleworthii	Shuttleworthens Rohrkolben		100–150
Veronica beccabunga	Bachbunge		20–30
Zizania aquatica	Wasserreis		80–100
– latifolia			150–180

Stauden für den sumpfigen Bereich (Sumpfpflanzen)

Ihr Element ist nicht das Wasser, wenn sie auch zeitweises Überschwemmt-Sein überleben, sondern der zwischen Flachwasser- und bodenfeuchter Randzone liegende, ganzjährig mit Wasser gesättigte, sumpfige Bereich. Genaue Grenzen sind nicht zu ziehen. Es gibt auch hier fließende Übergänge und zwar zur bodenfeuchten Randzone wie zur Flachwasserzone hin. Deswegen werden einige Arten in beiden Bereichen genannt; viele können zwar auch moorigen Standort vertragen, doch wird die Flora des Moores von charakteristisch anderen Stauden und von Gehölzen mit anderen Bodenansprüchen (saure Reaktion) geprägt. Sie sind unter ,,Pflanzen fürs Moor" (Seite 111) aufgeführt.

Nur bedingt winterharte Arten des sumpfigen Bereiches wie *Acorus gramineus, Lobelia cardinalis, Peltandra virginica, Saururus chinensis* u. a., finden sich unter ,,Fremdländische Gewächse für den sommerlichen Wassergarten" (Seite 155).

Sumpfstauden

Botanischer Name	Deutsche Bezeichnung	Wuchshöhe (cm)	Blütezeit	Bemerkungen × = Empfohlen für Erstbepflanzung
Calla palustris	Sumpfkalla	20	VI–VIII	× Beeren giftig
Caltha palustris	Sumpfdotterblume	20–30	IV–V	×
Caltha palustris				Die Sumpfdotterblumen sind
var. *alba*		20	IV–V	alle wertvolle Frühjahrs-
– – 'Monstrosa'		25	IV–V	blüher des Wassergartens
– – 'Multiplex'		20	IV–V	×
– – *polypetala*		40	IV–V	
Comarum palustre	Blutauge	40–50	VI–VII	Bevorzugt sauren Boden
Cotula coronopifolia	Laugenblume	10–15	VI–VIII	Einjährig zu kultivieren oder Frostschutz
Equisetum hyemale				
var. *robustum*	Winterschachtelhalm	150	VI–VII	Wintergrün. Ausläufer!
– *variegatum*	Buntschachtelhalm	10–15	VI–VII	Für kiesigen Boden. Hübsch
Eriophorum-Arten	Wollgras	30–40	IV–V	× Für moorige, torfhaltige Böden
Euphorbia palustris	Sumpfwolfsmilch	80–100	V–VI	Der weißliche Saft, der austritt, wenn ein Pflanzenteil abgerissen wird, gab ihm den Namen.
Gentiana pneumonanthe	Lungenenzian	40–50	VII–IX	Für saure Böden
Gladiolus palustris	Sumpfsiegwurz	50	VI–VII	Purp. trompetenähnl. Blüten
Gratiola officinalis	Gnadenkraut	30	VI–VII	Heimische Wildpflanze, in Feuchtgebieten verbreitet
Iris kaempferi s. Seite 94				
– *laevigata*	Sumpfiris	60–80	VII–VIII	Sorten davon blühen blau, weiß und rosa

Sumpfstauden (Fortsetzung).

Botanischer Name	Deutsche Bezeichnung	Wuchs-höhe (cm)	Blüte-zeit	Bemerkungen × = Empfohlen für Erstbepflanzung
Juncus compressus	Zusammengedr. Binse	20–30	VII–VIII	× Hübsche hellgrüne Art
Lysimachia nummularia	Pfennigkraut	5–10	VI–VII	× Typische Wasserrand-staude
Lythrum salicaria	Blutweiderich	100	VI–IX	× Wächst auch im Flach- und Seichtwasser
Mimulus cupreus	Gauklerblume	15–20	VI–IX	Wertvoller Dauerblüher,
'Roter Kaiser'		ca. 20	VI–IX	sollte wie Sommerblumen
– × *tigrinus*				jedes Jahr wieder ausgesät werden.
Myosotis palustris	Sumpfvergißmeinnicht	20–25	V–IX	× Wertvoller Dauerblüher. Vollkommen hart
Pilularia globulifera	Pillenfarn	15		Kriechend, fadenförmige Blätter
Polygonum bistorta 'Sup.'	Wiesen- oder Schlangenknöterich	50–60	V–VII	× Stark wachsend
Solanum dulcamara	Bittersüßer Nachtschatten	80–100	VI–IX	Triebe kletternd oder liegend
Veronica beccabunga	Bachbunge	20–30	V–IX	× Auch für Fließgewässer

Sumpf- und Wasserpflanzen für lichten Schatten

Nach meiner Erfahrung können folgende Wasserpflanzen an beschattete Plätze gesetzt werden:

Acorus calamus, Kalmus
Alisma plantago-aquatica, Froschlöffel
Calla palustris, Sumpfkalla
Caltha palustris, Sumpfdotterblume
Carex, Segge, Wildarten
Cladium mariscus, Binsen-Schneide
Comarum palustre, Blutauge
Cyperus longus, Langes Zypergras
Hippuris vulgaris, Tannenwedel
Hottonia palustris, Wasserfeder
Iris pseudacorus, Wasserschwertlilie
Lysichitum, Scheinkalla, versch. Arten
Lysimachia nummularia, Pfennigkraut

***Trollius,* Trollblume**

***Iris sibirica*, Sibirische Wieseniris.**

Lysimachia thyrsiflora, Felberich
Menyanthes trifoliata, Fieberklee
Mimulus luteus, Gauklerblume
Mimulus ringens, Gauklerblume
Nuphar lutea, Teichrose
Nähere Angaben s. „Beschreibung der Sumpf- und Wasserpflanzen" Seite 119 bis 150.

Pflanzen für die bodenfeuchte Randzone am Teich, in Feuchtgärten und am Bach

Dieser Bereich liegt außerhalb des Wassers und wird je nach Abstand vom Wasser auch nasse Zone, feuchte oder frische Zone genannt. Wenn der Teichrand nicht abgedichtet ist, beginnt er am Ufer dort, wo das Wasser aufhört und reicht je nach Bodenstruktur und Böschungswinkel bis 50 cm, manchmal auch weiter, jedenfalls so weit, wie der Boden ganzjährig feucht ist.

Insbesondere im feuchten Randgebiet zum Wasser hin können Arten aus dem sumpfigen Bereich wachsen, z. B. *Lysimachia nummularia* (Pfennigkraut), *Caltha* (Sumpfdotterblume), *Lythrum* (Blutweiderich), *Mimulus* (Gauklerblume), *Juncus* (Binse) und *Myosotis* (Sumpfvergißmeinnicht), sonst die Stauden der nachfolgenden Liste.

Die Auswahl sollte unter Zuhilfenahme eines Staudenkataloges, der nähere Angaben enthält, vorgenommen werden. Abgesehen von den aufgeführten Primelsorten, die in kleineren oder größeren Tuffs gepflanzt werden, können halbhohe Stauden wie Schwalbenwurzenzian *(Gentiana asclepiadea)*, Orientalische Iris *(Iris sanguinea)*, Goldfelberich *(Lysimachia punctata)*, Trollblume *(Trollius)* und Dreimasterblume *(Tradescantia)* in Gruppen (ca. 3–5 Stück pro Sorte) gesetzt werden. Die hohen Sorten werden als Solitärs, d. h. vorwiegend einzeln gepflanzt.

Pflanzen für die bodenfeuchte Randzone.					
Botanischer Name	Deutscher Name	Wuchshöhe (cm)	Blütenfarbe	Blütezeit	Bemerkungen
Astilbe in Sorten	Spierstaude	50–100	weiß, rosa, rot	VI–VII	Farbenprächtige Staude für Halbschatten. Bei ausreichender Feuchtigkeit auch für sonnigen Standort.
Astilboides tabularis (Rodgersia tabularis)	Schildblatt	100	weiß	VI–VII	Fast waagerecht stehende, große, schildförmige Blätter
Chelone obliqua	Schlangenkopf	60	dunkelrosa	VIII–X	Große, schlangenkopfähnliche Blüten
Equisetum telmateia	Sumpfschachtelhalm	100	bräunlich	V–VI	Aus unverzweigten Gliedern bestehend
Eupatorium cannabium 'Plenum'	Wasserdost	160	rötlich	VII–IX	
– *purpureum*		180	weinrot	VII–IX	
– – 'Atropurpureum'		160	kräftigpurpur	VII–IX	
– *rugosum*		80	weiß	VIII–X	Verträgt Wurzeldruck
Filipendula ulmaria 'Aurea'	Spierstaude	60	gelblichweiß	VI–VIII	Blätter auffallend goldgelb
– – 'Plena'	Mädesüß	100	weiß	VI–VIII	Robuste Uferstaude
– *digitata* 'Nana'	Spierstaude	40	tiefrosa	VII–VIII	Dekorative Blütenrispen
– *kamtschatica*		180	weiß	VII–VIII	
– *palmata*		100	karminrot	VII–VIII	
– *purpurea* 'Elegans'		80	dunkelrosa bis karminrot	VII–VIII	
– *rubra* 'Venusta'		150	rosarot	VII–VIII	
Gentiana asclepiadea	Schwalbenwurzenzian	50	dunkelblau	VIII	Liebt Waldhumusboden
Gunnera-Arten	Mammutblatt	200	Blüten rötlich	VII–IX	Riesige Blattschmuckstaude. Winterschutz!
Heracleum-Arten	Herkulesstaude	bis 250	weiß	VII–VIII	Solitärstaude mit dekorativem Blattwerk
Hibiscus moscheutus-Sorten	Sumpfeibisch	100–150	purpur, rosarot	VII–IX	Große, weithin auffallende Blüten. Winterschutz!

Pflanzen für die bodenfeuchte Randzone (Fortsetzung).

Botanischer Name	Deutscher Name	Wuchs-höhe (cm)	Blüten-farbe	Blüte-zeit	Bemerkungen
Iris chrysographes und Sorten		40–60	dunkelviolett, schwarzrot, purpur	VI	Am kleinen Bach oder im kleinen Sumpfgarten
– *delavayi*		100–120	dunkelrot, violett	VII	Breitblättrig. Mehr für frische als zu feuchte Standorte
– *forrestii* und Sorten		50	gelb, braun,	VI–VII	
– *sanguinea (orientalis)*	Orientalische Iris	60	tiefblau	VI–VII	Ähnlich *I. sibirica,* doch gedrungener, 'Snow Queen' blüht weiß
– *setosa*		45–80	blaß violett, geadert	VI	Mehr für frische als zu feuchte Standorte
– *sibirica*-Sorten	Sibirische Iris	80–150	weiß, blau, violett, lavendel, rosa	VI	Klassische Uferbegleit-staude
– *virginica*		30–100	lavendelpur-pur, geadert	V–VI	Für saure Böden
– *wilsonii*		60–70	fahlgelb	V–VI	Nahrhafter Boden herbstfeucht
Ligularia-Arten und Sorten	Greiskraut	100–180	orange, gelb	VII–IX	Ornamentale Blatt- und Blütenstaude
Lysimachia punctata	Goldfelberich	60–70	gelb	VII–IX	Dauerblüher!
Lythrum salicaria-Sorten	Blutweiderich	70–140	lachsrot orange	VII–VIII	Charakterpflanze für Teichrand-bepflanzung
Peltiphyllum peltatum	Schildblatt	80	rosa	IV–V	Ideale Begleit-pflanze für jegliches Wasser
Petasites hybridus (officinalis)	Heimischer Pestwurz	40–50	rosa	III–V	Wuchert stark. Ver-wendung wie die nachfolgende Art in großen Anlagen
– *japonicus*	Jap. Pestwurz	100	gelblich, weiß	IV–V	
Primula alpicola	Tibetanische Primel	50	gelb	VI–VII	Seltene asiatische Primel. Erde mit Torf anreichern
– *beesinana*	Etagenprimel	40	purpur	VI–VII	Verwendung an Bachläufen oder Teichufern
– × *bullesiana*	Etagenprimel	40	gelb, rosa rot	VI–VIII	Wertvoller Sommerblüher

Pflanzen für die bodenfeuchte Randzone (Fortsetzung).

Botanischer Name	Deutscher Name	Wuchs-höhe (cm)	Blüten-farbe	Blüte-zeit	Bemerkungen
– *bulleyana*	Etagenprimel	40	orange, gelb	VI–VIII	Für Wassernähe. Bei feuchtem Stand Sonne vertragend
– *farinosa*	Mehlprimel	15	rosa	IV–V	Für lehmighumosen Boden. Selten
– *florindae*	Glockenprimel	50–60	gelb	IV–VII	Hart und wüchsig
– *jap.* 'Atropurpurea'	Japanische Primel	50	rot	VI–VII	Für Wassernähe und Gehölzrand
– *rosea*-Sorten	Himalaja Primel	20–25	karminrot	III–IV	Sehr früher Blüher, empfehlenswert
– *sibtorpii*	Karnevalprimel	10	rosa, karmin oder purpur	II–III	Vorfrühlingsblüher. Anspruchsvoll
– *sieboldii*-Sorten	Jap. Sumpf-primel	20	rosa, blau, violett, weiß	V–VI	Für kalkarme Böden
– *sikkimensis*	Glockenprimel	50	gelb	VI–VII	Für durchlässige Gartenböden (mit Torf vermischen)
– *vialii*	Orchideen-primel	50	scharlach, violett-purpur	VI–VII	Lehmhaltiger, humoser Boden, Frostschutz empfehlenswert
Ranunculus acris 'Multiplex'	Gefüllter-Wiesen-hahnenfuß	60	goldgelb	VI–VIII	Dauerblüher, wüchsig und unempfindlich
Rodgersia-Arten	Schaublatt	80–150	weiß	VI–VII	Dekorative Blatt-schmuckstaude
Rudbeckia maxima	Sonnenhut	150	gelb	VII–IX	Bläuliche Grund-blätter, langge-stielte Einzelblumen
Thalictrum aquilegifolium	Wiesenraute	120	lila-purpur	VI–VII	Die Sorte 'Album' ist weißblühend
– *dipterocarpum*	Amstelraute	120	blau	VII–IX	Zierende, kleine blaue Blüten
Tradescantia × Ander-soniana-Hybriden	Dreimaster-blume	40–50	blau, weiß, rot	VI–VIII	Wegen ihrer gras-artigen Blätter gut zur Wassernähe geeignet
Trollius chinensis 'Golden Queen'	Chin. Trollblume	70	gelb	VI–VII	Schalenförmige Blüten mit orangen Staubgefäßen
Trollius-Hybriden	Trollblume	50–90	gelb, orange	IV–VI	Kugelförmige Blüten

Ziergräser für die bodenfeuchte Randzone.

Botanischer Name	Deutscher Name	Wuchshöhe (cm)	Blütenfarbe	Blütezeit	Standort	Bemerkungen
Arundo donax	Pfahlrohr	300–350		Blüht nicht		Imposante, riesige Büsche bildend Winterschutz!
Carex flacca (glauca) s. „Randbepflanzung um das Becken“, Seite 153						
Carex grayi	Morgensternsegge	40	Frucht bräunlich	VII–VIII	○/◐	Verträgt auch zeitweise Wasserstand bis 5 cm
– *muskigumensis*	Palmwedelsegge	80	Ähren rotbraun	VII–VIII	◐	Vitale Gräserart. Einzeltrieb erinnert an einen Palmwedel
– *pendula*	Pendelsegge	80–100	Ähren bräunlich	VI–VII	○/◐	Stattliche Riesensegge. Überhängende Halme
Deschampsia caespitosa	Waldschmiele	80	Ähren gelblich braun	VI–VIII	○/◐	Dunkelgrüne Büsche mit graziös wirkenden Blütenrispen
Molinia caerulea	Pfeifengras	80	Ähren bräunlich	VII–IX	○/◐	Hübsche braunrote Herbstfärbung. Die Form 'Variegata' hat weiß-bunte Blätter
Phalaris arundinacea 'Tricolor'	Glanzgras	100			○	Blätter schilfartig, grünweiß gestreift. Wuchert!
Sinarundinaria murielae	Schirmbambus	bis 250	Blüht nicht		○/◐	Elegant überhängende Triebe
– *nitida*	Kansu Schirmbambus	bis 300	Blüht nicht		○/◐	Straff aufrecht wachsende, beblätterte Triebe
Uniola latifolia	Plattährengras	100	Ähren bräunlich	VIII–X	○/◐	Große Rispen, mit plattgedrückten, braunen Ähren

Iris kaempferi, Japanische Prachtiris

Eine besonders attraktive Pflanze des Wassergartens ist *Iris kaempferi*, eine alte japanische Gartenpflanze, von der es inzwischen unendlich viele Sorten gibt. In Japan ist sie weit verbreitet und beliebtes Motiv in der Malerei. Farbenprächtige Staude, bei der im Gegensatz zur Iris der Barbata-Elatior-Gruppe der typische Dom fehlt oder nur schwach entwickelt ist. Dafür sind die Hängeblätter groß. Sie hängen schlaff herunter und können, je nach Sorte, auch mehr oder weniger abstehen. Teils sind sie am Rande gewellt. Die Blüten stehen immer über dem Laub. Die Blätter sind schmal und spitz zulaufend. Sie haben im Gegensatz zu anderen japanischen Sumpfiris, wie *I. laevigata* und *I. versicolor* keine ausgeprägte Mittelrippe.
Iris kaempferi wird auf Bildern meist im Wasser oder zumindest am Wasser gezeigt, das ihren Reiz und ihre Anmut nur noch steigert. Eine typische Wasserpflanze ist sie allerdings nicht. Ihr Naturstandort ist das Überschwemmungsgebiet. Insofern ist die Wiedergabe richtig. Allerdings ist das Gebiet nur in der Triebzeit (Regenzeit) überschwemmt. In der übrigen ist es dort trokken. Deshalb darf die Japanische Prachtiris auch nur im Frühjahr bis zum Sommer sehr feucht oder im flachen Wasser stehen. Sie kann in Pflanzgefäße mit durchlöcherten Wandungen unter Verwendung der richtigen Erdmischung gepflanzt werden, die bis zum Sommer im flachen Wasser stehen können und dann außerhalb des Beckens in normale Erde eingegraben werden. Sonst müßte *Iris kaempferi* auf Hügeln im flachen Wasser oder im sumpfigen Bereich gepflanzt werden, wenn das Wasser im Herbst und Winter nicht abgesenkt werden kann. Ist beides nicht möglich, kann sie unter Beimischung von reichlich Torf auch in den umgebenden Teil des Teiches ausgepflanzt werden. Es versteht sich, daß sie dort bei Trokkenheit gewässert werden muß. Der Aufwand lohnt sich für diese schöne Pflanzenart. Wichtig ist zu wissen, daß *Iris kaempferi* kalkfeindlich ist. Sie reagiert mit vergilbenden Blättern und schwachem Wuchs auf falschen Standort oder verfehltes Erdgemisch. Ein humoser, nahrhafter, saurer Boden sagt ihr am besten zu. Gegebenenfalls mit Torf vermischen oder den Pflanzbereich isolieren (mit Folie abtrennen)!
Neben vielen japanischen Züchtern haben vorwiegend amerikanische Züchter Sorten von *Iris kaempferi* in den Handel gebracht. Zunehmend finden sie auch Eingang in unsere Gärten (s. auch Beispiel 3 ,,Garten der Japaniris", Seite 19). *Iris kaempferi* sollte für sich, ohne nähere Nachbarschaftspflanzen stehen, damit ihre Schönheit voll zur Geltung kommt. Sonst wählt man niedrige Pflanzen, die sie nicht bedrängen, wie *Lysimachia nummularia, Polygonum affine* 'Superbum', *Caltha palustris* oder *Veronica beccabunga* (s. Seite 35).

Iris kaempferi-Sorten

Sortennamen	Blütenfarbe	Blütezeit*	Wuchshöhe cm	Blütendurchmesser	Bemerkungen
'Amazone'	purpurviolett	mittelfrüh	70–80	14	Reichblühend und wüchsig, lila Kronenblätter
'Aoigata'	dunkel violettblau, einfarbig	sehr früh	80–90	15	Etwas abstehende Hängeblätter

Iris kaempferi-Sorten (Fortsetzung).

Sortennamen	Blütenfarbe	Blütezeit*	Wuchs-höhe cm	Blüten-durch-messer	Bemerkungen
'Bambino'	weiß, auffallend stark violett geadert	spät	50–60	10	Schmalblättrig
'Bieder-meierzeit'	samtig dunkelviolett	mittel	80	10	Doppelte Blüte
'Blaudom'	lichtes Blau mit lila Schein, hell geadert	spät	80–100	10	Blütenblätter etwas gewellt, gefüllt
'Blaue Picta'	hell porzellanblau, bläulich geadert	spät	60–70	14	Volle Blüte
'Blauer Berg'	leuchtendes, lichtes Blau auf hellerem Grund	mittelspät	100–120	16	Gefüllt, reich blühend
'Blaue Stunde'	kräftig blaulila	mittel	90	12	Doppelte Blüte
'Blue Pompon'	einfarbig blau	spät	50–60	10	Geschlossene Blüte, auffallende Kronenblätter
'Chidori'	weiß mit zart-blauer Zeichnung	spät	50–60	12	Große, volle Blüte
Embossed'	weißer Grund, violett geadert	mittel	90–100	15	Große, volle Blüte
'Fujikosode'	zartrosa	mittelfrüh	50–60	10	Stark hängende Blütenblätter
'Gefüllte Orchidee'	rosa	spät	50–60	10	Niedrige Sorte
'Geisha Dance'	lilarosa marmoriert auf hellem Blau	spät	60–70	15	Großblütig
'Gei-Sho-Ul'	dunkles Violett	mittelspät	60–70	18	Sehr großblumig
'Gekko-No-Nami'	violett mit blauem Stich	spät	50–60	15	Abstehende Blütenblätter
'Good Omen'	rötlichviolett	früh	60–70	16	Gefüllt
'Hito Jackii'	marineblau mit Purpurschein	spät	60–70	12	Abstehende Blütenblätter
'Lustige Witwe'	weiß mit lila Adern	mittel	60–70	15	Doppelte Blüte
'Mainhime'	weißer Untergrund, rot umrandet	mittelspät	40–50	12	Übersetzt heißt der Name ,,Tanzende Prinzessin"

* = Blütezeit	sehr früh	früh	mittel	spät	sehr spät
Blütebeginn	2. Junihälfte	Ende Juni	Anfang Juli	1. Julihälfte	Mitte Juli

Iris kaempferi-Sorten (Fortsetzung).

Sortennamen	Blütenfarbe	Blütezeit*	Wuchshöhe cm	Blütendurchmesser	Bemerkungen
'Mai Ohgi'	reinweiß, gelb betonter Mittelstrich	spät	40–50	16	
'Mikokagura'	hell rötlichviolett, sehr stark geadert	spät	40–50	18	Sehr großblumig
'Montblanc'	reinweiß	früh	90	16	Reich blühend
'Over the Waves'	kräftig mittelblau mit heller Äderung	mittelspät	70–80	18	Auffallend großblumig
'Pink Frost'	zartrosa mit leicht gewelltem Rand	mittelfrüh	60–80	15	Doppelte Blüte
'Royal Pageant'	weißlichgrauer Grund, rotviolett geadert	spät	80–90	18	Große hängende Blütenblätter, volle Krone
'Sea Titan'	meerblau, zum Rande etwas lila	mittelspät	60–70	18	Blüte mit deutlich gelbem Mittelstreifen
'Seemann'	violettblau	mittel	90	15	Doppelte Blüte
'Shino-O-Tacki'	weißlichgrauer Untergrund	spät	60–70	14	Violette Kronenblätter, Blüte sehr stark dunkel geadert
'Shisi-No-Ikari'	rötlichpurpur zum Rande heller werdend	mittelspät	80–100	16	Blüte kräftig geadert
'Summer Storm'	rötlichviolett mit blauer Aderung	spät	90	18	Doppelte Blüte, auffallende Kronenblätter
'Tamo-Shirga'	marineblau mit Purpurschein	spät	60	19	Fast abstehende Blütenblätter
'Tinted Cloud'	warmes Hellblau	sehr spät	80–90	16	Doppelte Blüte
'Unschuld'	reinweiß	früh	60–70	18	Etwas gewellte Blütenblätter, Kronenblätter stärker ausgebildet
'U Shu'	violettblau	mittel	80	18	Fast waagerecht abstehende doppelte Blüte
'Variegata'	violett	mittel	50	10	Weißlich-gelb gestreiftes Laub
'Weiße Taube'	weiß	mittel	90	16	Einfach
'Wella'	reinrosa, geadert	mittel	50–60	15	Schmales Laub
'Windjammer'	dunkellila	mittel	70	17	Doppelte Blüte, sehr leuchtend

* = Blütezeit	sehr früh	früh	mittel	spät	sehr spät
Blütebeginn	2. Junihälfte	Ende Juni	Anfang Juli	1. Julihälfte	Mitte Juli

Blumenzwiebeln und Knollen für den Feuchtgarten und die bodenfeuchte Randzone

Die große Anpassungsfähigkeit der Pflanzen an verschiedenste Standorte erklärt, warum es auch manche Zwiebel- und Knollengewächse gibt, die ihren „Idealplatz" am Uferrand oder gar im Wasser haben. So gedeihen die beiden Arten der Knotenblume, *Leucojum aestivum* und *L. vernum* in unmittelbarer Wassernähe oder gar im seichten Wasser oft besser als am normalen Gartenplatz, besonders wenn die Narzissenfliege anwesend ist. Ihre Larven können sich nicht entwickeln, wenn der Standort der Knotenblume hin und wieder überflutet ist. Auch manche Lilien, wie Pantherlilie *(Lilium pardalinum)* und Kanadische Wiesenlilie *(L. canadense)* entwickeln ihre größte Schönheit unmittelbar am Wasser. Allerdings vertragen die sehr flach liegenden Zwiebeln keine stauende Nässe. Sie müssen also oberhalb der Wasserlinie gesetzt werden. Sehr schön zur Verwilderung im größeren Feuchtgarten eignen sich unsere heimischen Auwaldblumen, der Aronstab *(Arum maculatum)*, die beiden Windröschen (*Anemone ranunculoides* und *A. nemorosa*) und der Lerchenspron (*Corydalis cava* u. *C. solida*), die zwar am trockenen Standort auch gut gedeihen, aber die Wassernähe nicht verschmähen.

Auch Narzissen, besonders die kleinblütigen Arten und Sorten, gedeihen gut in feuchtem Boden. Dazu gehören außer *Narcissus bulbocodium* und *N. cyclamineus* auch die bekannten Sorten 'February Gold', 'Peping Tom' und 'Tête-à-Tête'. Selbst die großblütigen Gartennarzissen können gut in der Randzone der Feuchtwiese oder an Bachläufen gesetzt werden.

Die folgende Liste gibt einen knappen Überblick über die im Feuchtgarten und in der bodenfeuchten Randzone zu verwendenden Zwiebel- und Knollenpflanzen.

Blumenzwiebeln und Knollen für den Feuchtgarten und die bodenfeuchte Randzone.

Botanischer Name	Deutscher Name	Bodenart	Standort, Feuchtigkeit	Bemerkungen
Allium narcissiflorum		kalkhaltig lehmig, humos	○ ≈/≋	Sonnig, am alpinen Bachlauf zwischen gr. Kalksteinen
Anemone nemorosa	Buschwindröschen	humos	◐ ≈/≋	An Bachufern, kann zeitweise Überflutung vertragen, im Sommer trockener
– *ranunculoides*	gelbes Windröschen	humos	◐ ≈/≋	Verwendung wie das weiße Buschwindröschen
Arum italicum	Aronstab	humos	◐/● ≈	In Teichnähe, aber außerhalb der Folie
– *maculatum*	heimischer Aronstab	humos	◐/● ≈	In Teichnähe, aber außerhalb der Folie
Colchicum autumnale in Formen 'Albiplenum', 'Album', 'Plenum'	Herbstzeitlose	lehmig	○ ≋	Nur *C. autumnale* eignet sich für feuchten Standort an Bächen und auf der Feuchtwiese

Blumenzwiebeln und Knollen (Fortsetzung)

Botanischer Name	Deutscher Name	Bodenart	Standort, Feuchtigkeit	Bemerkungen
Corydalis cava	Hohler Lerchensporn	humos	● ≃/≊	An sommerschattigen Standorten mäßig feucht bis in unmittelbarer Wassernähe
– *solida*	Gefingerter Lerchensporn	humos	● ≃/≊	Steht eher trocken, kann aber während der Blüte Nässe vertragen
Erythronium revolutum		sandig, humos	○ ≃	Für Bachäufe, aber etwas entfernt vom Wasser
Fritillaria meleagris	Schachbrettblume	lehmig	○/◐ ≃/≊	An Bachläufen bis in unmittelbarer Wassernähe, Feuchtwiese
Leucojum aestivum	Sommertürchen, Sommerknotenblume	lehmig-humos	◐/● ≃/≊	In unmittelbarer Wassernähe bis 10 cm Wassertiefe an Bächen, Teichen und Quellen
– *vernum*	Märzbecher, Frühlingsknotenblume	lehmig-humos	◐/● ≃/≊	Wie oben, besonders aber auf Feuchtwiesen und in schattigen Feuchtwäldern
Lilium Bellingham Hybriden	Kreuzung amerik. Wildlilien	sauer humos	○/◐ ≃/≊	Wie *Lilium pardalinum*
Lilium canadense	Kanad. Wiesenlilie	locker, humos	○/◐ ≃/≊	In Teichnähe, aber so, daß die Zwiebel im Sommer etwas trockener stehen kann
– *pensylvanicum*	Sibirische Feuerlilie	lehmig-humos	○/◐ ≃/≊	Am sonnigen Bachlauf
– *pardalinum*	Pantherlilie	sauer-humos	○/◐ ≃/≊	In unmittelbarer Teichnähe, verträgt Überflutung, aber keine stehende Nässe
– 'St. Gabriel Strain'	Kreuzung amerik. Wildlilien	locker, humos	○/◐ ≃/≊	Wie *Lilium canadense*
– *superbum*		locker humos	○/◐ ≃/≊	Wie *Lilium canadense*
– *tsingtauense*	Tsingtau-Lilie	humos	◐/● ≃/≊	Im Halbschatten an kleinen Teichen
Narcissus bulbocodium	Reifrocknarzisse	lehmig	○ ≃	In feuchten Mulden nahe dem Alpinum-Bach
– *cyclamineus* 'February Gold' 'Peeping Tom'		lehmig	○ ≃	Auf der Feuchtwiese
'Tête à Tête'	Zwergnarzisse	lehmig humos	○ ≃	In feuchten Mulden nahe dem Alpinum-Bach

Blumenzwiebeln und Knollen (Fortsetzung)

Botanischer Name	Deutscher Name	Bodenart	Standort, Feuchtigkeit	Bemerkungen
Ranunculus ficaria	Scharbocks-kraut	lehmig sandig	○/◐ ≈/≋	Nur an Stellen (Feucht-wiese), wo es nicht lästig wird. Vorsicht! Sonst schöne Frühjahrs-blüten.
Scilla non-scripta	Bluebells der engl. Parks	lehmig sandig	◐ ≈/≋	Im Halbschatten auf Wiesen, die an Teiche und Bäche grenzen
Trillium grandiflorum	Dreiblatt, Waldlilie	humos		In der Mitte dreier schön-geformter Blätter sitzen hübsche weiße Blüten. 20 cm hoch
– *sessile* 'Rubrum'		humos		Blüten blutrot, Blätter hübsch gezeichnet, 40 cm hoch
– – var. *californicum*		humos		Große weiße Blüten. 40 cm hoch

Farne für den Wasser- und Feuchtgarten

Alle Farne sind schon von ihrer generativen Fortpflanzungsweise her feuchtigkeitssuchende Pflanzen, denn die beweglichen männlichen Schwärmerzellen, die Spermatozoiden, können nur über eine Wasserbrücke zu den weiblichen Archegonien gelangen. Trotzdem gedeiht die Mehrheit am normalen Gartenplatz. Es gibt aber einige, die nur in der Nähe von Wasser, an Bächen, Gräben, Tümpeln oder auch Wasserfällen ihre größte Schönheit erreichen, ja einige wenige gehen sogar ins flache Wasser hinein, wie beispielsweise der Sumpffarn *(Thelypteris thelypteroides* und dessen amerikanischer Pendant *T. noveboracensis*). Typische Wasserbegleiter sind Königsfarn, Orientalischer Straußfarn, Kammfarn, Berglappenfarn, Rippenfarn und alle Frauenfarntypen. Sie erreichen nur in direkter Wassernähe ihre optimale Schönheit. Noch einige andere zählen zu dieser Gruppe, die in der Liste zusammengefaßt erscheinen.

Botanischer Name	Deutscher Name	Höhe	pH Wert	Feuchtig-keit	Stand-ort	Verwendung
Adiantum pedatum	Hufeisen-farn	40–60	5–7	≃	◐/●	An Teichen im Atriumgarten außerhalb der Folie oder an der Betongrenze
– – 'Imbricatum'	Krauser Pfauenrad-farn	bis 20	5–7	≃	○/●	An Wasserfällen und -treppen, am Bach im Alpinum
– *venustum*	Himalaja-Venus-haarfarn	bis 25	5–7	≃	◐	An Bächen und auf Inseln. Wuchert verhalten und bedeckt kleine Flächen. Leichter Winterschutz
Asplenium trichomanes	Steinfeder	bis 15	6–8	≋	○/◐	Im Mauerwerk von Wassertreppen, aber nicht im Sprühwasser-bereich
Athyrium distentifolium	Alpen-frauen-farn	80–100	5–7	≃/≋	○/●	An größeren Bächen und Teichen, auch in Humus-mulden auf Findlingen und Baumstümpfen
– *filix-femina* und Formen	Frauen-farn	80–150	4–7	≃/≋	○/●	Wie *A. distentifolium*, aber im Flachland besser geeignet
Blechnum spicant	Rippen-farn	25–40	3–6	≃	◐/●	Am Hochmoorbeet oder Heidetümpel
Cryptogramma crispa	Rollfarn	15–30	5–7	≃	◐	An Findlingen und großen Bruchsteinen an Bachläufen
Diplazium pycnocarpon	Schmal-blättriger Doppel-schleierfarn	60–120	5–7	≃	◐/●	Für größere Partien an Bach und Teich, schattig
Diplazium thelypteroides	Silbriger Doppel-schleierfarn	45–80	5–7	≃	◐/●	Wie voriger, ähnlich *Athyrium filix-femina*
Dryopteris carthusiana	Karthäuser-Wurmfarn	60–100	4–6	≃/≋	◐	Direkt am Wasser, auch am Moortümpel
– *cristata*	Kammfarn	25–50	4–6	≃/≋	◐	Direkt am Wasser, verträgt zeitweise Überflutung. Nicht verwechseln mit *D. borreri (affinis)* 'Cristata'

Farne für den Wasser- und Feuchtgarten (Fortsetzung).

Botanischer Name	Deutscher Name	Höhe	pH Wert	Feuchtigkeit	Standort	Verwendung
Matteuccia orientalis	Orientalischer Straußfarn	50–150 breit	5–7	≈	◐	In direkter Bach- und Teichnähe. Gedeiht nur üppig bei reichlicher Feuchtigkeit. Verträgt Überflutung. Laubschüttung als Winterschutz
– *pensylvanica*	Amerikanischer Straußfarn	bis 200	5–7	≈	◐	Für feuchte, sehr fruchtbare Einzelplätze an Tümpeln und Bächen. Wuchert nur verhalten
– *struthiopteris*	Deutscher Straußfarn	bis 100	5–7	≈	◐	Wuchert stark, daher nur für große Feuchtplätze geeignet
Onoclea sensibilis und – – 'Rotstiel'	Perlfarn	bis 90	5–7	≈/≋	◐/●	Wuchert, daher nur für große Anlagen geeignet, evtl. Begrenzung einfügen, kann Überflutung vertragen
Osmunda regalis	Königsfarn	80–150 bis 2 m breit	5–7	≈	○/◐	Für Einzelstellung an Bach, Teich und auf Inseln
– – 'Cristata'	Kammkönigsfarn	bis 70	5–7	≈	○/◐	Wie 'Gracilis', paßt aber nicht so gut in natürl. Biotope wegen der ausgefallenen Blattform
– – 'Gracilis'	Zierlicher Königsfarn	bis 50	5–7	≈	○/◐	Für kleine Bäche und Tümpelchen bis direkt ans Wasser
– – 'Purpurascens'	Purpurkönigsfarn	80–150 bis 2 m breit	5–7	≈	○/◐	Wie oben, aber schöner
Thelypteris limbosperma	Berglappenfarn	bis 100	4–7	≈/≋	◐	Zusammen mit dem Rippenfarn im Schattenbereich des Heidetümpels oder am Bach
– *noveboracensis*	New-York-Farn	30–50	5–7	≈/≋	○/◐	Geht bis ins flache Wasser, fürs kleine Sumpfgärtlein
– *thelypteroides (palustris)*	Sumpffarn	30–100	5–7	≋/〰	○/◐	Für den Sumpfgarten bis 30 cm Wassertiefe
Woodwardia virginica	Virginischer Kettenfarn	bis 70	5–7	≈	◐	Am Ufer von kleinen Teichen und Tümpeln

Gehölze für Wasser- und Feuchtgärten

Wie oft erlebt man es, daß Gehölze im Garten „nicht wollen“! Geht man der Sache einmal auf den Grund und forscht nach, woher diese Gehölze kommen, so findet man heraus, daß ihr Naturstandort in Flußniederungen und an Seeufern liegt.

Abgesehen von Erlen und Weiden, die wir bei uns als Gehölze für Standorte mit hohem Grundwasserstand kennen, gibt es noch etliche Bäume und Sträucher meist ausländischer Herkunft, die nur in Wassernähe ideal gedeihen.

Das beste Beispiel ist die amerikanische Sumpfzypresse, *Taxodium distichum.* Sie ist einer der schönsten exotischen Bäume unserer Gärten und Parks und ist, da sie zunächst langsam wächst, auch für kleine Anlagen geeignet. Als älterer Baum kann sie sogar im Wasser stehen, sollte aber zunächst höher gepflanzt werden. Erst nach ein paar Jahren kann der Wasserstand durch Aufstauen angehoben werden.

Nur wenn *Taxodium* im Wasser steht, bilden sich die typischen und seltsam fremd anmutenden Atemknie, verdickte hohe Wurzelgebilde, die senkrecht bis zu einem halben Meter rings um den Baum aus dem Wasser ragen. Wer so etwas erzielen will, sollte es bereits bei der Anlage seines Teiches mit einplanen. Aber auch außerhalb des Wassers, im feuchten oder frischen Bodenbereich, ja sogar am normalen Platz, soweit Grundwasser in der Nähe ist, gilt *T. distichum* mit der zarten, hellgrünen Benadelung, die sehr spät nach auffallender Verfärbung mit den Kurztrieben zusammen völlig abfällt, als eine Kostbarkeit des Gartens. In der Nähe von Betonteichen ist jedoch Vorsicht geboten! *Taxodium* sucht das Wasser und findet es auch, selbst wenn es dabei die Betonwand des Teiches durchbrechen müßte. Für den kleinen Wassergarten sollte man die langsamer wachsende Zypresse *T. distichum* var. *nutans* vorziehen. Sie bleibt kleiner und bringt oft statt der regelmäßigen Säulen des *T. distichum* bizarre Figuren zustande.

Gehölze für den Wasser- und den Feuchtgarten – 1. Laubgehölze.

Botanischer Name	Deutscher Name	Höhe	Bodenreaktion	Feuchtigkeit	Verwendung
Acer circinatum	Weinblattahorn	bis 10 m	neutral	≃	Einzelstellung an mittelgroßen Teichen, Herbstfärbung
– *palmatum* (inkl. diverse Formen)	Japanischer Fächerahorn	1–4 m	sauer	frisch	Auch an kleinsten Tümpeln und Bächen. Im Alter schirmförmig, sehr schön! Nicht zu naß
Betula nana	Polarbirke	0,6–1 m	sauer	frisch	Für das kleine Heidemoor
– *nigra*	Uferbirke	bis 15 m	normal	≃/≊	Für größere Uferpartien
Catalpa bignonioides	Trompetenbaum	bis 15 m	normal	≃	Großblättrig, für den exotischen Wassergarten
– – 'Aurea'	Gelbblättriger Trompetenbaum	bis 5 m	normal	≃	Auch für Atriumgärten und an Terrassenteichen

Gehölze für den Wasser- und den Feuchtgarten – 1. Laubgehölze (Fortsetzung).

Botanischer Name	Deutscher Name	Höhe	Bodenreaktion	Feuchtigkeit	Verwendung
Cercidiphyllum japonicum	Kuchenbaum/ Katsurabaum	bis 20 m	normal	frisch, tiefgründig	Schöne mehrstämmige Heister für Teiche in größeren Gärten
Cercis siliquastrum	Judasbaum	4–10 m	kalkhaltig	frisch	Für Einzelstellung in geschützter Lage. Sollte sich im Wasser spiegeln. Blüht rosa am Holz, früh
Daphne mezereum	Seidelbast	bis 1,5 m	normal	frisch	Für den Bach, aber nicht zu nahe
Davidia involucrata	Taubenbaum Taschentuchbaum	bis 20 m	normal	≈	Große weiße Blütenhochblätter, Fernwirkung! Solitär. Am Ufer großer Teiche
Davidia invol. var. *vilmoriniana*	Taschentuchbaum	bis 20 m	normal	≈	Wie die Art, nur mit rötlichen Trieben und Blättern
Fothergilla major	Federbuschstrauch	bis 2 m	neutral sandig, lehmig	≈	An kleinsten Teichen und Bächen. Geschützt wegen der frühen Blüte
– *monticola*	Flaschenbürstenstrauch	bis 2 m	neutral, sauer	≈	Wie oben
Hydrangea aspera	Großblättrige Hortensie	bis 2 m	normal, sauer	≈	In Blatt und Blüte dekorativ. Einzelstellung, spätfrostgefährdet
– *paniculata* 'Grandiflora'	Rispenhortensie	bis 2 m	etw. sauer	≈	Blüten halten lange
Kalmia angustifolia und 'Rubra'	Schmalblättrige Kalmie	bis 1 m	sauer	≈	Sehr schön für das Moorgärtchen
– *latifolia*	Berglorbeer	bis 2 m	sauer	≈	Am Rande des Heidemoores
– *polyfolia*	Zwergkalmie	bis 0,5 m	sauer	frisch bis feucht	Für das Heidemoor
Liquidambar styraciflua	Amberbaum	bis 20	normal	frisch, tiefgründig	In Amerika bis 45 m. Herrliche Herbstfärbung! Für große Weiher solitär, aber nicht zu nahe ans Wasser. Tiefgründiger Boden
Magnolia kobus	Baummagnolie/ Koboh-Magnolie	bis 10 m	normal	frisch, tiefgründig	Bis 4 m ans Ufer größerer Weiher, so daß sich Spiegeleffekte ergeben! Tiefgründiger Boden

Gehölze für den Wasser- und den Feuchtgarten – 1. Laubgehölze (Fortsetzung).

Botanischer Name	Deutscher Name	Höhe	Bodenreaktion	Feuchtigkeit	Verwendung
Magnolia kobus 'Loebneri'	Loebners Magnolie	bis 6 m	normal	frisch	Wie vorige, auch für kleine Teiche
– *stellata*	Sternmagnolie	bis 4 m	normal	frisch	An kleinem Teich oder Bach und auf Inseln, so daß sich die frühen Blüten spiegeln
Parrotia persica	Eisenholzbaum	bis 10 m	normal	≃	An Natur- u. größeren Folienbächen
Paulownia tomentosa	Blauglockenbaum	bis 25 m	normal	frisch, tiefgründig warm	Ab 5 m entfernt vom Ufer größerer Teiche in warmen Lagen Westdeutschlands
Prunus padus	Traubenkirsche	bis 10 m	normal	≃/≊	Bis an die Uferlinie mittlerer und größerer Teiche
Quercus palustris	Amerikanische Sumpfeiche	bis 30 m	normal	≃/≊	Für Teiche und Seen in parkähnlichen Gärten
– *robur*	Stieleiche	bis 50 m	normal	≃/≊	Für größte Anlagen
Salix alba 'Tristis'	Trauerweide	bis 20 m	normal	≊	Eignet sich wegen der Größe und des Wuchses nur für Parks und ähnliche Anlagen
– *aurita*	Ohrweide	bis 3 m	sauer	≃/≊	Für größere Heidegärten an feuchten bis nassen Stellen, aber auch an Tümpeln und Teichen
– *cinerea*	Aschweide	bis 5 m	sauer	≃/≊	Sehr schöner Kätzchenträger fürs große Heidemoor, aber auch an großen Teichen und Tümpeln
– *purpurea*	Purpurweide	bis 5 m	alkal.	≃/≊	Für alkalische Lehm- und Tonböden am Wasser. Schön wegen der rotbraunen Färbung der 1jährigen Zweige
– *repens*	Polarweide	bis 60 cm	sauer normal	≊	Für das Heidemoor zwischen *Erica* und *Calluna*
– – ssp. *argentea*	Silberkriechweide	bis 1 m	sauer	≊	Sehr anpassungsfähig
Sambucus racemosa	Traubenholunder	bis 4 m	normal humos	frisch	Zierende rote Früchte. Für kleine, schattige Tümpel
Stewartia pseudocamellia	Stewartie	bis 3 m	normal	frisch	Bis an die Ufergrenze kleiner Kunstteiche. Schön blühender Kleinstrauch

Gehölze für den Wasser- und Feuchtgarten – 2. Nadelgehölze.

Botanischer Name	Deutscher Name	Höhe	Boden-reaktion	Feuch-tigkeit	Verwendung
Abies lasiocarpa var. *arizonica*	Arizona-Korktanne	bis 12 m	normal	frisch	In Ufernähe mittelgroßer Tümpel und Teiche
– – 'Glauca'	Blaue Arizona-Korktanne	bis 12 m	normal	frisch	In Ufernähe mittelgroßer Tümpel und Teiche
– *veitchii*	Veitch's Weißtanne	bis 20 m	normal sauer	frisch	Für größere Anlagen
Araucaria araucana	Schmucktanne	bis 10 m	normal leicht sauer	frisch	Für den Exotengarten in milder Lage (Atrium, Südterrasse). Winterschutz!
Calocedrus decurrens	Weihrauchzeder	bis 30 m	normal lehmig	frisch	Einzeln oder in Gruppen an großen Teichen oder Seen, aber nicht zu nahe am Wasser
Juniperus virginiana	Rotzeder, Virginischer Sadebaum	12–30 m	normal	frisch	Ähnlich dem vorigen
Larix kaempferi	Japanlärche	bis 30 m	normal	≈	Ähnlich dem vorigen
Metasequoia glyptostroboides	Urweltmammutbaum	bis 40 m	normal	≈	Da schmalpyramidal, auch für kleinere Anlagen und Hausgärten in unmittelbarer Wassernähe. Verträgt zeitweise Überflutung
Pinus cembra	Zirbelkiefer	10–20 m	normal lehmig	≈	An mittelgroßen Gartengewässern jeder Art
– *parviflora* 'Glauca'	Blaue Mädchenkiefer	5–10 m	normal lehmig	≈	Auch am Rande des Heidemoores
– *strobus*	Weymouthkiefer	bis 40 m	normal	≈	Im Alter malerischer Baum für große Teiche und Seen. Ufernähe
Pseudolarix amabilis	Goldlärche	10–15 m	normal	frisch	Statt der Lärche für kleinere und mittelgroße Teichanlagen. Wächst sehr langsam, schöne Herbstfärbung

Gehölze für den Wasser- und Feuchtgarten – 2. Nadelgehölze (Fortsetzung).

Botanischer Name	Deutscher Name	Höhe	Bodenreaktion	Feuchtigkeit	Verwendung
Sciadopitys verticillata	Schirmtanne	8–10 m	normal sauer	frisch	Sehr schöne Konifere auch für kleinste Anlagen, da langsam wachsend
Taxodium distichum var. *distichum*	Sumpfzypresse	20–25 m	normal leicht kalkhaltig	≌/∼	An Bächen, Tümpeln und Weihern. Kann, wenn eingewachsen, im Wasser stehen. Schönster Baum für den Wassergarten
– *distichum* var. *nutans*	Zierliche Sumpfzypresse	bis 8 m	normal bis sauer	≌/∼	Bizarre Zypresse für den kleinen Wassergarten Stamm im Wasser viermal dicker, eine Kostbarkeit
Thujopsis dolabrata	Hibalebensbaum	10–15 m	normal	≌/≊	Auch direkt am Wasser, für mittelgroße Teiche
Torreya californica	Nußeibe	bis 4 m	normal	≌	Frostempfindlich, daher für den geschützten Garten. Exotischer Habitus
– *nucifera*	Nußtragende Stinkeibe	bis 4 m	normal	≌	Wie vorige, etwas härter
Tsuga canadensis	Hemlocktanne	bis 30 m	normal	≌/≊	Hoch werdender, malerischer Nadelbaum für Uferpartien großer Teiche

Rhododendren in Wassernähe

Wenn man die Hauptanzuchtgebiete für Rhododendron betrachtet, kann man feststellen, daß es sich fast in jedem Fall um halbschattige oder gar sonnige Areale mit einem hohen Grundwasserstand handelt. Im Oldenburger Raum und auch in Holland liegt der Grundwasserspiegel selten unter 1 m, oft sogar noch höher. Das bedeutet, daß man Rhododendron gut in der Nähe von Gewässern anpflanzen kann. Verhindern muß man nur, daß der Pflanzplatz stehende Nässe hat, d. h., der Wurzelballen muß immer gut durchlüftet sein.

Einige wenige Rhododendronarten und die daraus gewonnenen Züchtungen sind ihrem Naturstandort entsprechend nun aber besonders feuchtigkeitsliebend. Man kann sie also sehr nahe ans Wasser setzen und ihnen auch eine zeitweilige Überflutung zumuten, die allerdings nicht allzulange andauern darf. Selbst die Rhododendren, die in ihrer Heimat in nassen Gebirgslagen vorkommen, haben dort aufgrund der Hanglage fließendes Wasser im Boden, so daß der Sauerstoffgehalt im Wurzelbereich gewährleistet ist. Es ist also erforderlich, daß auch die in der Liste aufgeführten Rhododendren ein gewisses Maß an Bodendurchlüftung erhalten. Man pflanzt sie daher am besten an Bachläufe. Bei größeren Naturteichen muß der Pflanzplatz wenigstens 30 cm über dem höchsten Wasserstand liegen. Bei Kunstteichen spielt der Abstand keine Rolle. An solchen feuchten Plätzen können Rhododendren auch voll in der Sonne stehen. Sie wachsen dann gedrungener und blühen wesentlich reicher.

Man muß aber beachten, daß sie immer sauren Boden haben müssen; in Gegenden mit kalkreichem Boden oder Wasser gedeihen sie nicht.

Rhododendren in Wassernähe.

Rhodendron	Farbe	Blütezeit	Höhe (max.)	Feuchtigkeit	Verwendung und besondere Anmerkungen
– *calophytum*	zartrosa	III–IV	3 m	≈/≋	In geschützter Lage (Atrium, ummauerte Gärten, Hausnähe) an kleinen Teichen, wegen der Größe nicht zu nahe. Großblättrig, großblumig. In klimatisch günstigen Gegenden auch in Gruppen an größeren Naturteichen usw.
– *camtschaticum*	purpurviolett	VI–IX	10–20 cm	≈/≋	Am Alpinum-Bach zwischen großen Findlingen zusammen mit Heide, aber auch mit anderen Polsterstauden, die sauren Boden lieben
– *canadense*	purpur	IV–V	1–1,2 m	≈/≋	Laubabwerfend, mit grazil geschlitzten Blüten. Für das Heidemoor am Rande der Folie, aber auch am Bachlauf mit *Ledum* und *Myrica*
– *hippophaeoides* 'Blue Silver'	lila-rosa	IV	1 m	frisch-feucht	Direkt am Rande außerhalb der Folie im Heidemoor zwischen *Erica tetralix* und *Blechnum spicant*
– *obtusum* (verschiedene Typen)	orange, rosa, purpur	IV–V	1,20 m	frisch	Je nach Farbe verwenden. Lila Typen zwischen Porst und Gagel im Heidemoor, orange und rosa Formen z. B. im Atriumgarten direkt am Rande von Kunstteichen

Rhododendren in Wassernähe.

Rhodendron	Farbe	Blütezeit	Höhe (max.)	Feuchtigkeit	Verwendung und besondere Anmerkungen
– *radicans*	purpur	VI	10 cm	frisch-feucht	An kleinen Moortümpeln zwischen *Erica tetralix* und *Calluna vulgaris* besonders im Sommer naß
– *roxieanum*	weiß-rosa	IV–V	40 cm	≈/≋	Für den Bach im Alpinum. Besonders als Blattpflanze schön. Blüht erst im Alter
– *russatum*	dunkel-violett bis blau	IV–V	0,5–1 m	≈/≋	Am Bachlauf und im Alpinum. Am kleinen Teich zusammen mit Heide, niedrigen Farnen und Gräsern
– *wardii*	gelb	V–VI	1–2 m	≈/≋	Sonnig stehende Büsche bleiben niedriger und kugelig (1 m) und eignen sich noch für den Bach im Alpinum, zusammen mit übergroßen Steinen. Auch am Teich schön mit Farnen und Gräsern. Blauer Austrieb, sehr dekorativ
– 'Inamorata' (*Rh. discolor × wardii*)	hell-gelb	VI	bis 4 m	≈/≋	Sehr hoch wachsend, großblättrig. Eignet sich für Ufer größerer Teiche und Naturbäche, aber auch als Solitär an mittelgroßen Kunstteichen. Windschutz!

Bambusse für Ufernähe

Zu den Gehölzen für die Uferrandpflanzung muß man auch die Bambusse zählen. Diese oft recht großen, verholzenden „Gräser" verleihen einem Garten, selbst wenn er kein Wasser birgt, den Habitus eines nassen Areals. Um so mehr wird der Eindruck der üppigen Feuchtgartenvegetation durch Bambus im Wassergarten erhöht. Es sollte einmal ein Gartenliebhaber einen Wassergarten gestalten, in dem eine Anzahl von kleineren und größeren Wasserflächen allein durch verschiedenartige Bambusse miteinander verbunden und voneinander getrennt werden. Wenn dann noch ein paar Pfade durch diesen Dschungel führen und wenn großblättrige oder langfiedrige Gehölze, z. B. *Ailanthus vilmoriana, Catalpa bignonioides* oder deren Sorte 'Aurea', die Abgrenzung bilden, dann ist der subtropische Eindruck vollkommen.

Bambusse sind alle für Frische im Boden dankbar, und sie zeigen dann ihre optimale Schönheit. Überflutungen vertragen sie aber nur ganz kurzfristig. Wenn Naturteiche dazu neigen, den Wasserstand stark zu variieren, sollte man den Bambus oberhalb des bisher höchsten Wasserstandes pflanzen, da man sonst mit Verlusten rechnen muß. Am besten stehen Bambusse an Teichen, deren Wandungen wasserundurchlässig sind.

Bambusse für Ufernähe.

Botanischer Name	Deutscher Name	Höhe	Bemerkungen
Arundinaria anceps	Ausläufer-Himalaya Rundhalm	bis 3,50m	Grasähnlicher Bambus, der blüht. Leicht wuchernd. Sollte man, wenn nicht mehr grün, kräftig düngen
– – 'Pitt White'		bis 8 m	Sehr kleines, graziles Laub und weit überhängende Triebe. Hart nur in wintermildem Klima. Schöne Kübelpflanze.
– *auricoma*	Samtiger Gold-streifen-Rundhalm	1,50 m	Schöner gelbbunter Bambus, der öfter zurückgeschnitten werden sollte
– *tesselata*	Afrikanischer Bergrundhalm	3 m	Aufrechter Wuchs mit auffallend weißen Stammscheidenblättern. Nur für sehr milde Lagen. Verträgt etwas trockenere Pflanzplätze.
Indocalamus tesselatus (Sasa tesselata)	Großblättriger chinesischer Schattenbambus	1,20 m	Bambus mit den größten Blättern (60 cm) auf zarten Stämmchen. Nur für sehr milde Lagen. Verträgt viel Schatten.
Phyllostachys aureosulcata	Rauhalmiger Unrund	bis 7 m	Stämme mit augeprägtem Zick-Zack-wuchs, die Abflachungen der grünen Jungtriebe sind goldgelb. Härtester Ährenblattbambus.
– *nigra* 'Boryana'	Marmorierter Unrund	bis 4,50 m	Mit goldgelb getönten, purpur gefleckten Stämmchen, überhängend und dicht belaubt, gut horstig wachsend.
– – 'Henonis' = ('Ha Shiku')	Beschwingter Unrund	bis 6 m	Stark überhängend und grazil verzweigt
– – 'Nigra'	Schwarzer Unrund	bis 4,50 m	Auffallend schwarze Stämme, in günstigem Klima hart genug, sonst Kübelpflanze.
– *viridiglaucescens*	Blaugrüner Unrund	bis 5 m	Breitet sich stärker aus und bildet lichte Horste. Mittelgroßes Laub, das unterseits bläulich ist.
Pleioblastus pygmaeus 'Okinozasa'	Kl. Dichtbüschel	1 m	Dicht stehende Blätter, kompakter Busch, sieht eher wie ein kleiner Strauch aus. Nicht immer ganz hart.
– *simonii*	Simonsbambus	bis 7 m	Bei uns meist nur 3 m, da er nicht jeden Winter übersteht. Sollte geschützt stehen. Wuchert, wenn er optimale Bedingungen findet.
Pseudosasa japonica (Bambusa metace)	Pfeilbambus	2–6 m	Erreicht seine maximale Höhe nur in wintermilden Gegenden unseres Landes.

Bambusse für Ufernähe (Fortsetzung).

Botanischer Name	Deutscher Name	Höhe	Bemerkungen
Sasa kurilensis	Kurilen-Wald-(bambus) Sasa	0,40–2 m	In verschiedenen hohen Typen im Handel. Wuchert stark und sollte abgegrenzt werden. Blüht häufig.
– *palmata* var. *nebulosa*	Palmwedel-Wald-(bambus) Sasa	2 m	Macht lange Ausläufer, ist aber, wenn abgegrenzt, wegen der großen Blätter schön. Nicht ganz hart.
– *tzubosiana*	Tzubo-Wald-(bambus) Sasa	1,20 m	Wüchsige, schöne Art, die dem *Arundinaria (Sasa) pumila* sehr ähnlich ist.
Sasaella ramosa (Sasa vagans)	Quecken-Bambus (Quecken-Sasa)	1 m	Wuchert stark.
Semiarundinaria fastuosa	Japanischer Säulenbambus	bis 7,50 m	Schmal und aufrecht im Wuchs, erreicht aber die Maximalhöhe nur in günstigem Klima.
Shibataea kumasasa	Mäusedornblättriger Bambus	0,60 m	Ist der einzige Bambus, der recht feucht stehen kann. Beschränkt immergrün.
Sinarundinaria murielae	Schirmbambus	bis 4,50 m	Härtester und wohl schönster Bambus, der am besten in frischem bis feuchtem Boden gedeiht.
– *nitida*	Kansu-Schirm-bambus	bis 4 m	Hart wie *S. murielae* aber straffer im Wuchs.
– – 'Eisenach'		bis 4 m	Etwas lockerer im Wuchs, leicht überhängend.
– – 'Nymphenburg'		bis 4 m	Sehr schmallaubig und lockerhorstig, schattenliebend.

Pflanzen fürs Moor.

Abkürzungen
Ns = unter Naturschutz stehend
– = nicht geschützt oder Cultivar.

Bezugsquellen
G = Spezialgärtnerei
Bot = Botanische Vereine und Pflanzengesellschaften
B = Spezialbaumschulen

Botanischer Name	Deutscher Name	Blütezeit	Farbe	Höhe (cm)	Feuchtigkeit	Verwendung	Schutz, Bezugsquelle	
Andromeda glaucophyll:	Lavendelheide	V–VI	rosa	bis 30	≌/≃ ○	Besonders großblättrig	–	G, B
– polifolia	Rosmarinheide	V–VI	rosa	bis 25	≌/≃ ○	Am Rande des Moortümpels	Ns	G, B
– – 'Alba'		V–VI	weiß	bis 25	≌/≃ ○	Am Rande des Moortümpels	–	G, B
– – 'Compacta'		V–VI	rosa	bis 15	≌/≃ ○	Kann auch etwas trockener stehen	–	G, B
– – 'Hyadine'		V–VI	rosa	bis 25	≌/≃ ○	Kann auch etwas trockener stehen	–	G, B
– – 'Nikko'		V–VI	rosa	bis 25	≌/≃ ○	Kann auch etwas trockener stehen	–	G, B
– – 'Latifolia'		V–VI	rosa	bis 30	≌/≃ ○	Besonders großblättrig	–	G, B
Arnica montana	Bergwohlverleih	VI–VII	gelb	bis 50	≃ ◐	Zusammen mit *Erica tetralix* und *Calluna*	Ns	Bot
Betula nana	Polarbirke			bis 150	≃ ○	Zu *Erica tetralix* und *Calluna*, nicht zu naß!	Ns	G, B
Blechnum spicant	Rippenfarn			bis 75	≃ ◐	An halbsonnigen Stellen	Ns	G
– – 'Cristata'	Kammrippenfarn				≃ ◐		–	G
Comarum palustre	Blutauge	VI–VII	rotbraun	bis 60	≌/≃ ◐	Halbschattig mit *Myrica* und *Betula nana*	–	Bot
Cypripedium reginae	Amerikanischer Frauenschuh	VI	weiß m. rosa	bis 60	≃ ○	Etwas gesondert zw. *Vaccinium* und *Erica tetralix*	–	G
Dactylorhiza maculata	Geflecktes Knabenkraut	VI–VII	hellviol.	bis 80	≃ ○	Zwischen *Vaccinium* und *Blechnum*	Ns	G, Bot
– majalis	Breitblättriges Knabenkraut	V–VI	purpur	bis 50	≃ ◐	Kann neutralen Boden vertragen	Ns	G, Bot

Pflanzen fürs Moor (Fortsetzung).

Botanischer Name	Deutscher Name	Blüte-zeit	Farbe	Höhe (cm)	Feuch-tigkeit	Verwendung	Schutz, Bezugs-quelle
Dactylorhiza sphagnicola	Sphagnum-Knabenkraut	V–VI	rosa	bis 30	≊/○	Zwischen Torfmoos am Rande des Moortümpels	Ns Bot
Dianthus superbus und – – var. *speciosus*	Prachtnelke	VII–IX	blaß-lila	bis 60	≃ ○	Feucht zwischen Gräsern und *Calluna*	– –
Drosera anglica	Langblättriger Sonnentau	VII–VIII	weiß	bis 20	≊/≃ ○	Zwischen Torfmoos	Ns Bot
– *intermedia*	Mittlerer Sonnentau	VII–VIII	weiß	bis 10	≊/≃ ○	Zwischen Torfmoos	Ns Bot
– *rotundifolia*	Rundblättr. Sonnentau	VII–VIII	weiß	bis 20	≊/≃ ○	Ist am widerstandsfähigsten	Ns Bot
Dryopteris cristata	Kammfarn, Moorfarn	VII–VIII	–	bis 60	≃ ◐	An nassen Stellen im Schatten der Sträucher	Ns Bot
Epipactis palustris	Sumpfwurz	VI–VIII	bräunl. weiß	bis 40	≃ ◐	Zwischen *Erica tetralix* und Sumpfgräsern, besser auf der Feuchtwiese im Halbschatten	Ns Bot
Erica tetralix	Glockenheide	VI–IX	rosa	bis 30	≃ ○	Zusammen mit Wollgras, Rosmarinheide u. *Ledum*	– G, B
– – 'Alba'		VI–IX	weiß	bis 30	≃ ○	Zusammen mit Wollgras, Rosmarinheide u. *Ledum*	–
– – 'Con Underwood'		VI–IX	rot	bis 35	≃ ○	Übergangszone zu *Calluna* mit *Molinia*	– G, B
– – 'Pink Star'		VI–IX	rosa	bis 15	≃ ○	Besonders für kleine Mooranlagen in Trögen	– G, B
– – 'Helma'		VI–IX	hell-viol., rosa	bis 40	≃ ○	m. *Rhododendron canadense* u. *Rh. wardii* am Rand oder außerhalb der Folie	– G, B

Pflanzen fürs Moor (Fortsetzung).

Botanischer Name	Deutscher Name	Blütezeit	Farbe (Fr. = Früchte)	Höhe (cm)	Feuchtigkeit	Verwendung	Schutz, Bezugsquelle	
Erica tetralix 'Ardy'	Glockenheide	VI–IX	tief-rosa-rot	bis 25	≈ ○	m. *Gentiana pneumonanthe, Arnica montana, Blechnum spicant*	–	G, B
– – 'Silver Bells'		VI–IX	weiß-rosa	bis 20	≈ ○	m. *Gentiana pneumonanthe, Arnica montana, Blechnum spicant*	–	G, B
Eriophorum angustifolium	Schmalbl. Wollgras	IV–V	Fr. weiß	bis 50	∼/≈ ○	Wuchert, daher nur für große Anlagen	–	G
– – 'Heidelicht'		IV–V	Fr. weiß	bis 50	∼/≈ ○	Auslesetyp der Art	–	G
– *latifolium*	Breitbl. Wollgras		Fr. weiß	bis 60	∼/≈ ○	Wuchert nicht, daher auch für kleinere Anlagen	–	G
– *vaginatum*	Scheidiges Wollgras	IV–V	Fr. weiß	bis 50	∼/≈ ○	Muß sehr naß stehen, bildet geschl. Polster	Ns	G
Gentiana pneumonanthe	Lungenenzian	VII–X	azur	bis 30	≈ ○	m. *Erica tetralix Narthecium, Myrica* u. *Molinia*	Ns	Bot, G
Juncus compressus	Knollenbinse	VI–VIII		bis 40	≋/≈ ○ ⇝	Wuchert und liebt nassen Lehm, daher auch für Feuchtwiese und Sumpfgarten	–	G
Ledum groenlandicum	Porst	V–VI	weiß	bis 100	≋/≈ ○	Ähnlich *L. palustre*	–	B
– – 'Compactum'		V–VI	weiß	bis 50	≋/≈ ○	Für kleinere Moorgärten	–	B
– *palustre*	Sumpfporst	V–VI	weiß	bis 100	≋/≈ ○	Mit *Vaccinium* und *Erica tetralix*	Ns	B
Lepidotis inundata	Sumpfbärlapp	VIII–IX		bis 5	≋/≈ ◐	Zw. *Sphagnum, Drosera, Andromeda polifolia*	Ns	Bot
Molinia caerulea	Pfeifengras	VIII–IX		bis 80	≈ ○	Zwischen *Erica tetralix* und *Calluna* mit *Gentiana pneumonanthe*	–	G

Pflanzen fürs Moor (Fortsetzung).

Botanischer Name	Deutscher Name	Blüte-zeit	Farbe	Höhe (cm)	Feuch-tigkeit	Verwendung	Schutz, Bezugs-quelle	
Molinia caerulea 'Variegata'	Buntes Pfeifengras	VIII–IX		bis 50	≈ ○	Auffällig, daher mit *Erica tetralix*-Sorten	–	G
Myrica gale	Gagelstrauch	IV–V	braun	bis 120	≋/≈ ○	Zweihäusig, bildet niedrige Gebüsche, mit *Ledum groenlandicum* und *Erica tetralix,* auch am Wasser	Ns	G, B
Narthecium ossifragum	Ährenlilie, Beinbrech	VII–VIII	gelb	bis 30	≈ ○	Mit *Molinia, Vaccinium, Erica tetralix* fast im Wasser	Ns	Bot
Pedicularis palustris	Sumpfläusekraut	V–VII	rosa	bis 30	≈ ○	Mit *Molinia, Vaccinium, Erica tetralix* fast im Wasser	Ns	Bot
Pilularia globulifera	Pillenfarn			bis 15	≋/~ ◐	Am besten naß, ohne Konkurrenz in direkter Nachbarschaft	Ns	Bot, G
Pinguicula vulgaris	Fettkraut	V–VI	blau-viol.	bis 15	≋/≈ ○	Auf magerstem Boden mit *Drosera, Vaccinium* evtl. *Sphagnum*	Ns	Bot
– *alpina*	Alpenfettkraut	VI–VIII	weiß	bis 12	≋/≈ ○	wie *P. vulgaris*	Ns	Bot
– *grandiflora*	Großes Fettkraut	VI–VIII	violett	bis 15	≋/≈ ○	wie *P. vulgaris*	–	Bot
Platanthera bifolia	Waldhyazinthe	VI–VII	weißlich	bis 40	≈ ◐/●	Im Schutz von *Myrica* und *Ledum,* nicht zu naß	Ns	Bot, G
Polytrichum commune	Goldenes Frauenhaarmoos		goldbraun	bis 30	≋/≈ ◐	Zw. *Vaccinium, Erica tetralix, Myrica* und *Salix repens*	–	–
Rhododendron canadense	Labrador-Azalee	IV–VI	purpur	bis 120	≈ ◐	m. *Erica tetralix* und *Calluna,* möglichst außerhalb d. Folie, aber sehr feucht		B

Pflanzen fürs Moor (Fortsetzung).

Botanischer Name	Deutscher Name	Blüte-zeit	Farbe	Höhe (cm)	Feuch-tigkeit	Verwendung	Schutz,	Bezugs-quelle
Rhododendron canadense 'Albiflorum'	Weiße Labrador-Azalee	IV–VI	weiß	bis 120	≈ ◐	wie *Rh. canadense*	–	B
Rubus arcticus	Polar-brombeere	VI–IX	rosa	bis 20	≈ ○	Wuchert, daher abgrenzen, schön m. *Betula nana* u. *Molinia*	–	Bot
Salix repens ssp. *argentea*	Silberkriech-weide	V–VI	gelb	bis 100	≈ ○		–	B
– *aurita*	Ohrweide	V–VI	gelb	bis 3 m	≋/≈ ○	Am Rande des Moorbeetes als Abgrenzung	–	B
– *repens*	Polarweide	IV–V	gelb	bis 60	≈ ○	Zwischen *Erica tetralix* und *Calluna,* läßt sich durch Schnitt polster-artig halten	–	B
Senecio paludosus	Moorkreuz-kraut	VII–VIII	gelb	bis 120	≋/≈ ○	Am Moortümpel-ufer	–	Bot
Solanum dulcamara	Bittersüßer Nachtschatten	VI–IX	viol. m. gelb	1 bis 2 m	≈ ◐	Spreizkletterer f. Gebüsche und Sträucher am Moorrand (*Salix aurita, Myrica* usw.)	–	G
Sphagnum (verschie-dene), meist *S. palustre*	Torfmoos	–	–	bis 20	≋/≈ ○	Brauchen meist nicht gepflanzt zu werden, finden sich ein	–	–
Thelypteris thelypteroides (*Th. palustris*)	Sumpffarn	–	–	bis 100 meist 30	~~/≋ ◐	Am Rand und im Tümpel, wenn das Wasser Nährstoffe enthält	Ns	Bot, G
Utricularia intermedia	Wasser-schlauch	VI–VIII	gelb		≈/~~ ○/◐	Im Moortümpel	–	G
– *minor*	Kl. Wasser-schlauch	VI–VIII	bl. gelb		≈/~~ ○/◐	Im Moortümpel	–	G
– *neglecta*	Wasser-schlauch	VI–VIII	zitr. gelb		≈/~~ ○/◐	Im Moortümpel	–	G

Pflanzen fürs Moor (Fortsetzung).

Botanischer Name	Deutscher Name	Blütezeit	Farbe	Höhe (cm)	Feuchtigkeit	Verwendung	Schutz, Bezugsquelle
Utricularia intermedia – *vulgaris*	Gemeiner Wasserschlauch	VI–VIII	goldgelb		≈/⁓ ○/◐	Im Moortümpel	– G
Vaccinium macrocarpon (diverse Sorten)	Große Moosbeere	VI–VIII	weiß-rosa	bis 10	≋/⁓ ○	Bildet Polster, gut Frucht tragend	– G/B
– *oxycoccos*	Moosbeere	V–VII	rosa	bis 5	≋/≈ ○	Mit *Drosera* und *Pinguicula*	– G
– *uliginosum*	Rauschbeere	V–VI	weiß-rötl.		≈ ○	Zwischen *Erica tetralix, Gentiana pneumonanthe* und *Arnica montana*	Ns Bot
– *vitis-idaea*	Preißelbeere	V–VIII	weißl.	bis 30	≈ ○	An erhöhten Moortümpelufern mit *Erica* und *Andromeda*	B
Viola palustris	Sumpfveilchen	IV–VI	blaß-lila	bis 10	≋/≈ ◐	Zw. *Eriophorum* u. *Narthecium*	– Bot

Pflanzen für die Feuchtwiese.

Botanischer Name	Deutscher Name	Blütezeit	Farbe	Höhe (cm)	Feuchtigkeit, Standort	Bemerkungen
Anemone nemorosa	Buschwindröschen	III–IV	weiß-rosa	10–15	≈ ◐	Auch für normalen Schattenplatz
– *ranunculoides*	Gelbes Windröschen	IV	gelb	10–15	≈ ◐	Auch für normalen Schattenplatz
Arum maculatum	Aronstab	IV–V	weißlich grün	15–30	≈ ◐/●	Wenn nicht gemäht, schöner Beerenschmuck, giftig!
Bellis perennis	Tausendschön, Marmelblümchen	(I–XII) IV–VI	weiß	5–10	≈ ○	Blüht so gut wie immer

Pflanzen für die Feuchtwiese (Fortsetzung).

Botanischer Name	Deutscher Name	Blütezeit	Farbe	Höhe (cm)	Feuchtigkeit, Standort	Bemerkungen
Caltha palustris u. Formen	Sumpfdotterblume	III–V	gelb	10–30	≏/≋ ○/◐	
Cardamine pratensis	Wiesenschaumkraut	III–V	rosa-lila-weiß	15–30	≋ ○	
Colchicum autumnale	Herbstzeitlose	VIII–X	rosa-lila	12–20	≋ ○	Ab August nicht mähen
– – 'Album'	Herbstzeitlose	VIII–X	weiß	12–20	◐	Ab August nicht mähen
Dactylorhiza majalis	Breitblättriges Knabenkraut	V–VI	purpurlila	30–60	≏/≋ ○/◐	Sät sich aus, wenn die Saatstände reifen können. Geschützt!
Dianthus superbus	Prachtnelke	IX	blaßrosa-lila	30–60	≏/≋ ○	Wiese darf an ihrem Standort nicht gemäht werden
Epipactis palustris	Sumpfwurz	VI–VII	weiß-blaßrot gestreift	20–40	≏/≋ ○	Geschützt!
Equisetum variegatum	Bunter Schachtelhalm			20–30	≏/≋ ○	
Fritillaria meleagris	Schachbrettblume, Kiebitzei	IV–V	purpurbraun oder weiß	20–40	≏/≋ ○	Saatreife im Juli
Gagea spathacea	Scheidengoldstern	IV–V	gelb	10–15	≏/≋ ◐/●	Zieht Ende Mai schon ein
Gladiolus palustris	Sumpfgladiole	V–VI	purpurrot	30–60	≏/≋	
Iris chrysographes		VI	dunkelviolett	40–60	≏/≋ ○	Etwas vom Grasdruck freihalten
– *forrestii*		VI–VII	gelb	35–55	≏/≋ ○	Etwas vom Grasdruck freihalten
– *sanguinea*		V–VI	blauviolett	80	≏/≋ ○	Etwas vom Grasdruck freihalten
– *sibirica*	Sibirische Iris	VI	blauviolett	80–100	≏/≋ ○	Etwas vom Grasdruck freihalten, möglichst nicht mähen

Pflanzen für die Feuchtwiese (Fortsetzung).

Botanischer Name	Deutscher Name	Blütezeit	Farbe	Höhe (cm)	Feuchtigkeit, Standort	Bemerkungen
Iris wilsonii	Botanische Iris	V–VI	gelb	60–70	≃/≋ ○	Etwas vom Grasdruck freihalten, möglichst nicht mähen
Juncus inflexus (glaucus)	Blaugrüne Binse	VII–VIII		40–60	≃/≋ ○	liebt fetten Lehm
– squarrosus	Sparrige Binse	VI–VII		30–35	≋ ○/◐	Für saure Standorte
Leucojum aestivum	Sommerknotenblume	V–VII	weiß	30–45	≃/≋ ○/◐	Nicht mähen bis August
– vernum	Frühlingsknotenblume, Märzbecher	III–V	weiß	15–30	≃/≋ ○/◐	Nicht mähen bis August, sät sich aus, wenn man spät mäht
Lychnis flos-cuculi	Kuckuckslichtnelke	V–VII	rosarot	50–70	≃/≋ ○	
Lysimachia nummularia	Pfennigkraut	VI–VIII	goldgelb	bis 5	≋ ○	Kriechend
Myosotis palustris	Sumpfvergißmeinnicht	V–VIII	blau	20–50	≋ ○	Blüht nach dem Mähen nach
Polygonum bistorta	Wiesenknöterich, Schlangenknöterich	V–VII	rosa	30–90	≋ ○	Wuchert
Primula elatior	Himmelsschlüssel	IV–V	schwefelgelb	20–30	≃/≋ ○/◐	Vorsicht beim Mähen, Saatstände stehenlassen
Scilla non-scripta	Hasenglöckchen 'Blue Bells' d. Engländer	V	blau	20–30	≃/≋ ○/◐	Verwildert gut
– sibirica	Sibirische Scilla	III–IV	blau	10–15	≋ ○/◐	Verwildert gut
Trollius europaeus	Trollblume	V–VI	gelb	30–50	≃/≋ ○	
Veronica filiformis	Ehrenpreis	V–VIII	blau	5–10	≃/≋ ○/◐	

Außerdem sind manche Stauden, die für die bodenfeuchte Randzone aufgeführt sind (siehe Seite 89), auch für die Feuchtwiese zu verwenden, wie auch Farne (S. 99) und Ziergräser (S. 93), besonders dann, wenn ein Bach durch die Wiese führt!

Beschreibung der Sumpf- und Wasserpflanzen

Erklärung der Zeichen und Abkürzungen Seite 55. Auf die Verwendung der Zeichen für sonnige bzw. halbschattige Lage wurde verzichtet, weil alle hier beschriebenen Arten und Sorten einen sonnigen Standort lieben, aber auch leichten Schatten vertragen. Sumpf- u. Wasserpflanzen für lichten Schatten Seite 88.

Acorus calamus, Kalmus

∼ (10 bis 20) VI bis VII

Schwertförmige, ca. 60 cm hoch werdende Blätter. Gelblichgrüne Blütenkolben, die bis 15 cm lang werden. Frucht bei uns nie ausreifend. Vermehrung nur ungeschlechtlich. Im 17. Jahrhundert aus dem Orient hier eingeführt und vielfach verwildert. Knolle und Blätter aromatisch duftend. Wird auch heute noch in der Medizin verwendet, bei Magen-, Darm-, Leberstörungen, Blutarmut sowie Zahnfleischentzündungen.
Ähnlich der Sumpfschwertlilie *(Iris pseudacorus)*, ist aber immer durch den aromatischen Geschmack zu unterscheiden. Äußerst wuchskräftig, deshalb besser für größere Anlagen.
N.: Nur starkwüchsige Arten wie *Typha* und *Zizania.*

Acorus calamus 'Variegatus'

∼ (5 bis 15) VI bis VII

Form der vorher beschriebenen Wildart mit weiß-gelbgrünen, längsgestreiften, schmalen Blättern. Sehr kontrastreich und belebend. Vortreffliche, wertvolle Staude des Wassergartens.

Acorus gramineus und Formen

Siehe „Fremdländische Wasserpflanzen" Seite 156.

Alisma, Froschlöffel

Bekannte Sumpfpflanze mit löffelartigen, schmalen oder breiteren, eiförmigen bis lanzettlichen, langgestielten Blättern. Im jungen Stadium bilden sich bandförmige Blätter. Der Blütenstand ist rispig in Stockwerken gegliedert. Blüten schalenförmig, weiß oder rosa. Bei den Arten gibt es viele Standortvariationen (Abb. S. 34).
N.: *Typha, Butomus, Caltha.*

Alisma gramineum, Grasblättriger Froschlöffel

≈ / ≋ U VI bis VIII

Bildet als Unterwasserform bei 40 bis 80 cm Wasserstand bis ca. 50 cm lange Bandblätter. Die Art hat bei flachem Wasserstand gestielte lanzettliche Blätter. Blüte ähnlich wie bei den übrigen Froschlöffelarten.

Alisma lanceolatum, Lanzettblättriger Froschlöffel

∼ (10 bis 20) VII bis IX

Schmalblättrig, ca. 5 cm breit und ca. 20 bis 25 cm lang, nach oben und unten gleichmäßig spitz zulaufend. Blütenstand pyramidal, ca. 60 cm hoch. Sät sich, wie alle übrigen *Alisma*-Arten, willig selbst aus.

Alisma parviflora, Breitblättriger Froschlöffel

∼ (5 bis 15) VII bis VIII

Nordamerikanische Art, die sich im Habitus von den übrigen Arten durch größere, fast runde, am Ende zugespitzte, bis 20 cm hohe Blätter unterscheidet. Diese sind deutlich genervt. Die pyramidenförmige Blüte (Rispe) wird ca. 60 cm hoch und ist auch in verblühtem Zustand bis in den Winter hinein bizarr und ansehnlich. Die Einzelbüte ist klein und weißlichrosa. Treibt im Frühjahr später aus als *A. plantago-aquatica.*

Alisma plantago-aquatica,
Gemeiner Froschlöffel

~ / ≋ (20 bis 30) VII bis IX

Verbreitete Art mit etwa 40 cm hohem Blattstand. Blütenrispe 80 cm, auch höher. Der trockene Blütenstand hält sich bei uns bis in den Winter und sieht sehr dekorativ aus. Verwendung auch in der Trockenbinderei. Art kann sich durch reiche Selbstaussaat stark vermehren (Abb. S. 45).

Andromeda polifolia,
Lavendelheide

s. Liste „Pflanzen fürs Moor“, Seite 111.

Aponogeton distachyus,
Afrikanische Wasserähre

≋W (50–60) VI bis X

Die Blätter sind breitlinearisch, bis 20 cm lang und ca. 5 cm breit. Sie liegen vollkommen auf dem Wasser auf, wogegen der zweiährige Blütenstand sich einige Zentimeter aus dem Wasser erhebt. Die Blüte erzeugt einen angenehmen Vanilleduft. In unseren Breiten winterhart, wenn die Knolle nicht einfriert (evtl. im Winter tiefer stellen). Reizvolle Pflanzenart. Wertvoll durch ihre lange Blütezeit. Blüht auch im Gewächshaus oder im Zimmer im Winter schon bei 10 °C. Die Wassertiefe spielt hierbei keine große Rolle. Sät sich übrigens selbst aus.

N.: zum flachen Wasser hin *Orontium* (Goldkeule).

Butomus umbellatus,
Blumenbinse, Schwanenblume,
Wasserliersch

≋ (20 bis 30) VI bis VIII

80 bis 120 cm hoch aus dem Wasser ragend. Die Blätter sind 1 cm breit, linearisch, dreikantig. Der Blütenschaft ist unbeblättert. Große, ansehnliche Blütendolden mit rötlichen, zuweilen auch weißen Einzelblüten, die dunkelgrün geadert sind. Der Name „Schwanenblume“ kommt wohl daher, daß der Blütenstiel oftmals in Windungen gebogen ist und einem Schwanenhals ähnelt. In Mitteleuropa weit verbreitet. Wichtige Uferpflanze natürlicher Gewässer, aber auch wertvolle Wasserpflanze für den Gartenteich. Äußerst anpassungsfähige, vitale Pflanzenart. Es gibt eine weiße Form, auch eine rote Auslese ('Schneeweißchen' und 'Rosenrot') (Abb. S. 83).

N.: *Acorus calamus, Alisma* und *Sagittaria.*

Calla palustris,
Sumpfkalla oder Schlangenwurz

~ (15) VI bis VII

Aus den kriechenden Rhizomen treiben im Mai die gestielten, rundlich herzförmigen, 10 cm breiten Blätter, die am Ende zugespitzt sind. Die innere weißliche Blütenscheide wird etwa so hoch wie die Blätter. Gesamthöhe ca. 20 cm. Bevorzugt saure Böden. Im Herbst folgen die roten Beerenkolben. Die Pflanze überwintert mit dem kriechenden, walzenförmigen, grünen Rhizom, die der Pflanze wohl den Namen „Schlangenwurz“ gaben, da ihr Wuchs einer liegenden Schlange ähnelt. Beeren giftig. Die Sumpfkalla ist heimisch in Sümpfen und Erlenbrüchen. Über die gesamte gemäßigte Zone verbreitet. Das Rhizom braucht nicht eingepflanzt zu werden, sondern wird wie eine Schwimmpflanze eingesetzt. Die Sumpfkalla wird sich an einem ihr zusagenden Platz einwurzeln (Abb. S. 81).

Callitriche,
Wasserstern

≋U (ab 10) ⇝ VI bis VII

Üppige Polster bildende Unterwasserpflanze. Die Stengel sind mit schmalen, 1 bis 2 cm langen Blättern versehen, die an der Oberfläche in schwimmende Blattrosetten münden. Die günstigste Wassertiefe ist 30 bis 60 cm. Untergetaucht lebende Pflanze des Wassergartens. Wertvoll, da die Arten auch im Winter grün bleiben und assimilieren.

Sie versorgen das Wasser mit dem notwendigen Sauerstoff. Bei allen Arten gibt es auch Landformen, deren Wuchs rasenartig ist. Sprosse bis 12 cm lang. Die wichtigsten Arten, die sich alle ähnlich sehen, sind *Callitriche hamulata, C. hermaphroditica, C. palustris* und *C. stagnalis.*

Caltha,
Sumpfdotterblume
III bis V
Die gestielten Blätter werden 20 bis 40 cm lang. Blütenstand etwa 30 bis 35 cm hoch, je nach Standort auch höher. Die Blätter sind rundlich, tief herzförmig gekerbt. Das satte Gelb der Blüte gab der Pflanze den deutschen Namen.
N.: *Mimulus, Myosotis palustris, Primula rosea.*

Caltha palustris
≈ / ≋ / ⁓ (bis 10)
Die heimische Art; 20 cm hoch, in nahrhaften Böden auch höher. Je nach Standort sehr vielgestaltig. Wächst vorwiegend auf nassem, nährstoffreichem, humosem, lehmigem Boden. Goldgelbe Schalenblüten. Fünf Kelchblätter. Die Art verträgt tieferes Wasser besser als nachfolgende Sorten.

Caltha palustris var. alba
≈ / ≋
Weißblühende Form der vorigen Art, vom Himalaja. Sie wächst etwas gedrungener.

Caltha palustris 'Monstrosa'
≈ / ≋
Goldgelb gefüllt, noch großblumiger und strahliger als die vorher genannte Sorte.

Caltha palustris 'Multiplex'
≈ / ≋
Gefüllte Form mit satt goldgelben, runden Blüten, 20 bis 30 cm hoch. Wertvoller Frühjahrsblüher, dankbar und leicht zu kultivieren. Blüht früher und länger als die Stammart. Sie beginnt mit der Blüte vor der vollen Blattentwicklung; manchmal blüht sie im Herbst noch einmal auf. Sie will aber nicht oder nur vorübergehend im Wasser stehen.

Caltha polypetala
≈ / ≋ 〰 (10 bis 20)
Im Wuchs ähnlich *C. palustris,* doch in allen Teilen größer. 6 bis 10 Kelchblätter. Blütenschalen groß und goldgelb. Kann 60 cm und höher werden.

Carex,
Segge oder Reetgras
⁓ (20 bis 30) VI bis VII
Große, vielseitige Gräsergruppe, von der es einige Arten gibt, die auch im Wasser wachsen. Es sind mehr oder weniger aufstrebende Gräser mit scharfen, kantigen Halmen. Blütenstände meist ährenförmig oder rispig.
N.: *Typha, Scirpus, Iris pseudacorus.*

Carex gracilis,
Schlanke Segge
〰›
Schmalblättrig, scharfkantig, bis 80 cm hoch. Ausläufertreibend. Findet Verwendung für den biologischen Wasserbau, zur Rekultivierung von Gewässern. Für Gartenteiche nur bei Gefäßpflanzung geeignet.

Carex pseudocyperus,
Falsche Zypergrassegge, Tränensegge
〰›
Locker überfallendes, schilfähnliches, hellgrünes Laub. Die Blütentriebe stehen über dem Laub. Überhängende Spitzen, mit etwa 5 cm langen Ähren. Sehr wüchsige, unempfindliche Art, die Platz zur vollen Entwicklung braucht. 50 bis 80 cm hoch. Wuchert, Gefäßpflanzung vorzuziehen.

Carex riparia,
Ufersegge
〰›
Über 100 cm hoch werdend. Blattfläche breiter als bei *C. gracilis.* Sonst Verwendung wie diese. Starkwüchsig, muß deshalb für Gartenteiche unbedingt in Pflanzkörbe gesetzt werden. Für Uferbefestigungen und den biologischen Wasserbau hat *C. riparia* eine Bedeutung ersten Ranges.

1

2

1: *Spargenium erectum* (Aufrechter Igelkolben). Mächtige Büsche bildend und ausläufertreibend, deshalb nur für größere Anlagen oder in Gewässern der freien Landschaft zu verwenden. Die wesentlich kleinere Art, die aber im Wuchsbild ähnlich aussieht *(Sparganium emersum)* ist zur Verwendung im Wassergarten besser geeignet.

2: *Cyperus longus* (Langes Cypergras). Auf schlanken Stielen wiegen sich graziös überhängende, schmale, lange Gräserblätter.

3: Reifrocknarzissen *(Narcissus bulbocodium)* auf einer Feuchtwiese.

4: Buschwindröschen und Eichenfarn im Schattenbereich einer Feuchtwiese.

5: Sumpfprimeln (Glockenpr.) *Primula florindae,* an einem großen Naturteich.

6: *Lilium* 'Shuksan' am Ufer eines Naturteiches.

7: Kanadische Wiesenlilie *(Lilium canadense).*

8: Gefingerter Lerchensporn *(Corydalis solida).*

9: Märzbecher an einem kleinen Wasserfall.

10: Sommerknotenblumen *(Leucojum aestivum).*

11: Schachbrettblumen *(Fritillaria meleagris)* auf einer Feuchtwiese.

3

4

5

6

7

8

11↓

9

10

Ceratophyllum demersum,
Hornblatt
≋ S (ab 50) VI bis IX
Eine völlig wurzellose Pflanze, die in der Lage ist, sich mit dem unteren Teil ihrer Triebe im Schlammboden zu verankern. Sprosse oft reich verzweigt und meterlang werdend. Blätter 1 bis 2 cm lang, doppelt gegabelt und quirlartig am Stiel angeordnet. Die Pflanze fühlt sich eigenartig derb und rauh an und wächst in Europa in langsam fließenden und stehenden Gewässern. Auch für den Wassergarten nützlich. Die Blüte ist unscheinbar. Im Herbst sterben die älteren Teile ab und Bruchstücke, sogenannte Winterblätter, überwintern auf dem Grund. Eine andere Art ist *C. submersum,* ähnlich der beschriebenen, aber wesentlich seltener.

Chara aspera,
Rauhe Alge
≋U (ab 30) ⇝
Gehört, wie *Nitella,* auch zu den Algengewächsen, sieht aber in ihrem Habitus eher einer höher entwickelten Pflanzenart ähnlich. In Seen, Teichen und Flüssen weit verbreitet. Fast kosmopolitisch. Die völlig untergetaucht lebenden Pflanzen bevorzugen hartes, sauerstoff- und nährstoffreiches Wasser. Die Einzeltriebe sind zart und quirlig übereinander mit kurzen Trieben besetzt. In der Farbe kaum grün, durch Kalkablagerungen meistens weißlichgrau. Bei ihr zusagenden Standortbedingungen sich schnell ausbreitend. Wo *Chara* wächst, ist das Wasser meist klar, aber nicht immer algenfrei, wie man vielfach behauptet. Für den Wassergarten empfehlenswert. Deshalb sollten vorhandene Pflanzen erhalten bleiben.

Cladium mariscus,
Schneide
∼ / ≈ (30) ⇝ VI bis VII
Stattliches wintergrünes Schneidgras, Halme ca. 2 cm breit, dreikantig, grün überhängend, scharfkantig. Ähriger, brauner Blütenstand. Wuchshöhe 160 bis 180 cm. Da ausläufertreibend, nur für größere Anlagen, sonst Gefäßpflanzung.

Comarum palustre,
Blutauge
≈ / ≋ VI bis VII
Höhe je nach Standort 40 bis 50 cm. Heimische Wildstaude mit langem, kriechendem Wurzelstock; Stengel mit fiedrigen Blättern besetzt. Die Grundblätter haben Ähnlichkeit mit Erdbeerblättern. Blüten stumpf purpurrot, recht ansehnlich. Für moorige, kalkfreie Böden.
N.: *Myrica, Betula nana*

Cotula coronopifolia,
Laugenblume
s. „Fremdländische Wasserpflanzen" S. 157.

Crassula recurva,
Nadelkraut
≋U (ab 30)
Nützliche, sauerstoffspendende, untergetaucht wachsende Wasserpflanze. Nadelartiges Laub, Blätter stehen kreuzweise übereinander. Blüte weiß, unscheinbar.

Cyperus alternifolius, C. haspan, C. papyrus
s. „Fremdländische Wasserpflanzen" S. 157.

Cyperus longus,
Langes Zypergras
∼ (20) VI bis VII
Durchschnittliche Höhe etwa 100 cm. Zu den dekorativsten und auch origenellsten, grasartigen Wassergewächsen zu rechnen. In Südeuropa beheimatet. Blütenköpfe bräunlich in lockeren Rispen. Überwinterung sicherer im Wasser als außerhalb. Sonst Winterschutz (Abb. S. 122).
N.: Möglichst Einzelstellung, allenfalls Benachbarung von *Typha minima* oder *Butomus*.

Dactylorhiza maculata (Orchis maculata),
Geflecktes Knabenkraut
s. Liste „Pflanzen fürs Moor", Seite 111.

Drosera,
Sonnentau
s. Liste ,,Pflanzen fürs Moor", Seite 111.

Eleocharis,
Sumpfried, Sumpf- oder Nadelsimse
≋U auch ≡ und ⁓ V bis VII
Pflanzen mit ausdauerndem, kriechendem oder fadenförmigem Rhizom, sehr wüchsig. Liebt kein kalkhaltiges Wasser.

Eleocharis acicularis,
Nadelsimse
(20–60)
Die submers (untergetaucht) lebende Art hat sich nach bisherigen Beobachtungen erfolgreich gegen Algenbewuchs bewährt, wenn sie in ausreichender Menge vorhanden ist. 10 bis 20 cm lange, unbeblätterte Halme. Breitet sich rasenartig auf dem Bodengrund aus.

Eleocharis palustris,
Sumpfried, Sumpfsimse
(30) ⇝
20 bis 30 cm lange, binsenartige Blatthalme, die zu mehreren zusammenstehen Blütenähren braun, ca. 20 mm lang. Die Art kann auch submers wachsen. Typisch ist jedoch die Landform. Ausläuferbildend. Starker Ausdehnungsdrang.

Elodea canadensis,
Wasserpest
≋U (50) ⇝
Die aus Nordamerika stammende Wasserpest ist ungeheuer wuchskräftig, daher ihr Name. Sie vermehrt sich nur vegetativ. Es gibt hier nur weibliche Pflanzen. Jedes kleine Teilstück ergibt bald eine neue Pflanze, und schnell sind große Bodenflächen von ihr überzogen.
Sie liebt nährstoffreichen, kalkhaltigen Boden. In flachem Wasser kann sie andere Pflanzen in Bedrängnis bringen. Moglichkeit der Eindämmung: jeden erkennbaren Trieb entfernen oder den pH-Wert des Wassers senken. Die Pflanze ist wintergrün und als Sauerstoffproduzent nützlich. Ein mit Wasserpest überwucherter Wassergarten macht anderen Pflanzen und auch Fischen das Überleben schwer. Sinnvolle Verwendung nur in Gartenteichen bei Pflanzung in Gefäßen.

Epipactis palustris,
Sumpfwurz
s. Liste ,,Pflanzen fürs Moor" Seite 112.

Equisetum,
Schachtelhalm,
≃ / ≡ ⇝ VI bis VIII
Pflanzen der Vorzeit; bildeten riesige Wälder, die im Verlauf von 250 bis 280 Mill. Jahren zu Steinkohle wurden. Nachkommen immer noch starkwüchsig und lebenszäh. Wildarten als Unkraut haben einen schlechten Ruf. Die meisten der noch verbreiteten Schachtelhalmarten, wie *E. arvense, E. hyemale, E. palustris* und *E. fluviatile*, sind – auch wenn sie z. T. recht interessant aussehen – aufgrund ihrer Wüchsigkeit im Wassergarten nicht zu verwenden. Nachfolgend beschriebene Arten sind zwar auch wüchsig, aber nicht so unkrautartig; sie sehen überaus apart aus und bereichern auch als blütenlose Pflanze den Wassergarten. Bevorzugen kiesige Böden.

Equisetum hyemale var. robustum,
Winterschachtelhalm
Bis 150 cm glatte, unbeblätterte, aufrechtwachsende Halme. Die Stengelglieder sind verschiedenfarbig, von hellgrün bis bräunlich, beringt. Liebt feuchten, kiesigen Grund. Wertvoll, da wintergrün. Auf die Dauer auf Ausdehnung bedacht, deshalb insbesondere bei kleineren Anlagen für Eingrenzung sorgen (evtl. Gefäßpflanzung).

Equisetum telmateia
s. ,,Pflanzen für die bodenfeuchte Randzone", Seite 90.

Eine uralte Sternmagnolie, die sich in diesem kleinen, von einem Bach durchflossenen Tal besonders wohlfühlt, weil sie hier vor Spätfrösten geschützt ist.

Matteucia struthiopteris, **der Straußfarn, zusammen mit** ***Scilla hispanica*** **oberhalb eines Parksees. Besser eignet sich für den Feuchtgarten noch** ***Scilla non-scripta.***

Straußfarn mit „fruchtbaren" Sporenwedeln im Herbstschmuck.

Equisetum variegatum,
Buntschachtelhalm
s. „Pflanzen für die Feuchtwiese", Seite 116.

Eriophorum,
Wollgras
s. Liste „Pflanzen fürs Moor", Seite 113.

Eupatorium,
Wasserdost
s. Liste „Randbepflanzung um das Becken", Seite 153.

Euphorbia palustris,
Sumpfwolfsmilch
≘ V bis VI
Höhe je nach Standort 80 bis 100 cm. Die Blüten sind grünlichgelb. Auffallende Herbstfärbung durch hell purpurrote Stengel und rot überlaufende Blattränder. Weidenähnliches Aussehen. Für Einzelstellung am Wassergraben oder Teich (Abb. S. 133). N.: *Lythrum* und *Filipendula purpurea.* Als Vorpflanzung niedere Sumpfpflanzen wie *Myosotis* und *Caltha.*

Filipendula ulmaria,
Mädesüß
s. „Pflanzen für die bodenfeuchte Randzone", Seite 90.

Fontinalis antipyretica,
Wassermoos
≋ S
Das Wassermoos bildet dunkelgrüne, langflutende, lockere Rasen. Vollkommen untergetaucht (submers) lebend. Es ist wintergrün und verlangt einen hellen, aber nicht unbedingt sonnigen Standort, vorwiegend bei einer Tiefe von 20 bis 30 cm. Gehört zu

den Laubmoosen. Ausgezeichneter Sauerstofflieferant und eine gute Ablaichpflanze, die fließendes Wasser liebt. Vorkommen in Nord- und Mitteleuropa, verbreitet in Quellen und Bächen, auch am Grunde von Seen.

Gentiana pneumonanthe, Lungenenzian
s. Liste ,,Pflanzen fürs Moor", Seite 113.

Gladiolus palustris, Sumpfsiegwurz
s. ,,Pflanzen für die Feuchtwiese". Seite 117.

Glyceria maxima 'Variegata', Süßgras, Wasserschwaden
⁓ (20) ⇝ VII bis VIII
Höhe 40 bis 50 cm. Im Austrieb rötlich, später auffallend weißgrün längsgestreift, mit bandartigen Blättern. Breite Verwendungsmöglichkeit, da gleichmäßig wuchskräftig im normalen Gartenboden wie auch im seichten Wasser. Ausläuferbildend, kann schnell Flächen bedecken (Abb. S. 45).
N.: Im Wasser *Alisma plantago-aquatica, Iris pseudacorus,* außerhalb *Peltiphyllum peltatum, Filipendula*-Arten.

Gratiola, Gnadenkraut
s. ,,Liste der Sumpfstauden" Seite 87.

Hippuris vulgaris, Tannenwedel
⁓ / ≋ (20 bis 30) ⇝ VII bis VIII
Im seichten Wasser stehen die Triebe mit den nadelartigen, dunkelgrünen Blättern bis 40 cm über der Wasseroberfläche. Die untergetauchten Teile der Pflanze haben schlappe, schmal linearische Blätter. Eine sehr interessante, ansehnliche Wasserpflanze, die allerdings, wenn sie einmal Fuß gefaßt hat, sich durch Ausläufer schnell ausdehnen kann. Der Bestand sollte deshalb im Wassergarten immer unter Kontrolle bleiben. Gegebenenfalls in Behälter pflanzen oder in Fächern. Blüten unscheinbar.
N.: Enge Nachbarschaft meiden, sonst *Alisma, Sagittaria* und *Scirpus.*

Hottonia palustris, Wasserfeder
≋ U (ab 20) V bis VII
Im allgemeinen 20 bis 30 cm lange Triebe bildend, selten mehr. Mit quirligen, gehäuften, kammförmig gefiederten Blättern. Im Bodenschlamm wurzelnd. Die Blüten sind schalenförmig, zartrosa und stehen ca. 20 cm über dem Wasser.
Verwendung im Wassergarten am besten in flachem Wasser an einem kühlen, auch beschatteten, aber nicht zu dunklen Standort. Sonnige Bereiche vermeiden. Wächst auch gelegentlich aus dem Wasser. Für sehr kalkhaltiges Wasser nicht geeignet.

Hydrilla verticillata, Wasserquirl
≋ U (ab 30) ⇝
Stark wachsende Unterwasserpflanze ohne nennenswerte Ansprüche. Ähnelt im Wuchs und Aussehen *Elodea* (Wasserpest). Bevorzugt Wasser im sauren Bereich. Blüten unauffällig. Bleibt im Winter in Vegetation, auch standortbedingt Winterknospen bildend. Wert für den Wassergarten gering.

Hydrocharis morsus-ranae, Froschbiß
≋ S VII bis VIII
Schwimmpflanze mit rundlichen, herzförmigen Blättern, 5 bis 6 cm Durchmesser. Aus der Basis der Blattrosette kommen die Wurzeln, die sich im flachen Wasser am Boden verankern können. Die einzelnen Blattrosetten sind durch dünne Ausläufer miteinander verbunden. Nimmt vorwiegend die benötigten Nährstoffe direkt aus dem Wasser. Überwinterung erfolgt durch Winterknospen am Bodengrund, die sich im Herbst bilden. Sie sind oval, etwa 10 bis 15 mm lang. Im Frühjahr ab Mai bei Ansteigen der Wassertemperaturen entwickeln sich wieder neue Blattrosetten, die an die Oberfläche

steigen. Blüten etwa 10 cm lang, weiß. Kalkarme Gewässer sagen Hydrocharis am besten zu.

Hydrocotyle vulgaris,
Wassernabel
≋ / ⌒ / ≈ ⇝ VI bis VIII
Ausläufertreibende, an den Knoten wurzelnde, ca. 10 cm hohe Sumpfstaude mit tafelartigen, runden Blättern; kleine weiße oder rosa Blütenstände in kleinen Dolden. Beheimatet in Mooren und Moorseen. Durch ihre Wüchsigkeit (bis 1 m lange Stengel!) nur begrenzt verwendbar, da sie kleinere Pflanzenarten bedrängt.

Iris kaempferi,
Japanische Sumpfschwertlilie
s. „Pflanzen für die bodenfeuchte Randzone", Seite 94.

Iris laevigata,
Sumpfiris
≋ / ⌒ (10) VII bis VIII
Stammt wie *I. kaempferi* aus der Mandschurei, Korea und China. Wächst an ähnlichen Standorten, nur verträgt sie das ganze Jahr über flaches Wasser. Die Stammform ist sattblau. Die Domblätter sind schmal und aufrechtstehend. Hängeblätter mit gelben Mittelstreifen. Höhe 60 bis 80 cm. Blätter ohne Mittelrippe, im Gegensatz zu *I. kaempferi.*
Kulturformen: 'Monstrosa', Mitte weiß, Hängeblätter marineblau (Abb. S. 130); 'Rose Queen,' reinrosa; weitere Sorten gibt es in Weiß, Purpur und Rosa.
N.: *Myosotis palustris, Lysimachia nummularia, Caltha palustris.*

Iris pseudacorus,
Wasserschwertlilie, Sumpfiris
≋ / ⌒ (20) V bis VIII
Heimische Sumpfschwertlilie, ziemlich häufig in Gräben und Sümpfen in Europa anzutreffen. 60 bis 80 cm hoch, auch höher. Der Blütenstengel ist mehrblütig. Einzelblüte aus drei gebogenen, dunkel gezeichneten Blütenblättern. Domblätter nur bis 2 cm lang, aufrecht. Wurzelstock knollig. Laubblätter schwertförmig, etwa 3 cm breit.
Sorten von *I. pseudacorus:* 'Bad Schachen', dunkel goldgelb, dunkelste Sorte (tetraploid), 140 cm hoch; 'Bastardii', hellgelb bis creme, 120 cm hoch; 'Beuron' (tetraploid), goldgelb, reichblühend, überhängend, 140 cm hoch; 'Fahle Ilge' (tetraploid), cremegelb, steif aufrecht, 160 cm hoch; 'Golden Queen', goldgelb, großblumig, 150 cm hoch; 'Ilgengold' (tetraploid), goldgelb, steif aufrecht, 160 cm hoch; 'Variegata', gelb, junge Blätter gelblich längsgestreift, im Alter vergrünend; 'Zitrone' (tetraploid), hellgelb, reichblühend, 140 cm hoch.
N.: Für feuchten Stand *Peltiphyllum, Mimulus,* für Wasser *Ranunculus lingua* und *Alisma plantago-aquatica.*

Iris versicolor,
Amerikanische Sumpfiris
⇝ (bis 10) VI bis VII
80 cm hoch. Blüten hell- bis dunkelviolett mit hübscher Schlundzeichnung in rötlichem Farbton, dunkel geadert. Domblätter nur halb so lang wie Hängeblätter. Eine Kulturform, 'Kermesina', blüht einheitlich rötlichviolett; deutlich dunkel geadert, Schlund gelblich.
N.: *Caltha palustris* und Formen, *Myosotis palustris.*

Juncus,
Binse
VII bis VIII
Formenreiche Gattung mit meist runden und glatten, weniger flachen oder gerillten Halmen. Für nasse oder feuchte, kiesige und sandige Böden. Nur höhere Arten vertragen es, dauernd im Wasser zu stehen. Blüten meist doldig-rispig, bräunlich. Verwendung s. auch „Die Feuchtwiese", Seite 41, „Sumpf-, Moor- und Feuchtgärten" und „Pflanzen fürs Moor", Seite 31.
N.: *Myosotis palustris, Comarum palustre.*

Juncus compressus, Zusammengedrückte Binse
s. Liste „Pflanzen fürs Moor", Seite 113.

Juncus effusus 'Spiralis', Korkenzieherbinse
~ (10 bis 20)
Mit glatten, dunkelgrünen, eigenartig spiral aufstrebend gedrehten Halmen. Höhe 30 bis 40 cm.

1: *Iris laevigata* 'Monstrosa'. Die zweifarbigen Blüten strahlen einen malerischen Reiz aus.

2: *Iris pseudacorus*, die heimische gelbe Sumpfschwertlilie.

3: *Iris kaempferi* 'Good Omen'. Edelstes überraschendes Wesen von imposanter Schönheit.

4: *Iris kaempferi* 'Royal Pageant'. Märchenhafte Blume des sommerlichen Ufergartens.

5: *Iris kaempferi* 'Geisha Dance'. Schönheitsschatz von nicht zu übertreffendem Wert.

6: *Iris sibirica* 'Blue Mere'. Zauberhafte Schönheit mit gut nachbarlicher Beziehung zum Wasser.

2

3

4

5

6

Juncus ensifolius,
Zwergbinse
≋ / ~ (bis 10)
20 cm hoch werdend. Niedrige Horste mit schwertartigen, etwa 0,5 cm breiten Blättern und braunen Ähren (Abb. S. 45).

Juncus inflexus (J. glaucus),
Blaugrüne Binse
≋ / ~ (bis 5)
40 bis 60 cm hoch. Die Halme sind am Grunde tief gerippt. Bildet dichte Büsche wintergrüner Horste. Liebt fetten Lehm.

Juncus maritimus,
Meeresstrandbinse
≋ / ~ (bis 20) ⇝
Halme unbeblättert, 60 bis 80 cm hoch, bis zu 0,3 cm dick. Blütenstand 10 bis 15 cm lang. Heimisch in Sumpfgebieten an der Küste (Ostsee).

Juncus squarrosus,
Sperrige Binse
s. „Pflanzen für die Feuchtwiese", Seite 118.

Leersia oryzoides,
Wilder Reis
~ (bis 10) VIII bis IX
Hellgrüne, 5 bis 8 mm breite Blätter, am Ende zugespitzt. Blütenrispe mittelgrau, Ährchen 4 bis 5 mm lang. Höhe 50 bis 100 cm.
N.: *Scirpus tabernaemontani* 'Zebrinus,' *Menyanthes trifoliata.*

Lemna trisulca,
Dreifurchige Wasserlinse
≋U
Untergetaucht lebende Wasserlinse. Die Sprossen sind kreuzförmig in zusammenhängendem Verband. Einzelsprosse etwa 1 cm lang, mit einer Wurzel auf der Unterseite. Die Art hat mehr botanischen Wert; sie ist zu winzig und der Sauerstoff, den sie produziert, gering.

Ludwigia clavellina var. grandiflora,
Großblumige Jussiaea
s. „Fremdländische Gewächse für den sommerlichen Wassergarten", Seite 159.

Lysichitum,
Scheinkalla
~ (bis 10) IV bis V
Interessante, schönblühende, zu den Aronstabgewächsen gehörende Sumpfstaude. Die muschelförmigen Blütenscheiden mit ca. 20 bis 40 cm starken Blütenkolben erscheinen zeitig vor den Blättern. Zur optimalen Entwicklung benötigt die Gattung tiefgründigen, mit organischem Dünger angereicherten Boden in einer Dicke von 30 bis 50 cm. Die Blätter sind blaugrün, bis 50 cm lang und bis 30 cm breit. Reine Sumpfstaude. Große eingewachsene Pflanzen können auch im flachen Wasser stehen. Lichten Schatten liebend. Gegen Ostwinde geschützter Standort angebracht, sonst Laubschutz im Winter.
N.: Je nach Standort *Primula*-Arten, *Pontederia, Myosotis palustris* und ähnliche niedrige Sumpfstauden.

Lysichitum americanum
Von Alaska bis Nordkalifornien verbreitet. Blütenkolben von einer großen, gelben Scheide umgeben, 50 cm hoch. Blüht etwas früher als die nachfolgende Art.

Lysichitum camtschatcense
Von Maximowicz 1861 entdeckt, als Verbreitungsgebiete gibt er an: temperiertes Ostasien, mittleres und nördliches Japan,

Oben links: ***Mimulus luteus*** **(Gauklerblume). Reichblühende dauerhafte Art für den Uferbereich.**

Oben rechts: ***Mimulus cupreus*** **'Roter Kaiser'. Unerschöpflicher Dauerblüher ersten Ranges.**

Unten links: ***Euphorbia palustris*** **(Sumpfwolfsmilch). Für Einzelstellung am Wasser.**

Unten rechts: ***Myosotis palustris*** **(Sumpfvergißmeinnicht). Liebenswerte, altmodisch wirkende Uferstaude.**

Amurland, Kamtschatka, Kurilen und Aleuten. Vollkommen ähnlich *L. americanus*, bis auf die kalkweiße Blütenfarbe. Höhe 40 cm (Abb. S. 83).

Lysimachia nummularia,
Pfennigkraut
≃ / ≊ VI bis VII
Höhe 5 bis 10 cm. Bodendeckende Staude mit dichten, wurzelnden Trieben und pfennigkleinen Blättern. Sowohl in bodenfeuchten Standorten wachsend, wie im flachen Wasser. Besonders gut zum Verdecken von Beckenrändern geeignet, auch für die Randbepflanzung. Bildet dichte grüne Matten. Blüten gelb. Verwendung in Gruppen.
N.: *Myosotis palustris, Mimulus ringens.*

Lysimachia thyrsiflora,
Strauß-Goldfelberich
≊ / ⁓ (bis 10) VI bis VIII
30 bis 40 cm hoch. Mit kleinen gelben Blüten in dichten gedrungenen Trauben. Unterirdische Ausläufer bildend. N.: *Mimulus, Menyanthes.*

Lythrum salicaria,
Blutweiderich
≊ / ⁓ (bis 20) VI bis IX
Heimische Wildstaude mit rötlichlila Blütenrispen. Stattliche Erscheinung (1 m und höher) des Wassergartens. Bekannte Art für feuchten und nassen Standort, gedeiht auch prächtig im Flachwasserbereich. Ihre Gartenformen (Hybriden), wie 'Feuerkerze' und 'Robert', sollten aber tunlichst nicht ins Wasser gepflanzt werden (Abb. S. 36).

Wohnhaus und Teich mit üppiger Ufervegetation in Nachbarschaft mit vielerlei prachtvollen und zauberhaften Liliensorten. Am Uferrand links das mächtige Blattwerk von *Lysichitum* (Scheinkalla), rechts Samenstand von *Alisma* (Froschlöffel).

N.: Als Uferstaude *Lysimachia thyrsiflora* und *Mimulus luteus*, im Wasser *Iris laevigata* und *I. versicolor* sowie *Mentha aquatica.*

Marsilia quadrifolia,
Kleefarn
⁓ (10 cm)
Ein Wasserfarn mit kriechenden Stengeln. Die Blätter sind vierteilig und haben Ähnlichkeit mit einem vierblättrigen Kleeblatt. Je nach Standort auf der Wasseroberfläche liegend und bei flachem Wasser aufsteigend. Blattstiele bis 10 cm hoch oder auch höher werdend. Die Blätter nehmen nachts Schlafstellung ein, d. h., jeweils zwei Blattpaare klappen zusammen. Die Art treibt im Frühjahr relativ spät aus. Gehört zu Arten der Roten Liste (vom Aussterben bedroht). In Mitteleuropa u. a. beheimatet, soll also winterhart sein. Nach meinen Erfahrungen Winterschutz (Laubschutz) angebracht.
N.: *Juncus ensifolius, Sparganium minimum, Myriophyllum brasiliense.*

Mentha aquatica,
Wasserminze
⁓ (20 bis 30) ⇝ VII bis X
Bis 50 cm hoch. Frischgrüne, auch rot überlaufene Blätter. Kreuzweise gegenständige Blattpaare. Hellviolette Blütenkränze in den oberen Blattachseln. Stark aromatisch duftend. Bildet Ausläufer. Uralte Heilpflanze. Enthält im Gegensatz zu *M. piperita* kein Menthol.
N.: *Iris pseudacorus, Zizania latifolia, Typha.*

Menyanthes trifoliata,
Fieber- oder Bitterklee
⁓ (10 bis 20) VI bis VII
Höhe 20 bis 25 cm. Weitverbreitete Sumpfpflanze mit langkriechendem Rhizom und langgestielten, dreiteiligen, ca. 20 cm langen Blättern. Weiße, auf der Rückseite rosa gefärbte, in Trauben angeordnete hübsche Blüten. Die getrockneten Blätter werden auch heute noch als Arzneimittel gegen eine

Anzahl von Erkrankungen verwendet. Für den kleinen Wassergarten eine empfehlenswerte Staude. Kalkhaltiges Wasser sagt ihr allerdings nicht zu (Abb. S. 80 u. 83).
N.: *Polygonum bistorta, Alisma, Acorus.*

Mimulus,
Gauklerblume
Dauerblüher mit trompetenartigen, großen, verschiedenfarbigen Blüten.
N.: *Primula rosea, Myosotis palustris, Lythrum.*

Mimulus cupreus 'Roter Kaiser'
≃/ ≌ VI bis IX
Etwa 5 bis 20 cm hoch, mit leuchtend roten Blüten. Breitet sich schnell aus, vergeht aber im kalten Winter. Durch Selbstaussaat erhält sich die Form leicht am Uferrand (siehe Abb. Seite 133).

Mimulus luteus
≃ / ∼ (bis 10) VI bis IX
20 bis 25 cm hoch. Reichblühende Art mit leuchtend gelben Blüten. Sehr anspruchslos und nicht wählerisch mit dem Standort. Unbedingt winterhart. Durch Selbstaussaat zuweilen lästig werdend (Abb. S. 133).

Japanische Azaleen, vorwiegend *Rhododendron obtusum*. Mitte Mai an einem Parkweiher.

Rhododendron **'Inamorata', 3,50 m hoch.**

Rhododendron **calophytum mit 30 cm langen Blättern.**

Mimulus ringens
≋ VI bis VII
Bis etwa 60 cm hoch werdend. Aus Amerika stammende Art mit prachtvollen, blauvioletten, eigenartig geformten, bis 2 cm langen Lippenblüten. Feuchter Boden sagt ihr eher zu als flaches Wasser.

Mimulus × tigrinus 'Grandiflorus'
≃ / ≋ VI bis IX
Ca. 20 cm hoch, glänzend grüne Blätter. Gelbe Trompetenblüten, rot gefleckt, in verschiedenen Schattierungen. Nicht winterhart. Erhält sich ebenfalls leicht durch Selbstaussaat.

Myosotis palustris,
Sumpfvergißmeinnicht
≃ / ≋ V bis IX
Höhe ca. 30 cm. Mit himmelblauen, gelbgeäugten Blüten in lockeren Blütenständen, die denen der Gartenvergißmeinnicht ähneln. Es gibt mehrere Gartenformen, wie 'Thüringen', 'Perle von Ronneberg' und 'Meernixe' (Abb. S. 133).
N.: *Primula rosea, Caltha palustris* und Formen.

Myriophyllum,
Tausendblatt
≋ U (ab 30) ⇝ VI bis IX
Weitverbreitete Pflanzenart mit aufrechten, meist verzweigten Stengeln. Die Blattquirle sind federförmig eingeschnitten. Bei flachem Wasserstand aus dem Wasser wachsend. Die submersen Blätter sind dann länger und weicher als die emersen. Für den Wassergarten als Sauerstoffspender erwünscht. Die Innensprosse ragen 5 bis 15 cm aus dem Wasser. Weiches Wasser sagt ihnen mehr zu als hartes.

Myriophyllum brasiliense,
Papageienfeder
s. „Fremdländische Gewächse für den sommerlichen Wassergarten", Seite 159.

Myriophyllum spicatum,
Ähriges Tausendblatt
Mit beblätterten Stengeln. Die kleinen blaßrosa Blüten stehen über dem Wasser. Blattquirle bis 3,5 cm lang. Geht im Winter mit dem Wuchs zurück, bleibt aber in Vegetation und bildet keine Winterknospen.

Myriophyllum verticillatum,
Quirliges Tausendblatt
Die dichtgestellten Quirle tragen bis zu 4 cm lange Blätter mit vielen sehr schmalen und spitzen Zipfelblättern, die über dem Wasser viel kürzer sind. In den Blattachseln Quirle von kleinen rosa Blüten. Oberwassertrieb etwa 10 bis 20 cm lang. Überwintert durch Bildung kugelartiger Kurzsprosse, sogenannter Hibernakeln, die auf den Bodengrund sinken. Im Frühjahr treibt die Art dann aus den Winterknospen neue Pflanzen.

Nitella flexilis,
Armleuchtergewächs
≋ U
Wurzelloses, sehr zartes und zierliches, fein verästeltes Algengewächs mit verzweigten Stengeln. Bevorzugt sauerstoffreiches Wasser. Verankert sich mit wurzelartigen Organen im Bodengrund. Blüten vollkommen unauffällig. Nutzen für den Wassergarten umstritten.

Nuphar,
Teichrose
V bis VII
Lederartige, formschöne, seerosenähnliche Blätter, am Grunde tief herzförmig ausgeschnitten. Blüten kugelig, eidottergelb.
N. advena, N. japonica und *N. pumila* bereiten noch Schwierigkeiten in der Vermehrung und sind deshalb nicht immer beschaffbar.

Nuphar advena,
Amerikanische Teichrose
≈ (40 bis 60)
Mächtige Pflanzenart, die in seichtem Wasser und in nährstoffreichem Boden weit aus dem Wasser wächst (1 m und mehr). Bei tiefem Wasserstand liegen die Blätter auf dem Wasser. Die Blüten stehen immer über dem Wasser; sie sind goldgelb, innen rot gezeichnet, 4 bis 8 cm im Durchmesser, Rhizom über 10 cm.

Nuphar japonica,
Japanische Teichrose
≋ W (50 bis 120)
Wie die anderen Teichrosen bildet auch diese Art zum Winter Unterwasserblätter, die breit herzförmig, gewellt und gefaltet sind. Das Schwimmblatt ist länglich, fast pfeilförmig und bis 20 cm lang. Bei flachem Wasser erheben sich die Blätter schräg über dem Wasser. Blüten im Verblühen mit rotem Blütenboden. Sie sind 4 bis 5 cm im Durchmesser und ragen weit über die Wasseroberfläche hinaus.

Nuphar lutea,
Gelbe Teichrose, Mummel
≋ W (100)
Vorkommen in Seen und langsam fließenden Gewässern der nördlichen Zone, in ruhigen Uferbuchten oft in großen Kolonien anzutreffen. Im ersten Jahr nach der Pflanzung meist nur Unterwasserblätter bildend, die Schwimmblätter kommen erst im 2. Jahr nach der Pflanzung. Die Rhizome sind gelb, armdick und meterlang.
Für den Wassergarten wichtig für den schattigen Bereich, wo sie sich besser entwickeln als z. B. die Seerose. Außerdem verträgt sie auch bewegtes und kühles Wasser.
Gepflanzt werden *Nuphar lutea* wie Seerosen (siehe „Pflanzung und Pflege“, Seite 60).

Nuphar pumila,
Kleine Teichrose, Zwergmummel
≋ W (50 bis 100)
Bevorzugt nährstoffarme, halbschattige, moorige Standorte. In Nordeuropa und Nordasien beheimatete Pflanzenart, die sehr selten geworden ist. Schwimmblätter mehr oval und kleiner als bei *N. lutea.* Die gelbrote, sternförmige Blüte hat einen Durchmesser von 2 bis 3 cm. Das Rhizom ist klein und kurzgliedrig. Die Laubblätter sind nur bis 30 cm lang. Begehrte Pflanzenart für den kleinen Wassergarten. Eine Zwischenform von *N. pumila* × *lutea* ist *N.* × *intermedia.*

Nymphoides peltata,
Seekanne

≋W (50–60) ⇝ VI bis VIII

Der Wurzelstock ist dünn, lang und kriechend. Der Stengel ist mit wechselständigen, kleinen, seerosenähnlichen, kreisrunden Schwimmblättern besetzt. Die Blüten ragen aus dem Wasser, sind goldgelb, mit fünfteiligem Kelch. Die Oberseite der lederartigen Blätter ist dunkelgrün und manchmal bräunlich schattiert. Die ausdehnungsbedürftige Pflanze kann kleine Gewässer, wenn dem nicht entgegengetreten wird, ganz überwachsen. Gefäßpflanzung, bei der sie nicht über den Rand hinauswachsen kann, oder Pflanzung in abgetrennten Abteilungen ist deshalb zu empfehlen (Abb. S. 80).

N.: Zum Ufer hin eignen sich starkwachsende Arten wie *Butomus, Acorus, Iris* und ähnliche.

Orchis

s. Dactylorhiza in den Listen „Pflanzen für die Feuchtwiese", Seite 117 und „Pflanzen fürs Moor", Seite 111.

Orontium aquaticum,
Goldkeule, Goldkolben

≈ / ≋ (30–40) V bis VI ^

Die Goldkeule (Familie der Aracea-Gewächse) stammt aus Gewässern, Sümpfen und Teichufern des atlantischen Nordamerika. Bei flachem Wasserstand stehen die oberseits samtgrünen, unterseits silbriggrünen, 25 cm langen und 10 cm breiten Blätter aufrecht. Sie werden bis 50 cm lang. Nur bei tiefem Wasser schwimmen die Blätter auf der Oberfläche. Die goldgelben, dünn zylindrischen, bis 10 cm langen Blütenkolben sitzen aufrecht an niederliegenden oder schräg aufstrebenden, bis 40 cm langen, am Ende verdickten weißen Stielen. Die Fruchtstände reifen auf dem Wasser liegend. *Orontium* ist ein Tiefwurzler, der sich rasch ausbreitet. Die Erdschicht soll aus humosem, lehmigen, nährstoffreichen Boden bestehen und mindestens 35 cm dick sein. Die Goldkeule gehört zu den vortrefflichen Stauden des Wassergartens. Allerdings sollte sie nicht einfrieren. Bei kalten Wintern ist deshalb Schutz mit Laub oder ähnlichem Material angebracht. Sofern sie in einen Pflanzkorb gesetzt wurde, kann man diesen zum Winter hin in eine Tiefe stellen, wo nicht die Gefahr des Einfrierens gegeben ist. Damit *Orontium* auch gut zur Geltung kommt, sollte man enge Nachbarschaft mit anderen Pflanzen meiden.

N.: *Sagittaria latifolia* 'Plena', *Scirpus lacustris* 'Albescens'.

Peltiphyllum,
Schildblatt

s. Liste „Stauden für die bodenfeuchte Randzone" Seite 91.

Petasites hybridus,
Pestwurz

s. Liste „Pflanzen für die bodenfeuchte Randzone", Seite 91.

Phragmites australis (Ph. communis) 'Striatopticus' ('Variegatus'),
Schilfrohr

≋ / ⁓ (10) VII bis VIII

Höhe 120 bis 150 cm. Hat gelb-grüne, längsgestreifte Blätter. Wuchert bei weitem nicht so wie die Wildart, blüht allerdings wenig oder gar nicht.

N.: *Alisma parviflora, Menyanthes trifoliata* oder auch *Solanum dulcamara.*

Pilularia globulifera,
Pillenfarn

s. Listen „Stauden für den sumpfigen Bereich", Seite 88, oder „Pflanzen fürs Moor", Seite 114.

Polygonum amphibium,
Wasserknöterich

≋W ⇝ VI bis VII

Weitverbreitete Schwimmpflanze mit hübschen, roten Blütenähren. Bildet Formen aus, die im Wasser und zu Lande leben kön-

Ährenlilie *(Narthecium ossifragum)* im kleinen Moor.

Schmalblättriges Wollgras im großen Heidemoor.

Lungenenzian *(Gentiana pneumonanthe)* am Rande des Moortümpels.

nen. Die Form mit den schwimmenden Blättern entwickelt sich bei einer Wassertiefe ab 30 cm. Die langgestielten, ledrig-glatten Schwimmblätter sind elliptisch. Blätter der Landform kürzer gestielt, schmaler und weichhaarig. Da sich die Wasserstaude durch Ausläufer sehr stark vermehrt, somit leicht andere Pflanzen verdrängt, eignet sie sich nur für größere Wasserbecken, Seen und Teiche.

Polygonum bistorta,
Wiesen-, Schlangenknöterich
≈ / ≋ ⇝ V bis VII
Höhe 30 bis 60 cm. Heimische Wildpflanze feuchter Wiesen, Bachufer und Flachmoore. Der Name bezieht sich auf die schlangenartigen Rhizome. Hübsche blühende Art mit rosa Blütenkolben. Verwendung an den Stellen, wo die Pflanze Ausdehnungsmöglichkeit hat, da sie sich durch Bildung zahlreicher Ausläufer schnell ausbreitet. Die Kulturform 'Superbum' ist in allem größer, die Farbe der Blüten leuchtender.
N.: Höhere Stauden wie *Eupatorium, Chrysanthemum serotinum, Filipendula ulmaria* 'Plena', von den niedrigen *Caltha, Mimulus luteus* und *Myosotis palustris*.

Pontederia cordata,
Hechtkraut
⁓ (10 bis 20) VI bis VIII ^
Bis 20 cm lange hellblaue Blütenähren, Höhe 50 bis 60 cm. Blätter herzförmig, löffelartig, glatt und glänzend. Den ganzen Sommer über reich blühend. Eine der schönsten Wasserpflanzen. Bei kaltem Winter Laubschutz angebracht. *Pontederia* braucht keine Nachbarschaftspflanzen, da Einzelpflanzen auch gut zur Geltung kommen. Verwendung können sonst finden: *Scirpus lacustris* 'Albescens' und *S. tabernaemontani* 'Zebrinus'.

Pontederia lanceolata
⁓ (20 bis 30) VII bis VIII ^
Ähnlich der vorherigen Art, aber höher (ca. 100 cm) und hellblau. Blätter lanzettlich. Laubschutz im Winter angebracht, da diese Art gegenüber *P. cordata* gefährdeter ist.

Potamogeton,
Laichkraut
VI bis IX
Vielgestaltige Gattung mit einer großen Anzahl von Arten. Vielfach verbreitet in Gräben, Teichen und Seen. Alle Blätter sind untergetaucht, die obersten gelegentlich auf

Primula vialii **(Orchideenprimel). Bezaubernde Schönheit für frische humose Böden, hier in Nachbarschaft mit Farnen und Haselwurz *(Asarum).***

Colchicum autumnale **(Herbstzeitlose). Die heimische Herbstzeitlose liebt feuchten Stand. Zum Verwildern und Einstreuen in Feuchtwiesen oder Uferbereiche.**

der Wasserfläche schwimmend. Das Laichkraut bildet an seinen natürlichen Standorten oft große Bestände, die als Gesellschaft der Laichkrautgewächse bekannt sind. Sie sind sehr vielgestaltig. Nützlich für die Aufzucht von Jungfischen und als Sauerstofflieferant. In Teichen und Wassergärten nützlich und erwünscht. Allerdings kann ihr Ausdehnungsdrang selbst Seerosen in Bedrängnis bringen; deshalb sollte man sie nicht unkontrolliert wachsen lassen.

Potamogeton crispus,
Krauses Laichkraut
≋ U (50 bis 60)
Aufsteigende Triebe; Stengel vierkantig; Blätter schmal, zugespitzt, wellig. Diese Art bildet Winterknospen (Hibernakeln), mit denen sie überwintert.

Potamogeton lucens,
Glänzendes Laichkraut
≋ U (50–60)
Wächst auch in größeren Wassertiefen bis 200 cm. Blätter sind größer, bis 20 cm lang und 3 bis 4 cm breit. Vielblütige Ähre. Bildet große Unterwasserbestände. Vorwiegend im süddeutschen Raum zu finden.

Potamogeton natans,
Schwimmendes Laichkraut
≋ W (50–60) ⇝
Diese Art bildet Schwimmblätter, die meist 10 cm lang und ca. 4 cm breit sind. Die Blütenähren werden ca. 8 cm lang. Weit verbreitete Art, die vorwiegend in metertiefem Wasser wächst.

Potamogeton pectinatus,
Kammförmiges Laichkraut
≋ U (50–60) ⇝
Lange, fadenförmige, stark verzweigte, grasartige Triebe, die meterlang werden können. Die Ähren werden bis zu 5 cm lang. Wie die übrigen Unterwasserarten der Laichkräuter nützlich für das Kleintierleben unter Wasser.

Primula,
Sumpfprimel
s. Liste „Pflanzen für die bodenfeuchte Randzone", Seite 91.

Ranunculus,
Hahnenfuß, Ranunkel
VI bis IX
Umfangreiche, vielgestaltige Pflanzengrup-

pe, von untergetauchten und auch über das Wasser steigenden Arten bis zu solchen, die auf dem Lande wachsen. Weit verbreitet und vielfach große Bestände bildend. Die Wasserhahnenfuß-Arten haben die Fähigkeit, bei sinkendem Wasserstand auch in feuchtem Bodengrund weiterleben zu können.

Ranunculus aquatilis, Wasserhahnenfuß

≋ U (50–60) ⇝

Die untergetauchten Stengel sind mit zahlreichen feinzerteilten Unterwasserblättern besetzt. Die Schwimmblätter sind rundlich, nierenförmig und liegen auf der Wasseroberfläche. Die ziemlich großen, weißen Blüten stehen über Wasser. Für kleinere und größere Wasserbecken und Teiche besonders gut zur Reinhaltung des Wassers geeignet. Kann bei günstigen Standortbedingungen durch Wuchern lästig werden. Der Wasserhahnenfuß liebt lehmigen, humosen Sandboden und kommt vielfach in kalkarmen Gewässern vor. Verwendung in reichbesetzten Fischgewässern zur Gesunderhaltung des Wassers.

Ranunculus circinatus, Spreizender Hahnenfuß

≋ U (50–60) ⇝

Feinzerteilte untergetauchte Wasserblätter bildend. Vorwiegend in langsam fließendem Gewässer wachsend. Die Blüten sind schalenartig und erheben sich über dem Wasser. Sie sind etwa 1 bis 2 cm im Durchmesser, weiß.

Ranunculus flammula, Brennender Hahnenfuß

∼∼ (10)

Lockere Blütenkissen mit zwar kleinen, aber zahllosen gelben Blüten. Ca. 30 bis 50 cm hoch. Blätter schmal lanzettlich, nur mehrere Zentimeter lang. Hübscher sommerlicher Dauerblüher.

N.: *Lythrum salicaria, Comarum palustre.*

Ranunculus fluitans, Flutender Hahnenfuß

≋ U (ab 50)

Heimische Unterwasserpflanze, in fließenden Gewässern anzutreffen. Fast ohne Schwimmblätter. Blüten langgestielt, weiß. Für Wassertiefen ab 50 cm.

Ranunculus lingua, Zungenhahnenfuß

∼∼ (20 bis 30)

Grundständige Blätter. Blütenstengel bis 150 cm hoch. Die zungenartigen Laubblätter gaben der Art den Namen. Blüten eidottergelb, ca. 2 bis 4 cm im Durchmesser. Es gibt eine großblumige Auslese, *R. lingua* 'Grandiflora' (Abb. S. 145).

N.: Zum trockenen Uferbereich *Filipendula,* hohe Arten.

Riccia fluitans, Wasserlebermoos

≋ S

Heimisches frei schwimmendes, blaugrünes Moos ohne Wurzelhärchen. Die Sprosse sind gabelig verzweigt. Dichte Polster bildend. Vorwiegend im seichten, weichen Wasser wachsend. Laichplatz und Versteck für Jungfische. Es gibt auch eine Landform.

Rumex hydrolapathum, Teich-, Flußampfer

≌ / VII bis VIII

Rötlichgrüne Blütenähren an kräftigen Stielen. Grundblätter bis 1 m. Pflanze kann bis 2 m hoch werden. Wildart, für große Anlagen und naturhafte Pflanzungen geeignet. Sieht für den Wassergarten zu mächtig und groß aus.

Sagittaria, Pfeilkraut

VI bis VIII

Bildet mehrere verschiedene Blattformen, von denen die ersten Unterwasserblätter bandförmig sind. Dann bilden sich froschlöffelartige Blätter, und erst später entwik-

keln sich über der Wasseroberfläche die typischen, stilvollen, schmalen und breiteren, pfeilförmigen, bis 30 cm hohen Blätter. Die weißen bis rosa Blüten stehen quirlig angeordnet am Blütenstiel. Austrieb der Pflanze im Frühjahr recht spät. Überwinterung in kiebitzeierähnlichen Knollen, die sich im Herbst an der Spitze von oft verlängerten Ausläufern bilden. Bevorzugt eher tieferen Wasserstand (30 bis 40 cm). Gesamthöhe der Pflanzen 50 bis 60 cm.
N.: Pflanzen der Flach- und Seichtwasserzone, wie *Lythrum salicaria, Juncus inflexus, Leersia oryzoides, Lysimachia thyrsiflora.*

Sagittaria graminea,
Grasblättriges Pfeilkraut
≋U (40 bis 60) ^
Den Namen hat die Art wegen der bandförmigen primären Unterwasserblätter, die bei einer Tiefe von 30 cm und tiefer gebildet werden. Diese Blätter können bis ca. 50 cm lang werden und sind ca. 1,5 bis 2 cm breit. Steht diese Art flacher, so ähnelt ihr Habitus der heimischen *S. sagittifolia*, ist jedoch in allen Teilen zierlicher. Die Pflanze überwintert, wie die übrigen beschriebenen Formen, in einer eiförmigen Knolle, die bei *S. graminea* klein und bräunlich ist. Im flachen Wasser frostgefährdet.

Sagittaria latifolia,
Breitblättriges Pfeilkraut
~ (20 bis 30)
Die Unterschiedsmerkmale zu *S. sagittifolia* – abgesehen von den breiteren Blättern – sind die gelben Staubblätter. Bei der heimischen Art sind diese dunkel. Die eiförmige Knolle ist bei *S. latifolia* rosa bis blau, dagegen bei *S. sagittifolia* grünblau gezeichnet. Die Blätter sind auffallend groß und breit. Allerdings bilden sich schmale und gelegentlich auch ganz schmale Blätter. Offensichtlich reagiert diese Art unterschiedlich auf Standorte. Höhe des Blattwerks bis ca. 30 cm, Gesamthöhe bis 60 cm. Die Form *S. latifolia* 'Plena' ist voll gefüllt, fast ballartig, mit einem Durchmesser von ca. 5 cm. Die Blütenfarbe ist weiß. Selten.

Sagittaria sagittifolia,
Heimisches Pfeilkraut
~ (20 bis 30)
Bekannte, vorwiegend an Flußufern wachsende Art mit den typischen, pfeilförmigen Blättern. Austrieb im Frühjahr nicht vor Mitte Mai. Vermehrung nicht nur durch Bildung neuer Knollen, sondern auch durch reichlichen Samenwurf. Blattwerk bis 30 cm hoch, Blüten bis 60 cm.

Saururus cernuus,
Amerikanischer Eidechsenschwanz
~ (10) VII bis VIII ^
Mit walzenförmigen, 15 bis 20 cm langen weißen Blütentrauben, die sich während der Blüte nach unten biegen. Herzförmige Blätter, wird bis 1 m hoch. Überwinterung im flachen offenen Wasser, sonst Frostschutz angebracht.
N.: *Cyperus longus, Pontederia cordata.*

Saurus chinensis,
Asiatischer Molchschwanz
s. „Fremdländische Gewächse – für den sommerlichen Wassergarten", Seite 163.

Scirpus lacustris
(Schoenoplectus lacustris),
Seesimse
≈ (30 bis 50) VII bis VIII
Auch für einen Wasserstand bis 1 m und tiefer. Dunkelgrüne, an der Basis daumendikke, runde Halme, aufrecht wachsend mit bräunlichen, buschigen Blütenähren. Höhe bis 2 cm, zuweilen, bei günstigem Standort, auch noch höher werdend. In Großpflanzungen für den biologischen Wasserbau und zur Klärung von Abwässern. Halme werden auch industriell für Möbelbespannung usw. (Binsengeflecht) verwertet. Im Deichschutz hat die Simse für die Befestigung und als Wellenbrecher Bedeutung
N.: *Typha angustifolia* (bis 50 cm Wasser-

1

2

3

4

5

6

7

8

1: *Miscanthus sacchariflorus*, das wuchernde Silberfahnengras.

2: *Arundo donax*, das stattliche Pfahlrohr vom Mittelmeer.

3: *Cortaderia selloana*, Pampasgras.

4: *Typha latifolia*, Rohrkolben.

5: *Hippuris vulgaris*, Wassertanne.

6: *Scirpus tabernaemontani* 'Zebrinus', die gelb-weiß quergestreifte Zebrasimse.

7: *Ranunculus lingua*, (Zungenhahnenfuß).

8: *Caltha palustris*, Goldgelbe Sumpfdotterblume.

stand), Arten der Seerosen- und Schwimmblattzone, im Flachwasser *Glyceria, Lythrum salicaria.*

Scirpus lacustris 'Albescens', Weiße Seesimse

~ / ≈ (30 bis 40) VII bis VIII
Gelblich-grüne längsgestreifte Form. Leicht überhängende, peitschenförmige Triebe. 2 m hoch, bei tiefgründigem, kräftigem Erdreich auch höher werdend. Lebhaft bunt und kontrastreich wirkend.
N.: Wie *S. lacustris*.

Scirpus maritimus, Strandbinse

~ (bis 30) ⇝ VII bis VIII
Je nach Standort 60 bis 90 cm hoch werdend. Dreikantige Stiele. Blütenähren zu 2 bis 3 cm am Stiel sitzend. Rhizom meist kriechend. Dicke, kugelige Knollen von 7 bis 15 mm Durchmesser bildend. Verträgt Brackwasser (salzhaltiges). Für ingenieurbiologischen Wasserbau zum Uferschutz.

Scirpus sylvaticus, Waldsimse

≌ / ~ (10) ⇝ V bis VIII
Wuchshöhe je nach Standort 50 bis 80 cm. Blätter überhängend. Weit ausladender, über den Blättern stehender, stattlicher Blütenstand. Ausläufertreibend. Nur für größere Anlagen und ingenieurbiologischen Wasserbau. Bei Verwendung im Wassergarten Gefäßplanzung angebracht.

Scirpus tabernaemontani, Teichsimse

~ / (30 bis 40) ⇝ VI bis VII
Ähnlich *S. lacustris*, doch etwas gedrungener (ca. 120 bis 150 cm hoch). Farbe der Halme ist mehr bläulichgrün. Der Blütenstand ist der gleiche. An ähnlichen Standorten wie *S. lacustris* anzutreffen, besonders in Moorgegenden. Verträgt salziges Wasser (Brackwasser). Für Uferschutz an Gewässern in der freien Landschaft geeignet.

N.: Wildpflanzen wie *Carex*-Arten, *Acorus calamus* und *Phalaris*.

Scirpus tabernaemontani 'Zebrinus', Zebrasimse

~ (20 bis 30) VI bis VIII

Gegenüber den vorgenannten Simsen im ganzen Wuchs kleiner. Höhe bis 120 cm. Lebhaft gelb-weiß quergestreift. Auffallend, und zu den schönsten Wasserpflanzen gehörend. Gebändert ist insbesondere der Jungtrieb; im Laufe des Jahres, bei zunehmenden Längenwachstum, vergrünen die Halme. Da sie nicht so stabil sind, neigen sie dazu, im letzten Drittel zu knicken. Deshalb an windgeschützter Stelle pflanzen (siehe Abb. S. 144).

Solanum dulcamara, Bittersüß, Bittersüßer Nachtschatten

≃ / ≌ VI bis IX

Liegend, auch je nach Möglichkeit kletternd, mit ca. 80 bis 100 cm langen Trieben, die auch 2–3 m lang werden können. Lichte Dolden tief violetter Blüten mit einem Durchmesser von etwa 2 cm geben dem Bittersüßen Nachtschatten ein besonders hübsches Aussehen. Er ist ein Halbstrauch, dessen obere Zweige im Winter zurückfrieren und der gerne ins Gebüsch klettert. Er wächst sowohl auf trockenem Land wie auch im flachen Wasser und blüht fast den ganzen Sommer hindurch. Im Spätsommer und Herbst folgen dann leuchtendrote Beeren, die von Vögeln gerne gefressen werden. Für den Menschen sind diese jedoch giftig – deswegen so pflanzen, daß Kinder nicht an die Beeren kommen können. In der Medizin wurde der Bittersüße Nachtschatten schon im Mittelalter verwendet.

N.: *Acorus, Iris pseudacorus, Butomus, Typha* und ähnliche Pflanzen der Ufervegetation, die *S. dulcamara* durchschlingen kann, ohne sie zu erdrücken.

Sparganium, Igelkolben

VII bis VIII

Der ansehnliche reife Fruchtstand erinnert an einen zusammengerollten Igel. Blüten und Fruchtstand sind stets kürzer als die ansehnlichen Blätter. Diese sind mehr oder weniger schmal und linearisch, am Ende leicht umgebogen. Ausläuferbildend. Es gibt davon verschiedene Bastarde und Standortvariationen.

Sparganium emersum (S. simplex), Einfacher Igelkolben

~ (20 bis 30)

Linealische Blätter, Blüten grünlichweiß, die sich in grüne, dichte Kugeln umbilden. Bis in den Winter hinein ansehnlich. Obere Köpfchen ungestielt, Höhe ca. 30 bis 50 cm. Empfehlenswerte Art für den Wassergarten, die nicht empfindlich ist, aber auch nicht wuchert.

N.: *Leersia, Menyanthes, Ranunculus flammula*.

Sparganium erectum (S. ramosum), Aufrechter Igelkolben

~ / ≈ (30 bis 50) ⇝

Starkwachsende, ausläufertreibende Art mit kräftigen Stengeln (Höhe 100 bis 150 cm), die aber auch an den Seitenästen Blüten tragen; diese stehen in dichten Kugeln neben- und übereinander. Wuchert leicht. Verwendung in großen Anlagen und natürlichen Gewässern (Abb. S. 122).

N.: *Scirpus, Typha angustifolia, Rumex*.

Sparganium minimum, Zwerg-Igelkolben

≋ U (30)

Wächst am Naturstandort vorwiegend unter Wasser. Blütenstände ragen aus dem Wasser heraus. Unterwasserblätter zart, bandartig und bis ½ cm breit. Bei flachem Wasser und als Landform bis 30 cm hoch werdend. In allen Teilen *S. emersum* ähnelnd, aber viel kleiner und zierlicher.

N.: Vorsicht, damit die Form nicht überwachsen wird! Evtl. *Marsilia*.

Stratiotes aloides,
Krebsschere, Wasseraloe, Wassersäge

≈ S V bis VI

Im Sommer frei schwimmende Rosettenpflanze, die aber auch, wo sie es kann, sich auf dem Grund mit ihren Wurzelspitzen verankert. Die schwertähnlichen Blätter sind stachelig und gezähnt, wie eine Säge. Daher auch der Name *Stratiotes*. Bei den alten Griechen war das der Soldat, der das Schwert trug.

Im Frühjahr, im April-Mai, steigen bei Eintritt warmer Witterung die überwinterten Pflanzen aus dem Bodengrund an die Oberfläche und entwickeln sich zu beachtlichen Rosetten von 20 bis 30 cm Durchmesser. Neue Pflanzen bilden sich durch Ausläufer, selten durch Aussaat. Im Frühling ist die Pflanze untergetaucht und kommt erst zur Blütezeit mit den Spitzen ihrer Blätter aus dem Wasser. Sie hat eine kleine schalenförmige Blüte, ähnlich dem Froschbiß. Alkalisches Wasser sagt ihr nicht zu (siehe Abb. Seite 148).

Thelypteris thelypteroides
(Dryopteris thelypteris),
Sumpffarn

s. Liste „Pflanzen fürs Moor", Seite 115 und „Farne für den Wasser- und Feuchtgarten", Seite 101.

Trapa natans,
Wassernuß

≈ W (60–80) VI bis VIII

Sehr ansehnliche Schwimmblattpflanze, deren rautenförmige Blätter unter Wasser schwimmen. Die Blattstiele sind aufgeblasen und bilden den Schwimmkörper. Wie an einem langen Ankerseil ist sie am Bodengrund eingewurzelt. Bildet an diesen Stielen in Etagen gefiederte Wurzeln und verzweigt sich auch. Die Art ist einjährig und entwickelt sich aus der vierstacheligen, dunkelbraunen Steinfrucht, die übrigens eßbar ist. Im Herbst färben sich die Rosetten rot. Diese Pflanze aus vorgeschichtlicher Zeit, war früher nicht nur in Deutschland, sondern auch in anderen Ländern Europas in stehenden oder doch nur schwach fließenden, humusreichen, aber kalkarmen Gewässern verbreitet. Heute ist sie in Europa nur noch an wenigen Stellen in wärmeren Klimaten beheimatet (Abb. S. 148).

Typha,
Rohrkolben

Weit verbreitete und charakteristische Teich- und Uferpflanze. Bekannt durch die schwarzbraunen Fruchtkolben. Diese werden bis August bzw. September getragen, bis auf T. *minima,* die die Kolben nur bis Juli trägt. Die Staubblütenähre (männlicher Kolben) steht oberhalb der Fruchtkolben und verschwindet bis auf einen Ansatz nach der Blüte. Es gibt viele Zwischenformen, Unterarten und Standortvariationen.

N.: Bei den höheren Arten *Scirpus, Iris pseudacorus, Hippuris*, dagegen sollte *T. minima* nur niederen Sumpf- und Uferpflanzen benachbart werden, wie zum Beispiel *Veronica beccabunga, Lysimachia nummularia, Mimulus*.

Typha angustifolia,
Schmalblättriger Rohrkolben

~ / ≈ (30 bis 50) VII bis VIII

150 bis 250 cm, zuweilen auch höher werdend. Bei bodenarmem Standort niedriger. Die schmalen Blätter sind etwa 1,5 bis 2 cm breit. Die braunen Kolben sind schmal und je nach Entwicklungsstand der Pflanzen 12 bis 20 cm lang, selten aber länger, und ungefähr 2 bis 2,5 cm breit. Der schmalblättrige Rohrkolben geht ins tiefe Wasser (50 cm und mehr). Der männliche Kolben (Staubblütenähre) ist durch einen Zwischenraum vom weiblichen getrennt.

Typha gracilis

s. *Typha minima*

Trapa natans (Wassernuß). Im Bodengrund ankernde freischwimmende Rosetten mit wundervoller Herbstfärbung.

Stratiotes aloides. Die weißblühende freischwimmende Wasseraloe. Steigt während der Blütezeit aus dem Wasser.

Typha latifolia,
Breitblättriger Rohrkolben
⤳ (20 bis 30) VII bis VIII
150 bis 250 cm hoch werdend. Die Blätter sind blaugrün und etwa 2,5 bis 3 cm breit. Die Staubblütenähre steht oberhalb des Kolbens und verschwindet nach der Blüte. Staubblütenähre und Kolben meist dicht anschließend und etwa gleichlang (ca. 10 bis 15cm). Es gab für *T. latifolia* viele deutsche Bezeichnungen, wie ,,Bullenpesel", ,,Bumskeule", ,,Schmakedutsche", ,,Kolbenrohr" und ,,Pompesel". Nach der Reife platzen die Kolben, und der wollige Samen fliegt auseinander. Die Art überdauert den Winter in Rhizomen, die zu mehreren an dem alten Trieb gebildet werden. Die Stengel der Teichkolben dienten in früheren Zeiten zum Decken von Dächern und als Brennmaterial (Abb. 144).

Typha laxmannii,
Lockerer Rohrkolben
⤳ (20 bis 30) VII–VIII
Höhe 140 bis 180 cm. Blätter auffallend schmal, ca. 2.5 mm breit, unterseits flach, oberseits gewölbt bis halbzylindrisch. Beblätterte Stiele. Kolben stehen in ¾ Höhe des Laubes, sind 3 bis 5 cm lang, eiförmig und ca. 2 cm dick. Staubblütenähre vom Kolben deutlich abgesetzt und wesentlich länger. Offensichtlich ist *T. stenophylla* dasselbe.

Typha minima,
Kleiner Rohrkolben
⤳ (10 bis 20 cm) V bis VI
Die sehr schmalen Laubtriebe werden etwa 60 cm hoch. Innenseite flach, außen halbrund. Der Blütenstiel wird bis 80 cm hoch und steht immer über dem Laub. Die braunen Fruchtkolben sind kugelig-elliptisch und zylindrisch, 3 bis 4 cm lang. Die Staubblütenähre ist etwas entfernt, gleichlang, selten länger als der weibliche. Trägt schon früh die Kolben (ab Mai), verliert sie aber schon im Juli. Der Blütenstiel ist unbeblättert. Für kleine und kleinste Wasserbecken, auch Vogeltränken. Überwinterung im Flach- bzw. Seichtwasser anzuraten, da bei Spätfrösten Ausfälle entstehen können.
N.: *Ranunculus flammula*.

Astilbe × arendsii 'Feuer', (Prachtspiere) mit *Physostegia virginiana* 'Summersnow' (Etagenerika oder Gelenkblume).

Filipendula hexapetala 'Plena' (Spierstaude) am Beckenrand.

Hemerocallis-Hybride 'Cartwheels'.

Bergenia cordata 'Silberlicht'.

Typha shuttleworthii
~ (20 bis 30 cm) VI bis VIII
Ähnelt im Habitus *T. angustifolia,* bleibt aber niedriger (100 bis 150 cm). Die Blätter (1 cm breit) überragen deutlich die Blütenkolben, die kürzer und schmaler als bei *T. angustifolia* sind. Männliche Staubblütenähre und weiblicher Fruchtkolben ohne nennenswerten Abstand. Die Staubblütenähre ist kürzer als der Fruchtkolben. Wie bei allen *Typha*-Arten vergeht der männliche Kolben bald nach der Blüte. Es bleibt nur der bekannte braune, feste Kolben. Ist der Samen reif, platzt der Kolben, und der wollige Samen wird weggeweht.
N.: *Sagittaria, Alisma, Iris pseudacorus.*

Typha stenophylla
s. Typha *laxmannii*

Utricularia vulgaris, Wasserschlauch
≋ U (30) VI bis VIII
Vollkommen wurzellose Pflanzenart, die, mit vielen Fangbläschen ausgerüstet, in der Lage ist, kleine Wassertiere zu fangen und sich davon zu ernähren. Die Pflanze entwickelt sich erst in den warmen Sommerwochen; sie kann lang werden (ca. 40 bis 60 cm) und ist vollkommen untergetaucht. Die Blätter sind vielfach gegabelt, so daß das ganze Gebilde aus haarfeinen Zipfeln besteht und ein zartes, interessantes Aussehen hat. Die gelben, löwenmaulartigen Blüten haben einen Durchmesser von ca. 2 cm; sie stehen über dem Wasser. Die Überwinterung erfolgt durch Hibernakeln (Winterknospen). *Utricularia* bevorzugt weiches, nährstoffreiches Wasser und breitet sich im flachen, warmen Wasser besonders gut aus.
Eine kleine Art ist *U. minor* (Kleiner Wasserschlauch); außerdem gibt es *U. intermedia* und die leicht mit *U. vulgaris* zu verwechselnde *U. neglecta.* Auch diese Arten sind wurzellos und verankern sich mit Schlammsprossen im Boden. *Utricularia* ist ein nützlicher Vertilger lästiger Mückenlarven.

Veronica beccabunga, Bachbunge
~ (10) V bis IX
Höhe 20 bis 30 cm, selten höher, im unteren Teil liegend. Blätter eiförmig, ca. 3 bis 5 cm lang. Blüten in lockeren Trauben, tiefblau. Häufig verbreitet in Bächen und Quellen. Die typische Form wächst in flachem Wasser auf kalkreichen Schlammböden, in fließendem Wasser auch submers. Verwendung im Wassergarten für Randpflanzung am Ufer, auch an Zuläufen oder Überläufen von Wasserbecken.
N.: *Caltha palustris, Acorus, Typha minima.*

Zizania aquatica, Wasserreis, Indianischer Reis
~ (10 bis 20) VI bis VII
Eine einjährige Pflanzenart, die der Vollständigkeit halber mit aufgeführt werden soll. Eine grazile, hübsche, lockere Reisart. Blätter schmal, leicht gebogen oder überhängend. Höhe 80 bis 100 cm, selten bei uns höher werdend. Ihr Blütenstand ist rispig und trägt die ca. 1 cm langen Samen. Aussaat im Frühjahr in Schalen; gelegentlich keimen am Standort der Mutterpflanzen im Flachwasserbereich auch junge Sämlinge.
N.: Niedere Uferpflanzen wie *Myosotis palustris, Lysimachia nummularia.*

Zizania latifolia, Mandschurischer Wildreis
≈ (40 bis 50)
150 bis 180 cm, bei günstigem Standort auch höher. Schwertförmige, 3 bis 5cm breite, leicht überhängende Blätter. Ähnelt *Typha latifolia.* Eindrucksvolle Herbstfärbung. Blüht bei uns nicht. Bis weit in den Winter hinein ansehnlich. Sehr empfehlenswerte, robuste, wenig bekannte Wasserstaude.
N.: *Typha, Butomus, Sparganium erectum.*

***Hydrocleys nymphoides* (Wassermohn). An der Wasseroberfläche flutende Schwimmblattpflanze aus dem tropischen Südamerika. Dauerblüher ersten Ranges für den sommerlichen Wassergarten.**

Randbepflanzung um das Becken in normaler Gartenerde

Bei Fertigteichen und gebauten Becken kann das umgebende Erdreich nicht mit Feuchtigkeit versorgt werden, es entsteht also keine frische oder feuchte Zone. Deshalb müssen dort Pflanzenarten angesiedelt werden, die keinen besonderen Anspruch an dauernde Feuchtigkeit stellen. Trotzdem soll ihr Wuchsbild den typischen Uferrandpflanzen ähneln, damit sie in die charakteristische Pflanzengesellschaft eingefügt werden können. Solche Stauden und Gräser sind in den beiden Listen aufgeführt, die dem Fachmann eine Gedankenstütze sein und dem Laien die Auswahl erleichtern sollen. Da der beschreibende Text nur kurz sein kann, empfiehlt es sich zur näheren Auswahl einen Staudenkatalog heranzuziehen. Über alles, was bei der Pflanzung und danach zu beachten ist, informiert der Abschnitt ,,Bepflanzung außerhalb“ (Seite 180).

Randbepflanzung um das Becken – 1. Ziergräser ohne Anspruch auf anhaltende Bodenfeuchtigkeit.

Botanischer Name	Deutscher Name	Höhe cm	Blütenfarbe	Blütezeit	Standort	Bemerkungen
Arundinaria pumila (Sasa pumila)	Zwergbambus	50–60	Blüht nicht	–	○/◐	Friert im Winter zurück, treibt aber immer wieder aus. Ausläufer!
– pygmaea (Sasa pygmaea)	Zwergbambus	30–50	Blüht nicht	–	○/◐	Guter Flächenbedecker. Wuchernd!
Carex flacca (glauca)	Blaugrüne Segge	25	Ähren bräunlich	IV–V	○/◐	Starre, graugrüne Blatthalme. Ausläuferbildend! Auch für frische bis feuchte Böden
Cortaderia selloana	Pampasgras	200	weiß	IX–XI	○	Solitärgras mit großen Federbüschen. Frostschutz!
Elymus arenarius	Strandhafer	100	Ähren gelblich	VI–VII	○	Für Bepflanzung trockener Hänge. Wuchert!
Lasiagrostis splendens	Silberährengras	80	Ähren silbrig	VII–IX	○	Dekoratives Solitärgras für trockenen Platz in Wassernähe
Miscantus-Arten und Sorten	Chinaschilf	100–300	Ähren silbrig oder bräunlich	VIII–X	○	Blätter schilfartig, z. T. mächtige Büsche bildend. Wüchsig
Spartina michauxiana 'Aureomarginata'	Goldbandleistengras	180–200	Ähren hellbraun	VII–IX	○	Mit weit überhängenden Blättern. Mäßig wuchernd

Primula × bullesiana
(Etagenprimel).

Randbepflanzung um das Becken – 2. Stauden ohne Anspruch auf anhaltende Bodenfeuchtigkeit.

Botanischer Name	Deutscher Name	Höhe cm	Blüten-farbe	Blüte-zeit	Stand-ort	Bemerkungen
Ajuga reptans 'Atropurpurea'	Purpur-günsel	20	blau	IV–V	◐	Der braunrote Farbteppich belebt den Uferrand
Alchemilla mollis	Frauen-mantel	30	gelb	VI–VII	◐/○	Formschöne, graugrüne Blätter
Bergenia cordifolia und Sorten	Riesen-stein-brech	40–60	weiß, rosa, rot	IV–V	◐/○	Dankbare, wintergrüne Blattschmuckstaude
Eupatorium purpureum	Wasser-dost	200	weinrot	VII–IX	○/◐	Dekorative Großstaude
– – 'Atropurpureum'	Wasser dost	180	purpur mit karmin	VII–IX	○/◐	Auch die vorherige Art eignet sich wie diese für feuchten Standort
Filipendula hexapetala (vulgaris) 'Plena'	Schein-spiere	30	weiß		○	Wintergrünes farnähnliches Laub. Zierl. Blattrosetten
Geum coccineum-Sorten	Nelken-wurz	30–40	rot, orange	IV–VII	○/◐	Wintergrün! Auch Bodendecker
Helianthus salicifolius	Weiden-blättrige Sonnenblume	200	gelb	IX–X	○	Imposante Großstaude für Einzelstellung am Wasser
Hemerocallis-Sorten	Taglilie	60–120	gelb, orange, rot	V–VIII	○/◐	Schmuckstauden in vielen Farben und Sorten
Hosta Arten und Sorten	Funkie	30–60	lila, weiß	VII–VIII	◐/●	Dekorative Blattschmuckstaude in versch. Farbtönen
Physostegia virginiana-Sorten	Etagen-erika, Gelenkblume	60–90	weiß, rot	VII–X	○	Mit hübschen Lippenblüten
Polygonum affine 'Superbum'	Knöterich	20	rosa-rot	VI–IX	○/◐	Anspruchsloser Bodendecker, hübsche Blütenkerzen
Primula elatior und *P. veris*	Schlüssel-blume, Duftende Primel	20–25	gelb	IV–V	◐	Hübsche Frühlingsstaude
Rheum palmaticum	Zier-rharbarber	150	rot	VI–VII	○/◐	Für Einzelstellung als Blickfang in Wassernähe
Trillium-Arten	Dreizipfel-lilie	20–40	weiß, rot	IV–V	◐/●	Seltene Waldstaude, die nach der Blüte einzieht

Fremdländische Gewächse für den sommerlichen Wassergarten

Ist erst die Begeisterung für den Wassergarten geweckt, stellt sich oft auch Interesse an einer weiteren Wunderwelt ein, nämlich an Wasserpflanzen aus vorwiegend tropischen Gebieten. Es gibt davon eine Anzahl, die zwar in unseren Breitengraden nicht oder nur bedingt winterhart sind, aber ohne sonderlichen Aufwand in jedem Jahr wieder beschafft oder überwintert werden können, sei es im Wohnzimmer, in einem temperierten, abgeschlossenen Blumenfenster, im Wintergarten oder in einem Gewächshaus (s. auch „Technisches rund um den Gartenteich" Seite 228).

Einige der Exoten haben sich in vielen Wassergärten schon eingebürgert; so *Eichhornia* (Wasserhyazinte), *Azolla* (Feenmoos) und *Pistia* (Muschelblume). Bekannte Topfpflanzen, die wir von der Zimmerkultur her kennen, sind eigentlich Wasserpflanzen, die den Sommer über draußen im Teich stehen können. Zu ihnen gehören *Cyperus* (Zypergras), *Zantedeschia* (Kalla) und *Hydrocleys nymphoides* (Wassermohn). Aquarianer kennen und verwenden *Acorus gramineus* (Zwergkalmus), *Myriophyllum brasiliense* (Tausendblatt) und *Salvinia natans* (Schwimmfarn), die sich auch für die Haltung im Wassergarten eignen und sogar bedingt winterhart sind.

Konstant wärmebedürftige subtropische Wasserpflanzen, wie *Victoria amazonica (regia)*, *Euryale ferox*, *Nelumbo nucifera* (Indische Lotosblume) und *Nymphaea* (Seerosen) tropischen Ursprungs und ähnliche Arten werden für den Liebhabergärtner in der Unterhaltung zu teuer; sie bleiben Kostbarkeiten botanischer Gärten oder der Tropenschauhäuser, z. B. der „Wilhelma" in Stuttgart oder des „Palmengarten" in Frankfurt. Die nachstehend genannten Sumpf- und Wasserpflanzen überseeischen Ursprungs sind zum einen beschaffbar, zum anderen mit nicht allzuviel Aufwand zu überwintern und im Wassergarten zu halten. Das waren die ausschlaggebenden Gesichtspunkte. Wer das seltene Glück hat und über eine eigene Quelle im Garten verfügt, die im Winter nicht versiegt, oder wer ein Bächlein hat, das Sommer und Winter durch den Teich fließt, der kann schutzbedürftige Arten aus der Zusammenstellung von Seite 156 bis 163 wie unten aufgeführt, überwintern. Das gleiche gilt für klimatisch begünstigte Gegenden, vorwiegend Weinbaugebiete, wo diese Wasserpflanzen ohne zusätzlichen oder nur geringen Schutz überwintern können:

Acorus gramineus, Zwergkalmus
Azolla caroliniana, Feenmoos
Hibiscus moscheutos, Sumpfeibisch
Lobelia cardinalis, Scharlachrote Lobelie
Ludwigia clavellina var. *grandiflora,* Großblumige Ludwigia
Myriophyllum brasiliense, Papageienfeder
Nelumbo-Arten, Lotosblume

Peltandra virginica, Wasseraronstab
Sagittaria graminea, Pfeilkraut
Salvinia natans, Schwimmfarn
Saururus chinensis, Molchschwanz

Hinzu kommen noch die (auf S. 136 u. 137 beschriebenen) *Mimulus*-Arten (Gauklerblume), wie *M. cupreus* und *M. tigrinus,* sowie *Cotula coronopifolia* (Laugenblume); sie sind unter den üblichen winterlichen Bedingungen als Einjahrspflanzen zu kultivieren, aber in nicht-frostgefährdeten Gegenden sind sie perennierend.

Pflanzen, Pflegen, Überwintern

Die in der anschließenden Beschreibung behandelten Arten werden am besten in handliche, transportable Körbe gepflanzt (Erdmischung s. Seite 52), bis auf die Schwimmpflanzen *Azolla* (Feenmoos), *Eichhornia* (Wasserhyazinthe), *Pistia* (Muschelblume), *Salvinia* (Schwimmfarn), die einfach ins Wasser gesetzt werden.
Pflanzen sollte man die tropischen nicht zusammen oder gar gemischt mit den winterharten Sumpf- und Wasserpflanzen – sie wollen für sich bleiben, nicht nur wegen ihres exotischen Aussehens oder einer wesensgerechten Zusammenstellung, sondern weil diese Gewächse auch anders gepflegt und überwintert werden. Genaue Hinweise hierzu werden, wo nötig, bei den Artenbeschreibungen mit aufgeführt.
Die Überwinterung im Keller oder in frostfreier Garage ist nur bei *Zantedeschia* (Kalla) im trockenen Zustand und bei *Canna flaccida* (Blumenrohr) möglich; gegebenenfalls auch bei *Colocasia esculenta* (Vielblättrige Colocasie). Ansonsten muß geheizt werden. Dazu folgender Spartip: Das Wasser in den Behältern mit den Pflanzen temperieren und nicht unter 10 °C sinken lassen; dann kann die Lufttemperatur maximal auch bis +5 °C fallen. Dies trifft im Besonderen für die Überwinterung von *Eichhornia* (Wasserhyazinthe), *Pistia* (Muschelblume) und *Hydrocleys* (Wassermohn) zu (s. auch „Technisches rund um den Gartenteich" Seite 228).
Diese Pflanzen benötigen Nährstoffe auch im Winter und erst recht, wenn sie im zeitigen Frühjahr anfangen zu treiben. Deshalb soll in den Überwinterungsbehälter eine Schicht Erde mit eingebracht werden. Sonst nachdüngen mit Wuxsal oder anderem Volldünger, in kleinen Gaben möglichst alle 2 bis 3 Wochen, zum Frühjahr in kürzeren Abständen.

Artenbeschreibung winterschutzbedürftiger Sumpf- und Wasserpflanzen

Acorus gramineus, Zwergkalmus
○ / ◐ ≌ / ⁓ (10)
Der aus dem östlichen Teil der gemäßigten Zone stammende Graskalmus ist bei uns ausdauernd, wenn er Winterschutz bekommt. Allerdings dauert es immer eine Weile im Frühjahr, bis er sich wieder erholt. In dieser Zeit sieht er nicht ansehnlich aus und kann auch leicht von Rost befallen werden. Besser ist es, wenn er im sogenannten Kalthaus den Winter übersteht. Das kann ein ungeheiztes Gewächshaus sein, aber auch ein heller Raum, der nicht wärmer als 10 °C wird, in dem es aber auch nicht nachhaltig friert. *A. gramineus* blüht nicht, wächst langsam und eignet sich nur für kleinere Becken. Gelegentlich wird er auch, wie die Unterarten, submers im Aquarium gehalten.
Formen: 'Pusillus', schmalblättrig und zierlicher, und 'Aureovariegatus', gelb, längsgestreifte Blätter.

Azolla caroliniana (A. mexicana), Feenmoos
○ / ◐ ≋ S ⇝
Etwa pfenniggroß werdende Schwimmpflanze. Die schuppigen, verzweigten Sprosse sind smaragdgrün und färben sich bei nährstoffarmem Wasser oder nach dem ersten Frost rötlichbraun. Hübsche, allerdings auch sehr auf Ausdehnung bedachte Art, die bei warmem Wetter ganze Gartenteiche überziehen kann. Da dann kein Licht auf den Bodengrund dringt, gehen Unterwasserpflanzen zugrunde; auch Algen haben keine Lebensmöglichkeit. Zu große Bestände können mit scharfem Wasserstrahl abgeschwemmt oder mit dem Kescher abgefischt werden. Überwintert in milden Wintern im Freien.

Canna flaccida, Blumenrohr
○ ≋ / ⌢ (20) VII bis IX
Sumpfpflanze aus den südatlantischen Staaten der USA mit lanzettlichen, bis 40 cm langen, tief dunkelgrünen Blättern wird bei günstigem Stand bis 180 cm hoch. Hell schwefelgelbe, hängende, unregelmäßige Blüten. Überwinterung bei ca. 12 °C im Haus oder in einem frostfreien Raum in feuchtem Sand; zuvor werden die Triebe auf 10 cm zurückgeschnitten und die Knollen gereinigt.

Colocasia esculenta, Vielblättrige Colocasie
○ / ◐ ≈ / ≋ VII bis VIII
Die Laubblätter haben eine Länge von 6 bis 20 cm und eine Breite von 4 bis 14 cm. Üblicherweise werden die Pflanzen 60 bis 80 cm hoch, können aber bei günstigem Stand, insbesondere unter Glas, höher werden. Blattstiele rötlich, Blätter bläulichgrün, zu den Adern mehr oder weniger dunkel gezeichnet. Der Blütenkolben ist von einer grünlichen Blütenscheide umgeben. Wärmebedürftig, kann nur in den warmen Sommermonaten im Freiland bleiben. Im Winter kann die Pflanze trocken und frostfrei gehalten werden, wenn sie eingezogen ist. Bei Temperaturen von 18 bis 20 °C behält sie die Blätter, muß aber dann einen hellen Standort haben.

Cotula coronopifolia, Laugenblume
○ ≋ / ⌢ (5) VI bis VIII
Höhe 10 bis 15 cm. Rankende, niederliegende Triebe, dicht mit 1 cm breit gegabelten, frischgrünen Blättern besetzt. Dichte Polster bildend. Gelbe Korbblüten. Hübsche Pflanze vom Kap der Guten Hoffnung. Erhält sich auch durch Selbstaussaat, wenn sie nicht frostfrei überwintert wird.

Cyperus, Zypergras
○ / ◐ VII bis VIII
Mehr oder weniger hohe Sumpfpflanzen, in tropischen Gebieten beheimatet. Halten sich gut im Wassergarten ab Mai. Überwinterung im Warmhaus möglich.

Cyperus alternifolius, Wechselblättriges Zypergras
⌢ (10–20)
Die bekannteste Art, auch als Topfpflanze. An den bis 100 cm hohen Stengeln steht ein Blütenschirm, der etwa 40 cm im Durchmesser erreicht. Die abgeschnittenen Stengelspitzen bilden, im Wasser liegend, neue Jungpflanzen. Den Blattwinkeln entspringen die grünlichen Blütenähren. Diese Art gilt als die härteste, muß aber wie alle anderen auch frostfrei überwintert werden.

Cyperus haspan, Zwergpapyrus
≈ / ⌢ (10)
Etwas niedriger als die vorige Art. Die schlanken, knotenlosen Stengel tragen dunkelgrüne, borstige, etwa 5 bis 6 cm lange, haarförmige Halme, die wie die Blüten- und Fruchtstände der Zierlaucharten *(Allium)* angeordnet sind. Hübsche, ansehnliche Art,

bei der sich allerdings gelegentlich ältere Stengel umlegen.

Cyperus papyrus,
Papyrusstaude
≃ / ≈
Die Papyrusstaude kann 200 bis 300 cm hoch werden. Auf einem starken Stengel trägt sie 100 und mehr feine, herabhängende Blätter. An geschützten, sonnigen bis halbschattigen Standorten kann die Art ab Ende Mai im seichten Wasser, bei einem Wasserstand von 10 bis 50 cm, kultiviert werden. Gut durchwurzelte Pflanzen können bei 15 bis 18 °C überwintert werden, auch im Wohnzimmer bei hellem Stand und nicht zu trockener Luft. Aus dem schwammigen Mark wurde Papier hergestellt. Thor Heyerdahl hat mit seinem nach altägyptischen Vorbild gebauten Papyrus-Boot 1970 den Atlantik überquert.

Echinodorus cordifolius,
Wasserwegerich
○ / ◐ ≌ VI bis VII
Meterhohe, breite ei- bis herzförmige Blätter, die an Froschlöffel erinnern. Stattliche Sumpfpflanze. Wasserstand bis 30 cm. Blüten weiß, an leicht überhängenden Blütenstielen. Dekorativ.

Eichhornia crassipes,
Wasserhyazinthe
○ ≋S VIII bis IX
Schwimmt mit Hilfe der kugelig angeschwollenen Blattstiele. Blüht hellviolett, willig und anhaltend bei sonnigem, warmem Wetter. Offensichtlich auch mehr bei nährstoffreichem Wasser oder wenn die eigenartig riechenden Wurzeln sich im Erdreich verankern können. Die Wasserhyazinthe vermehrt sich willig durch Ausläufer, die sich an der Basis reichlich bilden. Durch Nährstoff- und Lichtentzug unterdrückt sie unerwünschte Algenbildung im Wasser. Überwinterung in Räumen von ca. 10 bis 15 °C in flachen, ca. 20 bis 25 cm hohen Schalen, die mit einer lehmigen Gartenerde einige Zentimeter gefüllt sein sollten. Licht ist wichtig zur erfolgreichen Überwinterung.

Hibiscus moscheutos,
Sumpfeibisch
○ ≃ / ≌ VII bis IX
Malvenähnliche auffallend große Blüten, eiförmige bis eilanzettliche Blätter. In warmen Klimabereichen ausdauernd, sonst nur unter einer Laubdecke.
Sorten: 'Chatelaine', purpurrot 100 cm, 'Dixie Belle', rosarot, 60 cm, 'Southern Belle' verschiedene Farbtöne in Rot, Rosa und Weiß.

Houttuynia cordata,
Eidechsenschwanz
○ ≃ VIII
Weiße, kleine Blüten in walzenförmigen, kurzen Ähren mit vier relativ großen, weißen Hochblättern, 40 bis 50 cm hoch. Bis 10 cm lange und fast ebenso breite, unterseits rote Blätter. Ausläufertreibend. Überwinterung im Haus.

Hydrocleys nymphoides,
Wassermohn oder Wasserschüssel
○ ≃ / ≈ VI bis X
Aus Brasilien stammende Art, mit auf dem Boden oder auf der Wasseroberfläche schwimmenden Stengeln, an denen etliche Schößlinge treiben. Schwimmblätter ähnlich denen der Seerose, lederartig, dick und sattgrün, etwa 8 cm lang und 4 cm breit. Die ansehnliche, hellgelbe Blüte steht etwa 10 cm über der Wasseroberfläche und erreicht einen Durchmesser von 4 bis 5 cm. Die Einzelblüte hält sich zwar nicht lange, aber täglich öffnen sich viele neue. In Zimmerkultur schon lange bekannt, kann aber an einem sonnigen Platz, auch im Freien gehalten werden. Hinaus sollte sie allerdings erst bei einer Tagestemperatur von mindestens 20 °C kommen. Überwinterung an einem hellen Ort, mäßig feucht, bei Tagestemperaturen über 12 °C; vorübergehendes

Absinken der Temperaturen bis auf 5 °C nimmt sie ohne Schaden hin (Abb. S. 151).

Lobelia cardinalis,
Scharlachrote Lobelie

○ ≋ / ~~ (10) VII bis VIII

Sumpfpflanze, 60 bis 80 cm hoch werdend, Blätter länglich, an beiden Enden zugespitzt. Blüten scharf kardinalrot, in endständigen Blütenständen; zweilappige Einzelblüte, deren Oberteil viel kleiner ist und aufrecht steht, Unterlippe abstehend, viel stärker entwickelt und dreispatelig. Überwinterung in einem hellen, frostfreien Raum, bei starker Laubschüttung auch im Freien.

Ludwigia clavellina var. grandiflora
(Jussiaea grandiflora)
Großblütige Ludwigie

○ / ◐ ~~ / ≈ ⇝ (30–50) VI

Zu den Nachtkerzengewächsen gehörende, großblütige Ludwigie, horizontal auf der Wasseroberfläche schwimmend, mit meterlangen Sprossen. Blätter wechselständig angeordnet, bis 6 cm lang, elliptisch, bis 3 cm breit. Im Sumpf und flachem Wasser bis 20 bis 30 cm aufstrebend. Gelbe Schalenblüten bis 5 cm Durchmesser. Bedingt winterhart bei offener Wasserfläche und nicht zu flachem Wasserstand. Sonst bewurzelte Triebe eintopfen im flachen Wasser, an einem hellen Standort überwintern.

Myriophyllum brasiliense,
Papageienfeder

○ / ◐ ~~ / ≈ / ≋ U ⇝

Bei niedrigem Wasserstand wachsen die Triebe ca. 10 cm hoch aus dem Wasser und bilden mit ihren hellgrünen, tannennadelartigen Blättern federige Rasen. Im tieferen Wasser submers wachsend und auf der Wasseroberfläche schwimmend. Entwickelt sich bei höheren Temperaturen auffallend stärker. Stellt keine Ansprüche an den Bodengrund. Unscheinbare Blüten, wird auch als Aquariumpflanze verwendet.
Überwinterung in hellem Raum; bei genügend Licht, auch im Wohnzimmer, in einer flachen Schale möglich. Kommt in milden Wintern auch im Freien durch.

Nelumbo,
Lotosblume,

○ ≈ / ≋ W (50–80) VI bis VIII

Nelumbo, wie der volkstümliche Name der Lotosblume auf Ceylon heißt, ist bei uns eine zwar ebenfalls begehrte, aber schwierig zu haltende Pflanze. Lotosblumen waren schon in der Frühzeit bekannt; sie spielen in der Kultur der ostasischen Völker eine wesentliche Rolle. Neben *Nelumbo lutea* und *N. nucifera*, der Amerikanischen und der Indischen Lotosblume, gibt es die nachtblühende Ägyptische Lotosblume, *Nymphaea lotus*. Alle benötigen zur vollen Entfaltung viel Wärme. In kühlen Sommern kommt man ohne zusätzliche Heizung nicht aus, wenn sie nicht überhaupt in einem Gewächshaus belassen werden (s. auch ,,Technisches rund um den Gartenteich", Seite 228).
Frost vertragen die Rhizome weder im Winter noch im Frühjahr. Der Sproß reagiert mit Kümmerwuchs und kann ganz eingehen, wenn die Temperatur nicht ausreichend ist. Deswegen muß für die Lotos ein windgeschützter Standort an einer Mauer gesucht werden, wo die Möglichkeit besteht, an kühlen Nächten oder Tagen sowie bei anhaltendem Regen mit einer durchsichtigen Folie oder mit Glasfenstern die Pflanzen abzudecken. An Platz muß einer Lotospflanze etwa 1 m^2 eingeräumt werden.
Nelumbo lutea, die Amerikanische Lotosblume, ist in Nordamerika um 43° nördlicher Breite beheimatet. Sie hat einfache, weißlich-gelbe, große schalenförmige Blüten.
Nelumbo nucifera, ,,die Nüsse tragende" Indische Lotosblume ist die bekannteste und meist verbreitete Art; von ihr gibt es viele Sorten. Beheimatet in Südasien, Nordaustralien, am Wolga-Delta, in Iran, Japan, China und Indien eingebürgert in warmen Klimabereichen Europas (Rumänien, Ita-

lien). Am Naturstandort im metertiefen Wasser wachsend. Die kreisrunden, tafelförmig stehenden Blätter können den Wasserspiegel bis 1,5 m überragen; ihr Moosgrün hat einen bläulich-metallischen Schimmer infolge Wachsausscheidungen – Wassertropfen perlen daran wie Quecksilberkugeln ab. Die meist rosaroten oder hellrosa Blüten stehen auf bis 2 m hohen Stielen und sind von früh morgens bis zum zeitigen Nachmittag geöffnet.

Von *Nelumbo nucifera* gibt es inzwischen einige weiße, gelbliche, hell- und dunkelrosa sowie hell- und dunkelrote Sorten.

Allerdings werden hier gezogene Pflanzen längst nicht so groß. Eigenartig wie eine Gießkannenbrause sehen die Fruchtstände aus, die in der Floristik für Gestecke verwandt werden.

Die Pflanzzeit ist von Mai bis Juli. Das Rhizomstück hat bei richtiger Entwicklung das Aussehen einer dünnen Banane. Es ist brüchig, deshalb vorsichtig damit hantieren – wenn die Spitze abbricht, ist der Rest nicht mehr lebensfähig. Das Rhizomstück wird etwa 10 cm tief eingesetzt, leicht schräg, so daß die Spitze nur wenige Zentimeter herausragt. Der Boden im Becken muß tiefgründig sein, d. h. etwa 40 cm stark und aus guter lehmiger Gartenerde bestehen, die mit verrottetem Dung, Hornspänen oder Blutmehl angereichert wird. Der Wasserstand, anfangs sehr flach, kann mit dem Wachsen der Pflanzen bis auf 30 cm und mehr angehoben werden.

Überwinterung an einem frostfreien Ort möglich, auch im Becken, wenn sicher ist, daß die Pflanze nicht von Eis eingeschlossen wird. Wird das Wasser abgelassen, muß sie mit einer 20 bis 40 cm starken Laubschicht abgedeckt werden.

Nymphaea,
Tropische Seerose

○ ≋ W VI bis IX

Die tropischen Seerosen stammen vorwiegend aus Australien, Ostasien und Afrika. Sie besiedeln dort stehende oder langsam fließende Gewässer an geschützten Standorten. Es gibt wesentlich mehr *Nymphaea*-Arten aus tropischen als aus unseren Breiten und ihre Farbskala ist viel reicher. Es gibt weiße, gelbe, rosa, rote und blaue mit vielen Zwischentönen. Die Blüten stehen bis 20 cm und mehr über der Wasserfläche; sie sind größer als alle bei uns verbreiteten winterharten Kulturformen; und eigentlich allesamt von imposanter Schönheit. Sicher wird es Liebhaber geben, die sich eine Pflanze leisten werden. Manche Arten blühen nur nachts; die meisten sind aber Tagblüher, die ähnlich wie die europäischen sich am späten Nachmittag schließen und morgens ihre Blüten wieder öffnen.

Pflanzung. Erde, Kultur ähnlich wie bei *Nelumbo,* nur braucht die Erde nicht so tiefgründig zu sein, 25 bis 30 cm genügen und ausgewachsen will *Nymphaea* im tieferen Wasser stehen, und zwar zwischen 50 bis 80 cm.

Überwintern müssen tropische Seerosen anders als Lotosblumen, in einem hellen Raum bei Wassertemperaturen, die nicht unter 20 °C sinken sollen. Eine Laubschüttung im Freiland reicht nicht aus. Ein heizbares Gewächshaus oder ein Wintergarten ist notwendig, da die Pflanzen auch viel Licht brauchen, es sei denn, man kauft sich jedes Frühjahr eine neue Pflanze. Während der Vegetationszeit und bis zum Herbst hin darf die Wassertemperatur nicht unter 25 °C sinken. S. „Beckenheizungen“ Seite 228.

Oben:
***Pistia stratiotes* (Wassersalat oder Muschelblume).**
Eine Kostbarkeit des sommerlichen Wassergartens.

Unten links:
***Nymphaea × daubenyana.* Eine aparte blaublühende tropische Seerose, die gut im sommerlichen Wassergarten gehalten werden kann.**

Unten rechts:
***Eichhornia crassipes* (Wasserhyazinthe).**
Bildschöne interessante Schwimmpflanze.
Wertvoll für die Reinhaltung des Wassers.

Nymphaea x daubenyana
○ ≋ W (60–80) VI bis VIII
Eine hellblau blühende Seerose, die sich gut im Sommer draußen im Freien halten läßt. Voraussetzung ist natürlich ein warmer Standort. Es ist keine reine Art, sondern eine natürliche Hybride. Die Größe der Blüten richtet sich nach dem Entwicklungsstand der Pflanze; so haben junge Pflanzen Blüten mit einem Durchmesser von ca. 5 cm, größere von 10 cm und je nach Standort auch mehr. *N.* x *daubenyana* vermehrt sich vegetativ; denn sie ist lebendgebärend. An der Ansatzstelle der Blattstiele zwischen den Blattlappen bildet sich eine kleine Brutknolle; nach einiger Zeit entwickeln sich Blättchen und kleine Pflanzen, die auch schon kleine Blumen von 2–3 cm Durchmesser hervorbringen können (Abb. S. 161).
Kultur: Im Mai werden die überwinterten Pflanzen in Behälter gepflanzt (Holztonnen, Becken aus Kunststoff, kleine Folienteiche oder andere Behälter), Erde wie auf Seite 52 beschrieben. Haltung wie andere Seerosen auch, doch müssen sie geschützt werden, wenn die Temperaturen unter 10 °C sinken, oder sie müssen in ein Gewächshaus oder anderen hellen Raum gebracht werden. Im Winter soll die Lufttemperatur nicht unter 10 °C sinken. Auch hier gilt, daß zusätzliches Temperieren des Wassers der Pflanze wohlbekommt.

Nymphaea lotus, Ägyptische Lotosblume
s. Seite 159

Nymphaea stellata
○ ≋ W VI–VII
Eine weitere blaue Seerose, die gelegentlich anzutreffen ist und nach hiesiger Erfahrung im Sommer auch im Freine kultiviert werden kann. Blüten sternförmig wie bei *N.* x *daubenyana,* auch in der Größe ähnlich, nur im Farbton etwas dunkler; Blätter und Wuchs ebenfalls ähnlich, doch bildet *N. stellata* keine Adventivsprosse auf den Blättern.
Kultur und Übewinterung wie *N.* x *daubenyana.*

Peltandra virginica, Wasseraronstab
○ / ◐ ⁓ (20) V–VI
Aus dem knolligen Rhizom entwickeln sich langgestielte, pfeilförmige Blätter. Die Blüten sind etwas unscheinbar grüngelb. Der Wasseraronstab eignet sich für Becken jeder Art, bei einem Wasserstand bis 30 cm; er verlangt allerdings nahrhaften Boden. Der Pfeilaron *(P. sagittifolia)* ist empfindlicher als diese Art. Beide verlangen im Winter eine ausreichende Schutzdecke aus Laub oder Überwinterung im Kalthaus, d. h. frostfrei.

Pistia stratiotes, Wassersalat, Muschelblume
○ ≋ S
Eine Kostbarkeit des sommerlichen Wassergartens. Wie Salatköpfe mit graugrünen, samtartigen Rosetten schwimmen die Muschelblumen auf dem Wasser und lassen ihre Wurzeln ins Wasser hängen. Mit ihnen entnehmen sie dem Wasser ihre Nahrung und erfüllen damit eine nützliche Funktion. Die feinhaarigen Wurzeln werden auch gerne von Fischen zum Ablaichen benutzt. Die Muschelblume braucht viel Licht. Wird wie *Eichhornia* überwintert (s. Seite 158), doch sollte ihr Standort wärmer sein. Zum Winter hin lösen sich die inzwischen handgroß gewordenen Pflanzen auf und hinterlassen viele kleine, neue Pflanzen. Diese entwickeln sich wieder bei ansteigenden Temperaturen zum Frühjahr hin. Gelegentliches Nachdüngen wie bei *Eichhornia* ist angebracht. Beim Umsetzen im Frühjahr die Pflanzen vor Kälteschocks wie vor plötzlicher starker Sonneneinstrahlung schützen; sie dürften zwar beides überstehen, sehen dann aber eine zeitlang recht mitgenommen aus. Im Sommer, bei anhaltenden warmen Temperaturen, vermehrt sich der Wassersalat ziemlich schnell.

Sagittaria graminea, Grasblättriges Pfeilkraut
Siehe „Sumpf- und Wasserpflanzen", Seite 143.

Salvinia natans, Schwimmfarn
○ ≋ S
Schwimmpflanze mit mehreren zentimeterlangen hell bis bläulichgrünen Blättchen. Durchschnittliche Länge der Pflanze etwa 10 cm. Stirbt im Winter ab; im Frühjahr kommen die auf den Boden gesunkenen keimenden Sporen an die Oberfläche, wo sich nach einiger Zeit die jungen Pflanzen entwickeln – im Freiland aber nicht mit Sicherheit; deshalb sollten einige Pflanzen in einer Schale überwintert werden, die im Frühjahr wärmer gestellt wird.

Saururus cernuus, Amerikanischer Eidechsenschwanz
Siehe „Sumpf- und Wasserpflanzen", Seite 143.

Saururus chinensis (loureirii), Molchschwanz
○ / ◐ ≈ / ⌢ (10) VII bis VIII
Rhizombildende, im Herbst einziehende Sumpfpflanze, 30 bis 50 cm hoch, aus Asien. Der Name „Molchschwanz" kommt von der Form des Blütenstandes; die Blätter sind herzförmig, mit lang ausgezogener Spitze, kann bei guter Laubschüttung auch im Winter im Freiland belassen werden; sicherer ist aber die Überwinterung im Kalthaus. Die weißgelblichen, 8 bis 12 cm langen Blütenähren, die anfangs aufrecht stehen, neigen sich dann in ganzer Länge nach unten.

Zantedeschia aethiopica (Calla aethiopica), Zimmerkalla
○ / ◐ ≈ / ⌢ (10) VI bis VII
Auch die bekannte Zimmerkalla kann während der Sommermonate im Wassergarten gehalten werden, und zwar im Sumpf wie im flachen Wasser. Durchschnittliche Höhe 60 bis 80 cm. Blätter rundlich, herzförmig, hellgrün. Blütenscheide innen weiß. Die Gesamterscheinung ist ansprechend und die Blüte schön. Im Winter wird sie ganz trokken gehalten, und zwar kann sie auch in einem Keller überwintert werden. Diese Ruheperiode braucht sie, wenn sie sich wieder kräftig im nächsten Jahr entwickeln soll. Empfehlenswert ist es, sie dann im März einzutopfen und vorzutreiben, damit sie rechtzeitig im Sommer zum Blühen kommt.

Tiere des Wassergartens

Lebensraum der Tiere im Wassergarten

Durch die belebende Wirkung des Wassers und die Üppigkeit seiner Vegetation wird ein Teich leicht zum Mittelpunkt einer Gartenanlage. Wenn es jedoch darüber hinaus gelingt, eine passende Tiergemeinschaft dort anzusiedeln, wird der Erlebniswert in ganz ungeahnter Weise angehoben. Von solch einer geglückten Anlage geht eine zugleich beruhigende wie anregende Wirkung aus, und gerade das ist es, was dem zivilisationsgeplagten Menschen not tut: die regenerierende Kraft natürlicher Vorbilder.
Eine besondere Beziehung entwickeln Kinder zur Tierwelt des Wassers. Fische, Frösche und Molche sind ohnehin Archetypen ihrer Vorstellungswelt, die ihnen in freier Natur immer seltener begegnen. Man kann also mit der Anlage eines Wassergartens in gewissem Sinn eine erzieherische Aufgabe erfüllen; andererseits sollte man sorgsam vermeiden, mit dem Naturschutzgedanken in Konflikt zu geraten.
Wenn es um die Einrichtung eines Teiches geht (die Pflanzen sollten natürlich angewachsen sein), verbietet es sich, Tiere wahllos, wie in eine Arena, einzusetzen. Höchstes Ziel kann nur sein, weniges so miteinander zu vereinigen, daß jede Quälerei, ja selbst der Eindruck der Gefangenschaft vermieden wird. Ein Gartenteich soll ja kein Aquarium sein. Im Idealfall sollten die Tiere hier ihre Heimat gefunden haben und nicht ihr Heil in der Flucht suchen; mit anderen Worten: sich hier wohlfühlen. Im Grunde setzt jeder, der einen Gartenteich anlegt und mit Tieren bereichert, ein ökologisches Modell in Gang, dessen Lebensfähigkeit sich erst erweisen muß. Das vollzieht sich letzten Endes nach ökologischen Gesetzen, die auf Grund von vielen gegenseitigen Abhängigkeiten kompliziert sind und deren Erörterung über den Rahmen dieses Buches hinausgehen würde. Hier müssen wenige Erfahrungswerte genügen, um gröbere Fehler zu vermeiden.
Neben Temperatur, Sauerstoffgehalt, Wasserchemismus und Nährstoffreichtum spielt in unserem Modell vor allem die Größe des Wasserbeckens eine wichtige Rolle und diese gilt es, nicht überzustrapazieren. Den meisten Liebhabern werden nur wenige Quadratmeter an Wasserfläche zur Verfügung stehen. Allgemein gilt: je kleiner der Teich, um so sorgfältiger die Auswahl der Tiere, d. h. in diesem Fall wenige Fische, Wasserschnecken und evtl. Frösche. Wichtig ist, daß die Sonne den Teich reichlich bescheint und nicht durch Baumkronen daran gehindert wird. Aber nicht nur der Schattenwurf, auch der Laubfall wäre von Nachteil. Das gilt nicht nur für den herbstlichen Laubfall;

1: Die schöne Wechselkröte ist leider nur ein vorübergehender Gast während der Laichzeit.

2: Wasserfrösche, hier ein ausgewachsenes Tier und drei Halbwüchsige, bleiben während des ganzen Sommers im Teich.

3: Ein gern gesehener Gast: Der Plattbauch, eine bläulich schimmernde Großlibelle.

4: Der Gelbrandkäfer hat keinen guten Leumund. Sein Schaden hält sich in einem größeren Teich aber in Grenzen.

selbst im Sommer produzieren die Bäume eine Menge von organischem Material, das im Teich landet und das Wasser beeinträchtigt. Wer jedoch über einen kleinen Weiher oder See verfügt, braucht sich in der Auswahl der Tiere nicht so zu beschränken. Hier sind größere Fische, wie Goldorfen und Farbkarpfen (Kois) am Platze. Außer Fröschen könnten sich hier Wasserschildkröten halten – Tiergruppen, die sich auf kleinerem Raum ausschließen, da die eine die Beute der anderen wird. Wer Liebhaber von Wassergeflügel ist, muß auf manch anderes Getier verzichten. Nicht nur Frösche und Fische werden verdrängt, auch Wasserschnecken müssen daran glauben, ganz abgesehen von der Vegetation, der arg zugesetzt wird.

Fische für den Gartenteich

Für die Teichhaltung wäre eine Anzahl einheimischer Fische geeignet, wenn sie nur attraktiver gefärbt wären. Von der Größe und vom Temperament her kommen Karausche, Rotauge, Rotfeder und andere in Frage. Leider heben diese sich auf Grund der Wildfärbung, die ja eine Tarnfärbung gegen Sicht von oben ist, kaum vom Untergrund ab. In der Seitenansicht mögen das Rotauge oder die Rotfeder noch reizvoll erscheinen, von oben bleiben sie schemenhafte Gestal-

1

2

3

4

ten. Man muß sich wohl oder übel der Zierformen, wie Goldfisch, Goldorfe oder Farbkarpfen, annehmen, um dem Auge etwas bieten zu können. Für größere Teiche kommt auch die Goldschleie als gelbrote Farbvarietät der einheimischen Schleie in Betracht.
Nur wenige einheimische Fische zeigen, jedenfalls zeitweilig, eine auffällige Färbung. Am bekanntesten ist der Dreistachlige Stichling im Hochzeitskleid. Leider ist er auf die Dauer kein idealer Bewohner für den Gartenteich, da er äußerst ungesellig ist und andere Mitbewohner attackiert. Sein Brutpflegeverhalten mit Nestbau ist aber so interessant, daß es sich schon lohnt, im Frühjahr ein Pärchen einzusetzen und zu beobachten. Verträglicher ist der Bitterling. Auch hier zeigt das Männchen während der Balzzeit eine schöne Färbung und ein interessantes Brutverhalten. Die Tiere benötigen aber für ihre Brutpflege eine lebende Teich- oder Flußmuschel, zwischen deren Kiemen das Weibchen mit einer langen Legeröhre seine Eier ablegt.
Auch kleinere Fische, die in Schwärmen zusammen leben, können im Gartenteich reizvoll sein. Moderlieschen und Elritzen wären hier zu nennen. Bei solchen Wildfängen ist aber, wie bei allen anderen auch, leider mit ansteckenden Fischkrankheiten zu rechnen. Man muß die Tiere vorher sorgfältig auf verdächtige Hautveränderungen kontrollieren. Besser noch ist eine 1 bis 2wöchige Quarantäne. Fische mit weißlichen Pusteln oder Flecken dürfen nicht in den Teich eingesetzt werden. Insgesamt sind aber Fische in Gartenteichen weniger gefährdet als in eng besetzten Aquarien.
Bei der Bemessung des Lebensraumes ist man in Teichen großzügiger. Pro Fisch rechnet man mit etwa 50 l Wasser oder 0,5 m^2 Wasseroberfläche. Im Laufe der Zeit werden die Fische natürlich heranwachsen; der Zuwachs hält sich aber in Grenzen und paßt sich der Größe des Teiches an. Man braucht nur wenig zu füttern, da bei der angegebenen Größenrelation genügend natürliches Futter anfällt. Andererseits kann man durch Füttern die Fische regelrecht zähmen und an den Menschen gewöhnen.

Goldfisch (Carassius auratus)

In der Aquarienhaltung ist der Goldfisch seit langem als Überlebenskünstler bekannt. Die ,,Goldfischkugel" dürfte Tiefpunkt und Alptraum aller Tierfreunde sein. Vor etwa 300 Jahren wurde der Goldfisch aus China nach Europa gebracht. Seine Geschichte dort geht aber noch wesentlich weiter zurück. Inzwischen ist er in der Aquarienhaltung, dank besserer Technik, durch anspruchsvollere Fische abgelöst worden. Es ist aber hier der rechte Ort, einiges zu seiner Rehabilitation beizutragen. Als Zierfisch in der Teichhaltung gebührt ihm ohne Frage die erste Stelle. Nicht nur seine sattrote Färbung, auch seine Genügsamkeit und Widerstandsfähigkeit gegen widrige Lebensumstände, wie Sauerstoffmangel, überhöhte Temperatur, aber auch gegen Krankheiten usw., machen ihn zum idealen Bewohner eines Wassergartens. Auch sein etwas behäbiges Temperament mit reduziertem Fluchtverhalten und entsprechender Dressurfähigkeit machen ihn prädestiniert zum Standardfisch, dem nach Bedarf einige andere Fische beigesellt werden können.
Vom Goldfisch sind im Laufe der Jahrhunderte verschiedene Zuchtformen entstanden, die sich durch unterschiedliche Färbung, Fleckung, aber auch bizarre Körperformen, wie Schleierschwanz und Teleskopaugen, unterscheiden. Der Goldfisch kann bei günstiger Haltung im Freien überwintern, nicht aber seine etwas degenerierten Zuchtformen. In warmen Sommern kommt es auch bei uns in den Teichen zur Fortpflanzung. Die rote Farbe erscheint bei den Jungfischen aber erst im zweiten Jahr. Vorher haben sie die übliche Wildfärbung.
Verwandt mit dem Goldfisch ist die einheimische Karausche. Der Goldfisch stammt

aber nicht von ihr ab. Sie ist noch anspruchsloser als ihre ostasiatischen Vettern und läßt sich in kleinsten Waserbecken halten.

Goldorfe (Leuciscus idus)

Wenn dem Goldfisch die erste Stelle unter den Zierfischen des Gartenteiches gebührt, so hält den zweiten mit Recht die Goldorfe. Ihre Färbung ist heller, mehr orangerot (siehe Umschlagbild). Die Stammform, aus der sie herausgezüchtet wurde, ist der auch bei uns heimische Aland. Die Goldorfe hält sich gern unter der Wasseroberfläche auf und nimmt dort Nahrung in Form hineingefallener Insekten auf. Sie ist sehr viel lebhafter als der Goldfisch, zugleich aber gesellig. Wenn man sich dem Teich, in dem sie lebt, nähert, flüchtet sie erst einmal nervös in den Schutz von Wasserpflanzen, kommt aber sehr bald wieder hervor und weiß als Oberflächenfänger etwa hineingeworfene Mehlwürmer geschickt zu erbeuten. Ihre Hauptnahrung besteht aus Pflanzenteilen, von denen ja meist ein Überschuß vorhanden ist. Sogar die lästigen Wasserlinsen hilft sie dezimieren. Die Goldorfen wachsen schneller heran als die Goldfische. In großen Teichen können sie bis zu 50 cm lang werden. Wenn auch das Wachstum in kleineren Teichen gehemmt wird, sollte doch die Wasserfläche nicht kleiner als 8 m^2 sein. Die Goldfische werden von ihrer Unruhe leicht mit beeinflußt. Zusammen sollte man sie deshalb nur in größeren Teichen halten. Die Goldorfen bilden dann einen Schwarm für sich, während die Goldfische ziemlich planlos durcheinanderschwimmen. Die Goldorfen neigen zum Springen und können, besonders bei Haltung in Kunststoffbecken, gelegentlich außerhalb auf dem Trockenen landen. Bei frisch eingesetzten Tieren tut man deshalb gut daran, den Wasserspiegel vorübergehend etwas abzusenken, bis sie sich eingewöhnt haben. Nach etwa einer Woche kann man den Wasserstand wieder vorsichtig anheben.

Farbkarpfen (Kois)

Auch die Karpfen sind für die Haltung in größeren Teichen geeignet. Allerdings gilt hier dasselbe wie bei allen Fischen mit Wildfärbung: Sie sind infolge ihrer dunklen Oberseite kaum zu erkennen. Auch vom Temperament her ist so ein behäbiger Karpfen nicht jedermanns Sache. In den letzten Jahren haben sich lebhaft gefärbte japanische Zierkarpfen oder Kois als Teichfische bei uns eingebürgert. Ihre Färbung ist weit weniger einheitlich als bei Goldfischen und Goldorfen, aber vielleicht macht das gerade ihren Reiz aus. Meistens wechselt rote Färbung mit schwarzen Flecken auf silbrigem Grund. Aber auch gelbliche Farben treten auf. Kaum jemals gleicht ein Tier dem anderen. Sie lassen sich in einem Teich deshalb einzeln wieder erkennen und gegebenenfalls mit Namen belegen.
Sie verlangen größere Wasserflächen und, wenn sie im Freien überwintern sollen, eine Tiefe von wenigstens 2 m. Wenn man das nicht zur Verfügung hat, muß man sie im Herbst herausfischen und frostfrei, am besten im Keller bei niederen Temperaturen und sehr mäßiger Fütterung überwintern, was sich auch für Goldfische und Goldorfen empfiehlt.
Die Fütterung der Kois macht keine Schwierigkeiten. Pflanzliche Nahrung wird ebensogern aufgenommen wie Würmer und kleine Fleischbrocken, die bei der Fütterung von Fröschen abfallen. Daß sich nebenher Jungfische von Goldfischen oder auch Kaulquappen entwickeln, dürfte ziemlich unwahrscheinlich sein, es sei denn, der Pflanzenwuchs wäre undurchdringlich dicht. Auch Wasserschnecken fallen ihrem unersättlichen Appetit zum Opfer. Dabei wachsen sie zu ansehnlichen Größen heran. Sie können so zahm werden, daß sie Futter schließlich aus der Hand annehmen. Leider muß man sich eines Tages wohl oder übel von solchen Riesen trennen. Es sei denn, man ist glücklicher Besitzer eines größeren Gewässers.

Vollgefressen und in der Sonne dösend zeigen sich Wasserfrösche sogar gesellig.

Rechte Seite: Wer Wassergeflügel, wie hier Moschusenten, halten will, muß auf viele andere Tiere verzichten. Auch die Wassertrübung wird, wie man hier sieht, durch solch einen „Raddampfer“ erheblich gefördert.

Zur Fütterung der Fische

Wenn der Fischbesatz nicht allzu dicht ist, braucht nur wenig gefüttert zu werden. Bei Temperaturen unter 15 °C kann man ganz darauf verzichten. Im Sommer, bei höheren Temperaturen, sollte man, schon um die Tiere an den Menschen zu gewöhnen, täglich füttern, aber nur so viel, wie in wenigen Minuten weggefressen wird. Am besten geeignet ist schwimmendes Fischfutter, weil es nicht zu Boden fällt und dort in Fäulnis übergeht. Bewährt haben sich „KAWA schwimmende Fischhappen“. Lebendfutter aus Wasserflohfängen ist mit Vorsicht anzuwenden, da auf diese Weise Krankheiten und Parasiten eingeschleppt werden können. Zum Andressieren eignen sich besonders Mehlwürmer, die man den Goldfischen als Leckerbissen, aber einzeln vorwerfen muß. Geschickter sind Goldorfen, die ihnen die Bissen meistens wegschnappen.

Überwinterung

In großen und tiefen Teichen kann man die Fische im Winter sich selbst überlassen. Man sorgt höchstens für eine offene Stelle im Eis. Man kann aber auch einen Styroporkasten innen wie ein Boot mit Steinen beschweren und einfrieren lassen. Diese Über-

winterungsart im Freien ist sicher auch die gesündeste, weil sie die Fische einem natürlichen Rhythmus unterwirft, der für die Fortpflanzung von Vorteil ist.
In kleineren Teichen empfiehlt es sich, eine Sauerstoffpumpe an den Teich zu setzen und Luft aus einem Ausströmerstein ausströmen zu lassen. An dieser Stelle wird das Wasser nicht zufrieren und so für hinreichenden Gasaustausch sorgen (siehe auch „Unterwasserpumpen für den Gartenteich", Seite 218). Sonst besteht noch die Möglichkeit, die Fische bei minimaler Ernährung in einem kühlen Keller zu überwintern.

Fischkrankheiten

Teichfische sind widerstandsfähiger gegen Erkrankungen als Aquariumfische. Wenn man im Teich auch kaum von einem echten biologischen Gleichgewicht sprechen kann, so verhindert doch die vielseitige Lebensgemeinschaft weitgehend den Ausbruch von Krankheiten. Voraussetzung ist aber, daß neu einzusetzende Tiere einige Zeit in Quarantäne gehalten werden, damit Krankheiten gar nicht erst eingeschleppt werden. Fische, die durchs Wasser taumeln, mit aufgeblähten Kiemendeckeln nach Luft schnappen oder Hautausschläge zeigen, dürfen auf keinen Fall übernommen werden. Wenn in der Stammbesatzung des Teiches so etwas auftreten sollte, muß man die befallenen Tiere herausfischen und isoliert in einem gut durchlüfteten Aquarium halten. Am meisten gefürchtet ist Pilzbefall und eine durch Wimperinfusorien *(Ichthyophthirius)* verursachte, sehr ansteckende Krankheit. Sie ist an weißlichen Pusteln zu erkennen, die auf den Flossen zuerst auftreten, später auf den ganzen Körper übergreifen. Sie wird durch mikroskopisch kleine Schwärmer von einem Fisch zum anderen übertragen. Es gibt aber Mittel im Handel, die sowohl gegen den Ausschlag wie auch die Schwärmer wirksam sind. Insgesamt gilt: Vorbeugen ist besser als Heilen!
Es darf aber nicht verschwiegen werden, daß außer diesen gut bekannten Krankheiten noch weniger auffällige vorkommen können, deren Erkennung selbst dem Fachmann Schwierigkeiten macht, ist doch die Medizin der Fische keineswegs so durchforscht wie die der Haustiere oder gar des Menschen.

Goldfische und Farbkarpfen (Kois) verschiedener Nuancen laden hier zum Verweilen und Beobachten ein.

Zur Beurteilung der Wasserqualität

Wer über die Anfangsgründe der Fischhaltung hinauskommen möchte, muß sich Kenntnisse über die Wasserqualitäten aneignen. Gartenteiche sind allerdings, verglichen mit Aquarien, pflegeleicht. Es genügen deshalb einige Kenntnisse über Härte und Säuregrade des Wassers sowie über Zusammenhänge von Temperatur, Sauerstoffgehalt und Nährstoffverhältnis. Das zur Verfügung stehende Wasser (meist wird es aus Wasserleitungen stammen), hat unterschiedliche Härtegrade. Dafür verantwortlich ist vor allem der im Wasser gelöste doppelkohlensaure Kalk (Kalziumbikarbonat). Das ideale Teichwasser sollte eine Gesamthärte von 8 bis 12°dH haben. Noch höhere Werte lassen sich durch vorsichtige Zugabe von Schwefelsäure senken. Es fällt dadurch unlösliches Kalziumsulfat aus. Auch Torfextrakte mindern die Wasserhärte. Ein zweiter, nicht weniger bedeutsamer Wert ist der pH-Wert. Er steht mit der Wasserhärte insofern in Beziehung, als hoher Karbonatgehalt den pH-Wert ansteigen läßt (alkalische Reaktion). Beim Fehlen von Kalziumbikarbonat, wie in Moorgewässern üblich, kommt es dagegen zu niedrigen pH-Werten.

Für die Kontrolle dieser Werte stehen Indikatorlösungen und Teststreifen zur Verfügung. Für die Fischhaltung am besten sind pH-Werte um den sogenannten Neutralpunkt = pH 7.

Über Temperatur und Sauerstoffgehalt gibt eine wichtige Regel Auskunft. Sie besagt, daß wärmeres Wasser weniger Sauerstoff aufzunehmen vermag als kälteres. Aus diesem Grunde sterben Fische so leicht, die bei heißer Witterung in kleinen sich rasch erwärmenden Gefäßen transportiert werden. Für den Gartenteich bedeutet das Sauerstoffmangel in warmen, von der Sonne durchflutetem Wasser, selbst wenn die Pflanzen dabei in erhöhtem Maße Sauerstoff durch die Assimilation freisetzen. Zu solch einer Gefahr kommt es aber eigentlich nur in kleinen Becken mit niedrigem Wasserstand (unter 30 cm). Die einzelnen Fischarten sind unterschiedlich empfindlich gegen Sauerstoffmangel. Karausche, Karpfen, Bitterling sind robuster, anspruchsvoller sind Goldorfe und Elritze.

Die Fische hängen bei solchen Gelegenheiten an der Wasseroberfläche und schnappen nach Luft. Wenn dieser Zustand längere Zeit anhält, empfiehlt es sich, vorsichtig über mehrere Stunden Leitungswasser zulaufen zu lassen. Das kühle Leitungswasser enthält reichlich gelösten Sauerstoff. Man kann natürlich auch mit einer Sauerstoffpumpe durchlüften. Selbstverständlich sollten in dem Teich reichlich sauerstoffproduzierende Pflanzen vorhanden sein. Dies ist nicht nur für die Sauerstoffversorgung wichtig. Die Pflanzen nehmen die Ausscheidungsprodukte der tierischen Bewohner auf. Es sind Nitrate und Phosphate, die für die Pflanzen Nährstoffe darstellen. Mit dem Düngen der Wasserpflanzen sollte man vorsichtig sein. Lösliche Düngemittel landen vorwiegend im Wasser und fördern insbesondere den Algenwuchs. Andererseits brauchen viele Wasserpflanzen reichlich Nährstoffe. Sie müssen als langsam aufschließbare Nahrung verabfolgt werden, z. B. Hornspäne unter Seerosen, Hechtkraut usw. Trotz aller Vorsichtsmaßnahmen kann es im Laufe des Sommers zu einer derartigen Anreicherung von Nitraten und Phosphaten kommen, daß das Wasser zu blühen beginnt. Dahinter steckt eine massenhafte Produktion von mikroskopisch kleinen Algen. Wenn man durch Frischwasser aus dem Gartenschlauch für eine Reduzierung der Nährstoffe sorgt, wird das Wasser wieder klar werden.

Von Zeit zu Zeit, in ungünstigen Lagen mit viel Laubfall von benachbarten Bäumen, in jedem Herbst oder Frühjahr, empfiehlt es sich, den Teich zu entleeren und von Schlamm und halbverfaultem organischen Material zu befreien. Es ist jedesmal wieder erstaunlich, was sich im Laufe eines Jahres an übelriechendem organischen Material am Grunde angesammelt hat. In diesem Faulschlamm herrscht Sauerstoffmangel. Nur die Wasserasseln fühlen sich noch wohl und betätigen sich an dem weiteren Abbau dieser Substanzen. Für die Überwinterung der Fische kann das Überhandnehmen von solchem Faulschlamm verderblich werden.

Amphibien

Während Fische bei sachgemäßer Haltung im Gartenteich relativ wenig Schwierigkeiten machen und wenig Pflege benötigen, erfordert die Haltung von Fröschen weit mehr Aufwand und Einfühlungsvermögen in die Verhaltensweisen der Amphibien. Am hinderlichsten ist, daß fast alle die Neigung haben, abzuwandern. Sie halten sich im Wasser nur zum Laichen auf. Eine Ausnahme macht in dieser Beziehung nur der grüne Wasser- oder Teichfrosch *(Rana esculenta)*. Er bleibt während des ganzen Sommers, ja bis weit in den Herbst hinein ein Bewohner des Wassers und der Teichränder, wo er auf Insekten lauernd sein Wesen treibt. Alle anderen Amphibien – Kröten, Frösche, Unken und Molche, so reizvoll sie auch sein mögen –

geben nur ein kurzes Gastspiel zur Laichzeit und verschwinden dann meist auf Nimmerwiedersehen. Wenn man Glück hat, kehren sie zur Eiablage im nächsten Frühjahr zurück.

Es gilt, sich deshalb hier in erster Linie um die Freundschaft des Teichfrosches zu bemühen. Wenn das gelingt, ist der Gartenteich wirklich um einiges reicher geworden. Versuche, erwachsene Frösche anzusiedeln, schlagen meistens fehl, da auch sie abwandern. Erfolgreicher ist es, im Frühsommer etwa halbwüchsige Tiere einzusetzen, am besten mehrere Männchen und Weibchen. Sie können dann im Laufe des Sommers sehr ortstreu werden. Voraussetzung ist ein warmes, der Sonne exponiertes Plätzchen. Zu Anfang fliehen sie, wenn man ihnen zu nahe kommt, ins Wasser. Schließlich bleiben sie am Ufer sitzen und lassen sich sogar füttern. Man kann ihnen Mehlwürmer vorlegen oder auch kleine Brocken von Beefsteak-Hack an einem Faden, wie an einer Angel, vorhalten. Danach springen sie gierig und wachsen bei dieser Kost schnell heran. Auf diese Weise werden sie sehr zahm und flüchten schließlich nicht mehr. Dafür machen sich die Männchen mit ihrem Quaken bemerkbar, was für den Natur- und Gartenfreund Musik sein mag – ob auch für alle Nachbarn, bleibt natürlich fraglich.

Man kann zweierlei Tonfolgen unterscheiden: einmal ein tiefes, wütendes Quaken, mit dem die Männchen sich gegenseitig vertreiben. Man kann es selber auslösen, wenn man ähnliche Laute in der Nähe der Frösche imitiert. Wird aber ein Weibchen umworben, erschallt ein singendes bis meckerndes Stakkato in höherer Stimmlage. Beide Strophen sind interessante Motive für Tonbandaufnahmen, die beim Abspielen prompt durch die Musikanten beantwortet werden.

Jedes Weibchen legt mehrere hundert Eier in Form von Gallertballen ab. Die Eier dieser großen Frösche sind relativ klein, unten hell, oben braun. Man tut am besten, wenn man den Laich herausnimmt und in einem Becken isoliert aufzieht, sonst machen sich die Fische über die kleinen Kaulquappen her. Die Entwicklung dauert ziemlich lange. Erst zu Ende des Sommers erfolgt die Verwandlung. Für die zahlreichen Nachkommen wird man bei Teichfreunden sicher Abnehmer finden. Schließlich sollte man auch daran denken, natürliche Gewässer wieder mit Fröschen zu besiedeln.

Die Teichfrösche können im Gartenteich selbst überwintern, aber auch im Erdreich in unmittelbarer Umgebung. Man sollte im Herbst und Winter dort keine großen Erdbewegungen vornehmen, um sie nicht zu stören. Während Kröten und Grasfrösche schon im März aus ihren Winterverstecken hervorkommen, erscheinen die Teichfrösche erst Anfang Mai wieder.

Wer Kröten in seinem Garten heimisch machen will (am besten eignen sich Erdkröten, die sich durch Vertilgen von Ungeziefer verdient machen), kann Jungtiere, die im Sommer nach ihrer Metamorphose oft zu Tausenden ihre Teiche verlassen, einsammeln und in seinem Garten aussetzen. Wer Glück hat, findet sie eines Tages beim Laichgeschäft in seinem Gartenteich wieder. Ebenso kann man Teich- und Kammolche dort einsetzen.

Man kann natürlich auch Laich eintragen. Am besten hängt man Laichballen oder Schnüre (bei Kröten) in Gazenetzen (evtl. Nylonstrümpfe) ins Wasser, damit die jungen Kaulquappen nicht von den Fischen gefressen werden. Auf diese Weise aufgezogene Amphibien sollen ihr Heimatgewässer später regelmäßig im Frühjahr zum Laichen aufsuchen.

Reptilien

Wenn Amphibien schon erhebliche Anforderungen an den Wassergärtner stellen, so gilt das in noch höherem Maße für die Reptilien. Freiheitsdrang und Fluchtinstinkt sind bei ihnen noch stärker ausgeprägt. Allenfalls mag es noch gelingen, Wasserschildkröten (Europäische Sumpfschildkröte = *Emys orbicularis*) einzugewöhnen. Auch die Ringelnatter hat eine starke Bindung an das Wasser, wird sich aber wohl kaum freiwillig an einem Gartenteich halten lassen. Für den passionierten Reptilienhalter stellt sich deshalb die Frage, ob nicht die Umhegung mit einem Mauerwerk sinnvoll ist. Klar sollte man sich aber auch darüber sein, daß man mit diesen Gästen aus der Kriechtierwelt Unfrieden unter Fischen und Fröschen stiftet!

Die im Handel angebotenen europäischen Sumpfschildkröten stammen aus den Balkanländern. Bei uns sind sie nahezu ausgestorben. Wenn in der Umgebung der Großstädte gelegentlich noch welche auftauchen, stammen sie meistens aus entlaufenen oder ausgesetzten Importfängen. Diese Tiere südeuropäischer Herkunft tragen eine gelbliche, lebhafte Strahlen- und Fleckenzeichnung auf dem sonst dunklen Rückenpanzer. Im Gegensatz zu den Landschildkröten sind sie sehr beweglich und schwimmen vorzüglich, so daß sie ohne weiteres Fische erbeuten können. Außer Fischen nehmen sie gern Insektenlarven, Regenwürmer und vor allem Wasserschnecken mit ihrer Schale zu sich. Als Zufutter kommen Muskelfleisch, Herz, Leber und Niere in Frage. Gelegentlich nehmen sie auch vegetabilische Nahrung auf. Aber die Krallen der kräftigen Vorderbeine setzen auch der Teichbepflanzung zu.

Nur gut eingewöhnte Tiere in größeren Gewässern können im Freien überwintern. Falls das nicht möglich ist, kommt ein kühler Keller in Frage, wo man die Tiere in einer Kiste mit feuchtem Laub und Torfmull überwintern kann. Diese Streu sollte niemals völlig austrocknen. Die meisten Schildkröten gehen während des Winters an Austrocknung zugrunde. Gelegentliches Baden, bei dem die Tiere gierig Wasser aufnehmen, kann lebensrettend sein. Viele Schildkröten, die importiert werden, sind leider Todeskandidaten. Beim Kauf sollte man darauf achten, daß auf dem Rücken liegende Tiere gut beweglich sind und sich umzudrehen versuchen. Die Augen dürfen nicht eingefallen oder verklebt sein.

Die Ringelnatter *(Natrix natrix)* sucht gern das Wasser auf. Mit Vorliebe rollt sie sich auf Seerosenblättern zusammen und unternimmt von dort ihre Beutezüge auf Fische und Frösche. Sie wird bis zu einem Meter lang und ist an zwei gelblichen Flecken am Hinterkopf leicht von allen anderen Schlangen zu unterscheiden.

Auch Zaun- und Bergeidechse *(Lacerta agilis* und *L. vivipara)* eignen sich für eine Teichanlage nach Art eines Freilandterrariums. Die Tiere können im Laufe der Zeit zutraulich werden. Besonders attraktiv sind die Jungen der Bergeidechse. Sie werden in einer Größe von etwa 3 cm geboren und gehen sogleich selbständig auf Beutefang nach kleinsten Insekten aus. Eine Brutpflege gibt es nicht. Ringelnatter und Zauneidechse (auch die Sumpfschildkröte) legen Eier mit pergamentartiger Hülle.

Wasserschnecken und Muscheln

Zu einem Gartenteich gehören traditionsgemäß auch Wasserschnecken. Ihre vom Aquarium her bekannte Fähigkeit als Algenvertilger gilt natürlich auch in größeren Wasserbecken. Ihre wassergärtnerische Tätigkeit hält sich allerdings in Grenzen, denn der Algenwuchs in einem Freilandbecken ist besonders in der warmen Jahreszeit so stark, daß eine begrenzte Anzahl von Schnecken kaum etwas dagegen ausrichten kann. Außerdem kommen sie weder gegen die widerstandsfähigen Fadenalgen an noch gegen planktonische Algen, die die grünliche Wassertrübung verursachen.

Am geeignetsten sind die Posthornschnekken *(Planorbarius corneus)*, die mit Vorliebe Algenkrusten abraspeln können. Die ihr an Vitalität überlegene spitze Schlammschnecke *(Lymnaea stagnalis)* darf nicht überhandnehmen, da sie sich mit einer gröberen Raspelzunge und einem Hornkiefer auch an junge Triebe der Wasserpflanzen heranmachen kann. Beide sind übrigens Lungenschnecken, die Luft an der Wasseroberfläche aufnehmen müssen. Nur im Winter liegen sie am Grunde des Teiches und decken ihren geringen Sauerstoffbedarf durch Hautatmung direkt aus dem Wasser. Diese beiden Schnecken legen während des ganzen Sommers fleißig Eier in Form von Gallertstreifen, in denen die Jugendentwicklung stattfindet. Die Tiere selbst sind zwittrig, also mit männlichen und weiblichen Fortpflanzungsorganen ausgerüstet. Nicht so die lebendgebärende Sumpfdeckelschnecke *(Viviparus)*. Hier treten männliche und weibliche Tiere getrennt auf. Das etwas größere Weibchen hat zwei gleichlange, fadenförmige Fühler, während der rechte Fühler des Männchens kolbenförmig verdickt ist. Das Weibchen bringt während des Sommers etwa erbsengroße Jungtiere zur Welt, legt also keine Eier. Dieses Phänomen läßt sich in einem kleinen Glasgefäß gut beobachten. Der Gartenteich selbst dürfte für solche Detail-Studien aber wohl zu groß sein. Die Sumpfdeckelschnecke ist übrigens kein Lungenatmer, sondern bezieht ihren Sauerstoff über eine Kiemenhöhle aus dem Wasser.

Relativ leicht lassen sich die Teichmuschel *(Anodonta)* und auch die Flußmuschel *(Unio)* im Gartenteich halten, wenn man auch nicht viel von ihnen sehen wird. Mit einem schwellbaren gelblichen Fuß ziehen sie schrittweise durch den Untergrund. Als Filtrierer des Wassers tragen sie zu seiner Sauberhaltung bei. Auch in Aquarien könnte man sie so benutzen. Leider ist die Gefahr groß, daß sie absterben und jedesmal kommt es dann zur Fäulnis des Wassers, der auch die Fische erliegen. In Teichen ist diese Gefahr gering. Beide Muscheln werden von Bitterlingen für die Aufzucht ihrer Brut angenommen.

Weitere Muscheln, die sich im Gartenteich halten lassen, sind die Erbsenmuscheln sowie die Dreikant- oder Wandermuscheln *(Dreissena polymorpha)*, allerdings ebenfalls von geringer Attraktion.

Ungeladene Gäste

Eingangs schon wurde die attraktive Wirkung von Wasserflächen auf die Vogelwelt hervorgehoben. Vögel kommen gern zum Trinken und Baden ans Wasser. Elstern können dabei lästig werden, denn sie lernen, Jungfischen nachzustellen. Stockenten erscheinen gelegentlich im Frühjahr bei der Suche nach Nistgelegenheiten. Hier ist Vorsicht am Platze! Sie können innerhalb von wenigen Minuten die hoffnungsvollen Triebe der Wasserpflanzen, insbesondere die Knospen der Seerosen abreißen und verzehren. Wer sich vor solcher Plage schützen will, spanne einige Nylonfäden kreuz und quer über die Wasserfläche. Das stört kaum und vergrault die einfliegenden Enten nachhaltig! Ungebetene Gäste sind schließlich auch Katzen, die den Teich als Tränke benutzen, aber auch Übergriffe auf Fische wagen, wenn auch meistens ohne Erfolg. Selbst Goldfische entgehen ihnen durchweg, gefährdeter sind dagegen die unbeholfen schwimmenden Schleierschwänze.

Wenn hier weiterer Gäste gedacht werden soll, dann vor allem der Insekten. Sie sind dank ihrer Flugfähigkeit in der Lage, von weit her „anzureisen". Meistens sind es Vertreter solcher Insekten, die ihre Larvenentwicklung im Wasser durchmachen. Am bekanntesten von ihnen und übel beleumundet sind die Stechmücken. Sie legen ihre Eier mit Vorliebe in kleinen Wasseransammlungen ab, und während des Sommers wachsen die zunächst sehr unscheinbaren Larven heran. Sie liegen in der Ruhestellung gern unter der Wasseroberfläche und schöpfen Luft durch Tracheenröhrchen am Hinterende. Bei Erschütterungen, etwa wenn man sich unvorsichtig nähert, versuchen sie, unter peitschenartigen Bewegungen in die Tiefe zu kommen. Auch die Puppen leben unter Wasser. Der Mückenplage wird am wirkungsvollsten durch Fische vorgebeugt. In der Tat sind die Larven ein ideales Fischfutter. Neben den Stechmücken gibt es übrigens noch eine ganze Anzahl weiterer Mükken, die nicht stechen, z. B. die Zuckmücken (*Chironomus*-Arten) und die Büschelmücke *(Corethra)*.

Interessanterweise hat eine ganze Anzahl von Wanzen besondere Beziehungen zum Wasser entwickelt. Dazu gehören die bekannten Wasserläufer, aber auch der Rükkenschwimmer, Wasserskorpion und einige Schwimmwanzen *(Corixa, Naucoris)*. Die Tiere leben zwar alle räuberisch, ernähren sich aber vorwiegend von anderen Insekten, die auf die Wasseroberfläche geraten.

Auch unter den Käfern finden sich einige Arten, die durch das Wasser des Gartenteiches angelockt werden können. Auch sie legen ihre Eier dort ab, und die Larvalentwicklung vollzieht sich im Wasser. Am auffälligsten ist der Gelbrandkäfer (s. Abb. Seite 165), ein geschickter Schwimmer und Räuber, der aber höchstens Jungfischen und Kaulquappen gefährlich werden kann. Noch gefräßiger ist seine Larve. Diese Tiere sind aber im Umkreis der Städte schon so selten geworden, daß man kaum auf ihren freiwilligen Besuch rechnen kann. Wer sie beim Keschern im Freiland fängt, muß damit rechnen, daß sie, in den Teich gebracht, Schaden anrichten. Harmloser ist der kleinere Furchenschwimmer *(Acilius)* und seine Larve, ebenso die Taumelkäfer, die auf der Wasseroberfläche ihre Kreise ziehen.

Zu den attraktivsten Gästen zählen die Libellen, die sich manchmal von selbst einstellen. Man unterscheidet Großlibellen mit rasantem Flug (wie der abgebildete Plattbauch, Seite 165), und Kleinlibellen mit gaukelnder Bewegung und herrlicher metallischer Färbung von Körper und Flügeln. Auch ihre Larven leben räuberisch im Wasser, ohne daß man allerdings für die Fische fürchten muß. Im Verborgenen leben die Köcherfliegen. Ihre Larven spinnen mit Hilfe eines Seidenfadens Pflanzenteile, Sandkörnchen, aber auch Schneckenschalen aneinander, so daß eine köcherförmige Röhre entsteht, worin sie leben. Ihre Geflügelten sind unscheinbar gefärbt und hängen tagsüber wie leblos an den Blättern. Abends werden sie rege und vollführen ihre Hochzeitsflüge.

Schließlich muß hier noch die interessante Wasserspinne genannt werden, die eine Wohnglocke nach Art einer Taucherglocke aus Seidenfäden unter Wasser anlegt und von dort auf Beutefang geht.

Wir nähern uns damit aber schon einer Größenordnung unter den Bewohnern, die eigentlich erst unter der Lupe ihre Geheimnisse preisgibt. Dazu kann man die interessante *Corethra*-Larve (Schwebelarve) zählen, aber auch die vielen Kleinkrebse, wie Wasserflöhe und Hüpferlinge, müssen hier genannt werden. Regelmäßig stellt sich die Wasserassel ein. Sie lebt von verrottendem Material, das in jedem Gartenteich reichlich anfällt. Wie die Wasserschnecken übt sie also eine Art von Gesundheitsdienst aus.

Wer über ein Mikroskop verfügt, wird noch ungeahnte Schätze in seinem Teich entdekken können. Hier soll nur an die wunderbare Welt der Rädertierchen, Wimperinfusorien und vieler anderer hingewiesen werden, ja selbst die verfehmten Algen erscheinen noch als Kunstwerke der Natur und sind es in Wirklichkeit ja auch.

Spätestens hier gilt es aber auch von der Vorstellung Abschied zu nehmen, daß alle Glieder dieser Lebensgemeinschaft in paradiesischer Eintracht leben. Wie überall in der Natur gilt auch hier das Gesetz vom Fressen und Gefressenwerden; einer versucht den anderen zu verdrängen. Es kann deshalb nicht ausbleiben, daß gelegentlich die ordnende und pflegende Hand des Wassergärtners eingreifen muß, um allzu störende Entgleisungen in seinem „ökologischen Modell" zu verhindern.

umfallen. Sonst müßten sie in den Bodengrund eingelassen werden, wo sich die Pflanzen festwurzeln können. Schließlich empfiehlt sich eine Korbpflanzung bei den Arten, die durch Eis gefährdet sind und im Winter ins tiefe Wasser gestellt werden müssen, wie *Cyperus longus* (Langes Zypergras), *Orontium aquaticum* (Goldkolben), *Aponogeton distachyus* (Wasserähre), *Pontederia cordata* (Hechtkraut) und Zwergseerosen. Sind Pflanzen im Teich, die frostfrei überwintert werden müssen („Fremdländische Gewächse für den sommerlichen Wassergarten", Seite 156), so bringt man auch sie besser in transportable Gefäße unter. Zu bedenken ist auch, daß ein Becken leichter zu reinigen ist, wenn die Pflanzen in Körben stehen. Es wird aber teurer; denn es sollten nicht mehrere verschiedene Arten in einem einzigen Korb gesetzt werden; sonst genügt eine Pflanze pro Korb. Größere Gefäße 30 x 30 cm oder 40 cm Durchmesser können auch 2 hohe oder bis 3 halbhohe Wasserpflanzen aufnehmen, wenn die Anlage möglichst bald ein fertiges Bild abgeben soll.
Als Pflanzgefäße eignen sich Kunststoffkörbe mit durchlöcherten Wänden (zur besseren Durchlüftung und Nahrungsaufnahme durch die Saugwurzeln) sowie Weidenkörbe. Diese verwendet man insbesondere für Seerosen in Gewässern, wo das Auspflanzen schwierig ist oder wo die Pflanzen erst im flachen Bereich vorgezogen wurden.
Wieviel Körbe gesetzt werden können, richtet sich ganz danach, welche Fläche dafür zur Verfügung steht. Körbe können nur nebeneinander und nicht übereinander gestellt werden. Bepflanzte Körbe müssen vor dem Einsetzen immer vollkommen mit Wasser vollgesogen sein, anderenfalls wird beim Einsetzen oder Einlassen die noch trockene Erde aufgeschwemmt.

Pflanzung in den Bodengrund

Das Einsetzen von Pflanzen mit Topfballen im und am Wasser ist zu keiner Jahreszeit ein Problem, soweit Frost dies nicht unmöglich macht. Man hebt dort, wo die Pflanze stehen soll ein Loch in der Größe des Topfballens aus und setzt ihn bis an den oberen Rand ein; dann wird Erde angefüllt und seitlich leicht angedrückt (s. Abb. Seite 63). Lose Pflanzen werden entsprechend ihrer natürlichen Lage (meistens senkrecht) so eingesetzt, daß der Wurzelhals mit der Erdoberfläche abschließt und die Wurzeln senkrecht stehen und nicht umgebogen (s. Abb. Seite 63). Ist dies ihrer Länge wegen nicht möglich, werden die Wurzeln etwa handbreit gestutzt. So wird auch bei den Pflanzen außerhalb des Teiches verfahren; nur wird hier vorher der Boden aufgelockert und gedüngt (Hornspäne, Torf usw.). Dagegen wird nie Dünger direkt ins Pflanzloch gegeben. Das Andrücken ist bei losen Pflanzen im Wasser besonders wichtig, damit sie nicht aufschwimmen; es versteht sich, daß man es bei zarten Pflanzen vorsichtig macht. Sind Pflanzen fest im Container (Kunststofftopf) ein- oder durchgewachsen, so daß der Topf nicht ohne weiteres abgezogen werden kann, dann empfiehlt es sich, den Container aufzuschneiden.

In einem Fertigbecken in Erdsubstrat ausgepflanzte Wasserstauden. Als unterste Schicht sind zur besseren Durchflutung Steine eingebracht. Rechts eine Wasserpflanze, die durch Unterstellen von Steinen auf die ihr zusagende Wassertiefe gebracht wurde.

Umpflanzen, Teich ausräumen

Wird innerhalb des Teiches oder von Teich zu Teich umgepflanzt, ist der Zeitpunkt günstig, wenn der Austrieb beginnt, also ab April bis Mai. Dazu wird das Wasser so weit abgesenkt, wie das vertretbar ist, bis man an die Pflanzen herankommt, die man umpflanzen will.

Soll ein Teich ausgeräumt werden, so nimmt man im Sommer davor die Schwimm- und Unterwasserpflanzen heraus und setzt sie dort ein, wo sie im Schlammgrund überwintern können, denn im zeitigen Frühjahr findet man die Überwinterungsformen nicht, und man würde dann alle vernichten. Zu dieser Kategorie gehören *Hydrocharis* (Froschbiß), *Stratiotes* (Wasseraloe), *Utricularia* (Wasserschlauch), *Ceratophyllum* (Hornkraut), *Trapa* (Wassernuß), *Fontinalis* (Wassermoos), *Lemna trisulca* (Dreifurchige Wasserlinse) und *Riccia fluitans* (Wasserlebermoos).

Bepflanzung außerhalb

Die Bepflanzung außerhalb des Teiches mit Stauden erfolgt ähnlich wie auf Rabatten. Der Boden wird gelockert (Wurzelunkraut entfernen), gedüngt (Kompost, Hornspäne, Torf) und eingeebnet. Bei Freilandpflanzen werden die Wurzeln gekürzt und die Triebe gestutzt. Auch hier ist darauf zu achten, daß die Wurzeln immer senkrecht ins Pflanzloch eingebracht werden. Die Pflege des Randzonenbereiches beschränkt sich auf das Entfernen etwa aufkommender Unkräuter und unschön wirkender vergilbender Triebe und auf ein gelegentliches Wässern, Durchhakken oder Nachdüngen.

Vorschläge und Tips für Mini-Wassergärten

Wird Erde direkt auf den Bodengrund ausgebracht, ist als unterste Schicht poröses Material, wie gebrannter Ton, Styropor oder Bimskies, zur besseren Durchlüftung einzubringen. Seerosen und andere Wasserpflanzen denen der Wasserstand in einer hohen Tonne nicht zusagt, setzt man am besten in Pflanzkörbe – so kann man sie höher stellen und sie können nicht herumwuchern.

Um Pflanzen und Behälter vor Frostschäden zu schützen, empfiehlt es sich, ganze Gefäße oder Wannen mit einem Wintermantel zu versehen. Geeignetes Material: Noppenfo-

Bepflanzte, halbierte Holztonne.

lie, Vliesmatten, Styropor oder Laub. Weitere Hinweise unter „Pflanzung" und „Pflege des Wassergartens", Seite 178 und 182).

Für große Gefäße:
Durchmesser 90 bis 100 cm,
Höhe 50 bis 60 cm

1. Vorschlag
   1 *Sagittaria sagittifolia,* Pfeilkraut
   1 *Scirpus lacustris,* Wassersimse
   2 *Crassula recurva* (U), Nadelkraut
   1 *Mentha aquatica,* Wasserminze
   1 *Ceratophyllum demersum* (U), Hornkraut
   1 *Nymphaea* 'Froebeli', Rote Zwergseerose

2. Vorschlag
   1 *Butomus umbellatus,* Blumenbinse
   1 *Acorus calamus* 'Variegatus', Weißbunter Kalmus
   1 *Typha angustifolia,* Rohrkolben
   1 *Hippuris vulgaris,* Wassertanne
   2 *Eleocharis acicularis* (U), Nadelkraut
   1 *Hydrocharis morsus-ranae,* Froschbiß
   1 *Nymphaea* 'Laydekeri Lilacea', Rosa Zwergseerose

Für mittlere Gefäße:
Durchmesser 50 bis 60 cm,
Höhe 30 bis 40 cm

1. Vorschlag
   1 *Alisma plantago-aquatica,* Froschlöffel
   1 *Typha laxmannii,* Rohrkolben
   1 *Ranunculus flammula,* Brennender Hahnenfuß
   1 *Utricularia vulgaris* (U), Wasserschlauch
   1 *Nymphoides peltata,* Seekanne

2. Vorschlag
   1 *Typha minima,* Zwergrohrkolben
   3 *Myriophyllum brasiliense,* Tausendblatt
   1 *Nymphaea pygmaea* 'Alba,' Weiße Zwergseerose

Sumpfpflanzen für flache Schalen und Kästen

(10 bis 20 cm Wasserstand)
   1 *Calla palustris,* Sumpfkalla
   1 *Caltha palustris,* Sumpfdotterblume
   1 *Juncus inflexus,* Blaugrüne Binse
   1 *Lysimachia nummularia,* Pfennigkraut
   1 *Mimulus luteus,* Gauklerblume
   1 *Myosotis palustris,* Sumpfvergißmeinnicht
   1 *Ranunculus flammula,* Brennender Hahnenfuß
   1 *Typha minima,* Kleiner Rohrkolben
   1 *Veronica beccabunga,* Bachbunge

Damit erschöpfen sich die Möglichkeiten nicht. Es können auch andere Sorten miteinander kombiniert werden, die hier nicht aufgeführt sind.

Pflege des Wassergartens und des Wasserlaufs

Im ersten Jahr und in der Folgezeit

Nach dem Einlassen des Wassers muß darauf geachtet werden, ob nicht einzelne Pflanzen aufgeschwemmt sind. Das kann übrigens schon dann passieren, wenn zu hastig Wasser eingelassen wurde.
Im Jahr der Pflanzung ist der Pflegeaufwand gering. Die Pflanzen müssen sich erst einmal entwickeln. Meistens geht es einem nicht schnell genug, auch bei den Pflanzen des Unterwasserbereiches.
Im ersten Jahr ist aller Wahrscheinlichkeit nach mit dem Auftreten von Algen zu rechnen. Dies ist kein Beinbruch, sondern ein ganz natürlicher Vorgang. Im Wasser ist noch kein Leben, und von einer Selbstklärung kann noch nicht gesprochen werden (s. „Algen im Wasser", Seite 189).
Hinweise zum Erkennen von Schädlingen und Krankheiten an Seerosen und anderen Wasserpflanzen, für vorbeugende Maßnahmen und direkte Bekämpfung werden im Kapitel „Schäden und Schädlinge" Seite 192 gegeben. Die Bekämpfungsmaßnahmen sollten frühzeitig erfolgen, um eine Massenvermehrung der Schädlinge oder Ausbreitung der Krankheiten zu unterbinden und größeren Schaden an den Pflanzen zu verhindern.
Nach einem gewissen Zeitraum, etwa ab 2. oder 3. Jahr, je nach Pflanzabstand im Wassergarten, ist es dicht geworden in den Pflanzflächen. Starkwüchsige Arten wuchern in Nachbarsorten, wenn sie nicht in Pflanzgefäße oder -kammern gesetzt werden. Bei diesen wie auch allen anderen zu dicht gewachsenen Beständen ist ein Auslichten empfehlenswert. Das Auslichten sollte möglichst beim Austrieb, also im Frühjahr vorgenommen werden. Das Entfernen zu dicht stehender Pflanzen, Ausläufer und Sprossen ist die wichtigste Arbeit bei ausgepflanzten Beständen. Gegebenenfalls muß die ganze Pflanze herausgenommen und ein Teilstück wieder frisch gepflanzt werden.
Zu groß gewordene Bestände von Schwimmpflanzen lassen sich leicht durch Abfischen reduzieren, wie:

Azolla caroliniana (A. mexicana), Feenmoos
Eichhornia crassipes, Wasserhyazinte
Hydrocharis morsus-ranae, Froschbiß
Salvinia natans, Schwimmfarn
Stratiotes aloides, Krebsschere

Zwar sehen Samenstände vieler Wasserpflanzen oft bis in den Winter hinein schön aus, wie vom Froschlöffel *(Alisma)* oder Pfeilkraut *(Sagittaria),* aber durch den ausgefallenen Samen können sich im nächsten Jahr viele neue Pflanzen einstellen. Wer dies nicht schätzt, sollte die Samenstände vor dem Reifwerden abschneiden.

Auch einige Unterwasserpflanzen können durch ihr Herumwuchern lästig werden, insbesondere solche, die bis an die Wasseroberfläche kommen. Sie unterdrücken andere Pflanzen und können sogar Seerosen in Bedrängnis bringen. Auch im Wasser gibt es einen Kampf ums Überleben, und die starkwachsenden Pflanzen entwickeln sich auf Kosten der schwächeren, meist schöneren und gewünschten. Da muß man hin und wieder eingreifen. Da Unterwasserpflanzen nicht fest im Bodengrund wurzeln, stellt ihre Beseitigung kein sonderliches Problem dar.

Ein Nachdüngen ausgepflanzter Wasserpflanzen ist nicht erforderlich, es sei denn, es wurde viel zu wenig oder zu magere Erde eingebracht, und man sieht am Kümmerwuchs und frühzeitig vergilbenden Blättern, daß Nahrungsmangel herrscht. Dies kann bei nährstoffbedürftigen Pflanzen, wie *Lysichitum* (Scheinkalla), *Orontium* (Goldkeule) oder *Pontederia* (Hechtkraut), der Fall sein. In Körben, Behältern, Kammern oder Vertiefungen ausgepflanzten Sorten stehen Erde und damit auch Nährstoffe nur begrenzt zur Verfügung. Es ist naheliegend, daß hier nach gewisser Zeit (nicht gleich im ersten Jahr) nachgedüngt werden muß. Sind sie allerdings in ihrem engen Raum zu dicht eingewachsen, hilft kein Nachdüngen, dann müssen die Pflanzen geteilt und in frische Erde umgepflanzt werden. Nachgedüngt soll erst werden, wenn deutlich am Wuchs und Aussehen der Pflanze Nahrungsmangel erkennbar ist. Zum Nachdüngen wird der Korb aus dem Wasser genommen und der Dünger – Hornspäne, Osmocote oder Volldünger – in den Boden gedrückt. Gegebenenfalls wird auch Erde nachgefüllt, da in den meisten Fällen die Erde in den Körben weniger wird. Können die Körbe nicht herausgenommen werden, muß man den Dünger in Lehm kneten oder einen feuchten Brei anrühren, der eingefroren wird. Die Eisstücke kann man dann leichter in den Boden drücken (s. auch „Erde für Seerosen" Seite 52).

Unerwünschter Pflanzenwuchs sollte sich nicht breit machen, eine offene Wasserfläche soll frei bleiben, und die Pflanzen sollten gesund und schön sein. Dies ist nicht so schwierig, wie man oft meint. So muß ein Wassergarten nicht mehr Aufwand erfordern als etwa die Pflege eines Rasens oder einer Blumenrabatte. Voraussetzung ist allerdings, daß die Einrichtung überlegt vorgenommen wird und die Maßnahmen zur Pflege und zur Schädlingsbekämpfung (s. „Schäden und Schädlinge", Seite 189) fristgerecht durchgeführt werden.

Wenn die Pflanzen einige Jahre in den Körben stehen und man ihnen ansieht, daß sie zu eng stehen oder hungern, dann müssen sie umgepflanzt werden. Bei starkwachsenden Arten, z. B. *Typha* (Rohrkolben), *Iris pseudacorus* (Wasserschwertlilie) oder *Acorus* (Kalmus), wird dieser Fall früher eintreten, insbesondere wenn anfangs ein zu kleiner Korb gewählt wurde. Das gilt auch für Pflanzen, die in Kammern oder Bodenvertiefungen stehen. Zum Umpflanzen wird man meistens die Wandungen aufschneiden müssen. Pflanzen, die lediglich in einen größeren Behälter kommen sollen, braucht man nur umzupflanzen. Sonst müssen so viele Teilstücke von ihnen abgetrennt werden, wie wieder gepflanzt werden sollen. Erde sollte immer gehäuft in den Korb gegeben werden. Erfahrungsgemäß setzt sie sich, und dann ist der Korb nicht mehr bis an den Rand gefüllt.

Das Abdecken der Pflanzfläche mit grobem, gewaschenem Kies oder bis daumengroßen Steinen ist insbesondere dann zu empfehlen, wenn die Erde leicht ist oder viel Schwimmanteile enthält, z. B. bei Lehm.

Ist das Pflanzsubstrat sehr sandig, empfiehlt es sich, vor dem Auffüllen den Pflanzkorb gegen Ausschwemmen der Erde mit einem Ballentuch auszulegen. Werden bepflanzte Behälter in das Wasser gebracht, muß die Erde vorher durchfeuchtet werden, sonst schwimmt der obere Boden beim Einsetzen auf. Ein Abdecken mit grobem, gewasche-

nem Kies ist gegen Aufschwemmen von Bodenteilchen sowohl bei Pflanzgefäßen wie auch bei Pflanzflächen auf dem Bodengrund empfehlenswert.
Was im Winter im Garten zu tun ist, wird anschließend erläutert; die Pflanz- und Pflegemaßnahmen für tropische Pflanzen finden sich unter „Fremdländische Gewächse für den sommerlichen Wassergarten", S. 156. Pflegeanleitung für Seerosen s. S. 60.

Der Wassergarten im Winter

Schutzbedürftige Pflanzen

Abgesehen von den „Fremdländischen Gewächsen für den sommerlichen Garten" (S. 155) sind die beschriebenen Sumpf und Wasserpflanzen – wenn bei den Sorten nicht anderes vermerkt – vollkommen winterhart. Sie können eingefroren monatelang die kalte Jahreszeit überdauern. Eine Ausnahme machen folgende nichtheimische Arten:
Aponogeton distachyus, Wasserähre
Lysichitum-Arten, Scheinkalla
Orontium aquaticum, Goldkolben
Pontederia cordata, Hechtkraut.
Diese sollten nicht einfrieren. *Aponogeton* und *Orontium* können in den tieferen Teil des Teiches umgestellt werden, wenn sie in Pflanzbehältern stehen; sonst müßten sie mit Laub, Styropor, Noppenfolie oder anderem Material wie *Lysichitum* und *Pontederia* geschützt werden.
In diesen Winterschutz wären noch folgende Arten einzubeziehen, wenn diese an sehr frostgefährdeten Stellen stehen, der Winter hart ist und der Frost lange anhält:
Cyperus longus, Langes Zypergras
Juncus effusus 'Spiralis', Korkenzieherbinse
Marsilia quadrifolia, Kleefarn
Mimulus ringens, Gauklerblume.
Die drei ersten Arten vertragen wie *Aponogeton* und *Orontium* auch tieferen Stand bei offenem Wasser im Winter.
Eine Laubschüttung für längeren Zeitraum mögen *Mimulus cupreus* und *M.* × *tigrinus* nicht. Eine luftige Abdeckung, z. B. mit einer Styroporkiste mit Löchern für die Durchlüftung, ist angebrachter. Haben Pflanzen Samen angesetzt, so kann man sie im März-April aussäen. Anzunehmen ist auch, daß sie sich selbst versamen.

Seerosen im Winter

Stehen Seerosen in einer Tiefe (ca. ab 60 cm), wo sie üblicherweise – jedenfalls für einen längeren Zeitraum – nicht einfrieren, können sie bedenkenlos überwintern. Ausgenommen sind gelbe und kupferfarbene Sorten, die auch nicht kurzfristig einfrieren sollten.
Im flachen Wasser stehende Seerosen (ca. 30 bis 40 cm Tiefe) werden vor Eintritt der Frostperiode tiefer gestellt. Sonst sollte die Wasserfläche mit Noppenfolie (Folie mit Luftpolstern) abgedeckt oder Abdeckmaterial (Laub, Rohrmatten, Styropor) auf eine tragende Eisdecke gebracht werden, um ein weiteres Durchfrieren zu verhindern. Zu den Zwergseerosen für niedrigen Wasserstand zählen neben *Nymphaea pygmaea* 'Alba' die Laydeker-Sorten und 'Ellisiana', 'Froebelii', 'Princess Elizabeth' sowie *N. tuberosa* 'Rosea'; *N. pygmaea* 'Helvola' sollte vorsichtshalber im Gewächshaus oder in einer Schale in einem hellen Raum überwintert werden.
Wasserpflanzen und Seerosen können im Winter im Freiland eingeschlagen und mit einer Laubschüttung frostfrei gehalten werden. Unterwasser- und Schwimmblattpflanzen kann man so aber nicht überwintern (hierzu s. Seite 180).
Steht ein ungeheizter frostfreier Raum oder Keller mit nicht zu trockener Luft zur Verfügung, können dort Seerosen überwintert werden. Geheizte Räume eignen sich dafür nicht. Die Temperatur sollte um +5 °C liegen.

Wasser ablassen oder nicht?

Die Frage, ob im Winter das Wasser im Teich abzulassen ist, kann klar mit „Nein" beantwortet werden. Alle Wasserpflanzen überwintern sicherer in ihrem Element. Werden sie herausgenommen, birgt dies Risiken in sich.
Notwendig kann es allerdings werden bei Pflanztrögen, Wannen, Tonnen und künstlichen Teichen, die oberhalb der Erdoberfläche stehen und nicht eingegraben sind. Können die Mini-Wassergärten oder Teiche nicht frostfrei eingepackt werden, dann erhalten die Pflanzen nach dem Ablassen des Wassers eine Laubschüttung. Damit bei anhaltendem Regen die Behälter sich nicht wieder mit Wasser füllen, ist für Abdeckung mit einer Folie zu sorgen. Ein senkrecht gemauertes oder geschüttetes Becken kann nicht sicher gegen Frostschäden dadurch geschützt werden, daß man das Wasser abläßt. Auch die einseitige Belastung von der Erdseite her kann gefährlich werden. Besser wäre es nachdem sich eine tragende Eisdekke gebildet hat, so viel Wasser zu entnehmen, bis der Abstand vom Wasser zur Eisdecke etwa 10 cm beträgt. Die entstandene Luftschicht isoliert ausgezeichnet und verringert die Gefahr des Durchfrierens. Allerdings rutschen die Eisdecken auf Teichen mit Folienauskleidung leicht ab. Die Isolierung müßte dann durch Abdecken der Eisfläche mit Laub o. ä. vorgenommen werden.
Wer es nun besonders gut meint und den Teich oder Behälter früh abdeckt, läuft Gefahr, daß das Wasser durch Sauerstoffmangel vergiftet wird und allgemein alle Tiere im Wasser in Mitleidenschaft gezogen werden. Wenn nicht durch ein offengehaltenes Loch ein Sauerstoffaustausch erfolgen kann, sollte nach Einsetzen von Tauwetter, auch im Laufe der Wintermonate, das Abdeckmaterial entfernt werden, sonst verzögert man das Auftauen der Eisdecke. Es versteht sich, daß eine dicke Schneeschicht sicherer schützt als alles Abdeckmaterial. Zu Fische im Winter s. „Fische für den Gartenteich", Seite 168).

Abgestorbene Pflanzenteile abschneiden?

Zum Winter ziehen wie die allermeisten Stauden auch die Sumpf- und Wasserpflanzen ein, d. h., ihre oberirdischen Triebe sterben ab. Einige hinterlassen stattliche Blüten- oder Fruchtstände, wie *Alisma* (Froschlöffel), *Phragmites* (Schilf), *Sagittaria* (Pfeilkraut) und *Typha* (Rohrkolben), die im trockenen Zustand zierend und für Trokkensträuße geeignet sind. Andere wirken bis lange in den Winter hinein mit dekorativen Trieben und Blättern, wie *Carex* (Segge), *Juncus* (Binse), *Cyperus* (Langes Zypergras), *Scirpus* (Simse) und *Zizania* (Wildreis); Rauhreif, Schnee und Sonne verzaubern sie zu bizarren Gebilden von seltener Schönheit. So wird Erlesenes erst entfernt, wenn winterliche Stürme es zerzaust und unansehnlich gemacht haben.
Seerosenblätter brauchen nur dann entfernt zu werden, wenn in einem kleinen Teich mit viel organischer Masse Belastungen auftreten können. Bei größeren Teichen mit weniger anfallenden organischen Substanzen können die Blätter ohne Bedenken im Wasser belassen werden. Dies kann sogar erwünscht sein, wenn wenig Bodengrund vorhanden und das Wasser nährstoffarm ist. In kleinen und flachen Teichen dagegen, insbesondere dort, wo im Winter viel organische Masse durch abgestorbene Pflanzenteile anfällt oder wo durch die Umsetzungsvorgänge u. U. der Fischbestand gefährdet wird, sollte man alle erreichbaren abgestorbenen Pflanzenteile entfernen.

Sumpfpflanzen, Stauden und Gräser schützen?

Rechtzeitig, nämlich vor Einsetzen der ersten Frostperiode etwa ab der 2. Novemberhälfte, müssen folgende Arten mit einer Laubschüttung sorgfältig so abgedeckt werden,

daß sie nicht einfrieren:
Gunnera-Arten, Mammutblatt
Hibiscus moscheutos, Sumpfeibisch
Cortaderia selloana, Pampasgras
Pseudosasa japonica, Bambus.
Gegen Kahlfröste sollten *Primula vialii* und die Etagenprimeln, wie *P. beesiana,* × *bulle-siana, bulleyana* und *japonica* mit luftigem Abdeckmaterial (Tannenreisig oder abgeschnittenes Kraut) geschützt werden.
Zierender Blattschmuck sowie Blüten- und Fruchtstände werden wie bei den Stauden erst dann abgeschnitten, wenn diese unansehnlich werden. Zu ihnen gehören:
Hemerocallis-Sorten, Taglilien
Heracleum-Arten, Herkulesstaude
Polygonum affine 'Superbum', Knöterich, außerdem alle Gräserarten des Randbereiches.
Wintergrüne Blätter und Triebe, die auch in der kalten Jahreszeit einen belebenden Schmuck darstellen, werden ebenfalls von einem Rückschnitt verschont, wie:
Bergenia cordifolia, Riesensteinbrech
Equisetum-Arten, Schachtelhalm
Eriophorum-Arten, Wollgras
Juncus-Arten, Binse.

Pflege des Wasserlaufs

Wenn man den Wasserlauf als weitgehend natürliches Biotop anstrebt, etwa in Form eines Baches, der durch eine Feuchtwiese fließt, entfällt eine aufwendige Pflege. Man sollte allerdings zweimal im Jahr dafür sorgen, daß die Bachmitte, also das eigentliche Bachbett, nicht verkrautet und nicht mit Fallaub und anderen von Wind und Regen herbeigetragenen Dingen zugeschüttet wird. Ein anspruchsvoller Bach, der mit allerlei Kostbarkeiten bestückt ist, bedarf allerdings einer etwas aufwendigeren Pflege.
Im Spätherbst, auf jeden Fall aber im zeitigen Frühling, muß das Fallaub und alles andere Verwelkte aus dem Bach entfernt werden, damit empfindlichere Pflanzen nicht darunter ersticken. Da so ein Bach meist recht klein ist und die Folie sich in nur geringer Tiefe befindet, kann man Spaten und Hacke nicht anwenden. Man muß alles mit der Hand oder allenfalls mit einem Handgerät machen. Auch das verwelkte Laub der Sumpfstauden muß abgeschnitten werden. Aber Vorsicht! Es darf nicht zu kurz über dem Wurzelhals geschehen. Etwa 10 cm sollten stehenbleiben als Winterschutz, wenn diese Arbeit im Herbst geschieht. Zartere Stauden, wie die Rosenprimel oder das Knabenkraut, müssen von nachbarlicher Konkurrenz befreit werden, von Moos und wuchernden Stauden, und mit einer leichten Torf- oder Kompostgabe geschützt werden. Oft sacken die Kiesel und Findlinge ab. Sie scheinen im Boden zu verschwinden oder sind mit Moos überzogen. Das Moos sollte man entfernen, aber wenn die Steine in den Boden gesunken sind, was spätestens nach 4 bis 5 Jahren sein wird, dann muß man sie alle wieder herausnehmen, mit einem scharfen Wasserstrahl abspülen und das ganze Bachbett neu modellieren. Dabei kann man auch die Pflanzen, die zu sehr in die Breite gegangen sind, verkleinern und neu setzen. Abschließend, und das kann eigentlich in jedem Herbst oder auch im zeitigen Frühjahr geschehen, sollte eine leichte Schüttung mit Kompost oder verrottetem Rinderdung erfolgen. Es ist ratsam, Kompost oder Rinderdung mit einem Drittel Lehm zu binden. Auch Naßtorf, der mit Lehm gebunden und etwas mit organischem Dünger (Horn-, Blut-, Knochenmehlbasis) angereichert ist, kann verwendet werden. Man sollte nicht zu stark düngen, da die Pflanzen sonst zu üppig wachsen.

Ein Beispiel dafür, daß auch ein kleiner Wassergarten vielerlei Pflanzen beherbergen und eine besondere Atmosphäre ausstrahlen kann.

Im Vordergrund (von links) Grasnelke *(Armeria),* Ehrenpreis *(Veronica),* Himmelsleiter *(Polemonium),* Scheinmohn *(Hylomecon).*

Schäden und Schädlinge

Die Trübung

Die Trübung kommt einmal nach der Einrichtung eines Wassergartens, wenn sich eingesetzte Pflanzen noch nicht entwickelt haben, das eingelassene Wasser noch nicht belebt ist, die nützlichen Mikroorganismen fehlen und überschüssiges Eiweiß oder Stickstoffverbindungen nicht abgebaut werden konnten. Die falsche Reaktion darauf wäre, das Wasser zu wechseln; denn dann würden eingeleitete Prozesse im Wasser wieder unterbunden, und es würde nicht lange dauern, bis das frisch eingelassene Wasser genauso aussieht. Vielmehr ist es angebrachter, Geduld aufzubringen und abzuwarten. Die beste Lösung ist, daß sich das Wasser von selbst klärt; dann ist es auch auf dem besten Weg, gesund zu werden. Nur im äußersten Fall soll ein Wasserwechsel vorgenommen werden, und dann nur bis $\frac{1}{3}$ des Volumens. Lieber dann öfters nur einen Teil als alles auf einmal austauschen.

In gewissen Abständen kommen immer wieder Trübungen im Wasser vor. So bei plötzlichem Wetterumschlag oder vor Gewittern. Dies sollte einen nicht beunruhigen, denn dieser Vorgang ist mehr oder weniger auch in Gewässern der freien Landschaft zu beobachten und ist nur von vorübergehender Natur („Wasserblüte“). Zeigen sich buntschillernde Flecken auf der Wasseroberfläche, so rührt das nicht von Öltropfen her, sondern von Umsetzungsprozessen organischer Substanzen. Sie leiten keine Wasserverschmutzung ein.

Wem der Platz für die Anlage eines Wassergartens fehlt, kann sich einen ‚Mini-Wassergarten‘ schaffen z. B. mit gebrauchten Holzfässern, die noch den Vorteil haben, daß man ganz nah alles betrachten kann.

Algen im Wasser

Eine mögliche Schädigung des Wassers oder unserer Wasseranlage durch Algen hängt zunächst einmal von der Art und der Menge der Algen sowie den Entwicklungsbedingungen ab. Algen assimilieren und atmen wie andere Pflanzen auch und können somit als Sauerstofflieferanten durchaus nützlich sein. So kann man oftmals Sauerstoffbläschen an Fadenalgen sehen.

Algen werden nicht immer eingeschleppt; sie kommen vielfach „von selbst“ im wahrsten Sinne des Wortes aus der Luft. Algen bilden Zysten, mit denen sie im trockenen Zustand überleben; selbst nicht wahrnehmbar, werden sie vom Wind weggetragen. Fallen sie irgendwo ins Wasser, erwachen sie zu neuem Leben.

Faden- oder Wattealgen

Im Wassergarten kommen sehr verschiedene Algenarten vor, zum einen die große Gruppe der mikroskopisch winzigen, einzelligen Schwimmalgen verschiedener Farbschattierungen, zum anderen die Faden- oder Wattealgen. Sie sind dunkel blaugrün, der auf der Wasserfläche schwimmende Teil (die ,,Watte") ist hellgrün bis gelblich. Das typische Merkmal der Faden- oder Wattealgen ist, daß sie aus langen Fäden bestehen, die miteinander verbunden sind. Sie haben einen unangenehmen, scharfen Geruch. Wenn sie ihnen zusagende Lebensbedingungen finden, nämlich ausreichend Licht, Wärme, Nährstoffe und gutes Wasser, können sie sich explosionsartig vermehren und viel Masse bilden. Wo Fadenalgen auftreten, ist das Wasser gesund, klar und durchsichtig, abgesehen von den Stellen, wo sie einem die Sicht versperren. Sie wachsen besonders gut ab einem pH-Wert von 7 und bei Härtegraden um 12°dH. Abgesehen davon, daß Fadenalgen unappetitlich aussehen, verunziert ihr massenweises Auftreten die gesamte Anlage. Unerwünscht sind sie aber insbesondere, weil sie die Entwicklung anderer Pflanzen unterdrücken und diese sogar zum Absterben bringen können.

Das bloße Auftreten der Fadenalgen ist noch kein Hinweis auf eine nachhaltige Störung des biologischen Gleichgewichts. Ihre massenhafte Vermehrung rechtfertigt deshalb m. E. nicht den Einsatz chemischer Mittel, wie sie auf Seite 191 beschrieben werden. Mit solchen Eingriffen können nicht vorauszusehende Nebenwirkungen eintreten. So kann es bei Zersetzung der Algen zu Sauerstoffmangel kommen, und nützliche Mikroorganismen können geschädigt werden.

Das einfachste, sicherste und ungefährlichste Mittel ist das Herausfischen und zwar schon dann, wenn sich die ersten Algen entwickeln. Man muß nur darauf achten, daß nützliche Wasserpflanzen nicht mit herausgefischt werden. Beruhigen mag es, daß durchaus damit zu rechnen ist, daß sich im nächsten Jahr keine Fadenalgen mehr zeigen. Völlig verfehlt wäre es deshalb wegen der Fadenalgen das Wasser abzulassen; damit schädigt man den Lebensraum ,,Teich" mehr als man ihm nützt.

Sicher ist interessant zu wissen, daß Kaulquappen und Goldorfen tüchtige Algenvertilger sind. Schnecken sind dagegen keine typischen Algenvernichter, zumindest nicht der Fadenalgen. Ihr Geschmack ist mehr auf faulende organische Stoffe im Wasser gerichtet oder auf solche Algen, die an Stengeln, Blättern oder Wänden auftreten können. Tritt für sie Nahrungsmangel ein, tun sie sich allerdings auch gütlich an zarten Pflanzentrieben.

Schwebealgen

Die größere oder geringe Durchsichtigkeit des Wassers kann von seinem Mineralgehalt herrühren oder durch winzige Lebewesen bedingt sein.

Wird das Wasser trübe und undurchsichtig und hängen die Fische mit dem Maul an der Oberfläche, dann kommt dies meist vom massenweisen Auftreten winzig kleiner Schwebealgen. Daneben kann das Gründeln von Karpfen und Goldfischen zu Trübungen führen; und schließlich werden beim Einlassen von Frischwasser Trübungen durch aufschwimmende Bodenteilchen verursacht. Wer den Grund für die Trübung prüfen will, füllt am besten ein Glas Wasser und läßt es einige Zeit stehen. Aufgeschwommene Bodenteilchen bilden bald einen Bodensatz – das Wasser im Glas wird klar, es sei denn, es enthält entsprechende Mengen von Schwebealgen.

Vorbeugende Maßnahmen

Gegen eine unerwünschte Algenentwicklung kann schon bei der Einrichtung etwas getan werden, nämlich: Einbringen der Erde nach den Empfehlungen auf Seite 52,

räumliche Beschränkung der Bepflanzung (⅓ der Wasserfläche im Endstadium), ausreichender Besatz mit Unterwasser- und Schwimmblattpflanzen, denn durch Nahrungs- und Lichtentzug können die Pflanzen den Algen Konkurrenz machen und ihre Entwicklung behindern.
Ist nur kalkhaltiges Wasser vorhanden, sollte es angesäuert oder evtl. mit Regenwasser versetzt werden (s. auch Seite 51).
Fische erst dann einsetzen, wenn die Pflanzen Fuß gefaßt und sich ausgebreitet haben.
Gegen unerwünschte Algenausbreitung hilft in der Regel mit Hilfe einer Umlaufpumpe bewegtes Wasser, dazu evtl. ein Filter oder Schnorchel. Ausführliches hierüber ist unter „Technisches rund um den Gartenteich" zu finden.
Zur Minderung des Nährstoffgehaltes im Wasser – hauptsächlich Nitrat, Eiweiß und Phosphor, also Stickstoffverbindungen, die das Algenwachstum fördern – ist die Verwendung von Pflanzkörben mit durchlöcherten Wandungen empfehlenswert: Wie bereits ausgeführt (Seite 179), wachsen die Wurzeln durch die Löcher und so können die Pflanzen ihren Nahrungsbedarf unmittelbar aus dem Wasser decken. Besonders *Scirpus lacustris* (Wassersimse) ist in der Lage, nicht nur organische, sondern auch anorganische Verbindungen aufzunehmen und umzusetzen. Eine weitere biologische Maßnahme ist der Einsatz von Schwimmpflanzen, besonders von *Eichhornia* (Wasserhyazinthe), aber auch *Pistia* (Wassersalat), *Stratiotes* (Wasseraloe) und *Hydrocharis* (Froschbiß). Durch Lichtentzug können Schwimmblattpflanzen, wie *Nymphaea* (Seerosen) und *Nuphar* (Mummelblumen) sowie *Azolla* (Schwimmfarn), die Algen zum Absterben bringen, allerdings auch andere Pflanzen!

Bekämpfungsmaßnahmen gegen Algen

Bei reichem Fischbesatz werden die Mikroorganismen (Großplankton), die sich sonst vom Kleinplankton ernähren, von den Fischen vertilgt. Dadurch kommt es zu organisch bedingten Trübungen. Bei unsachgemäßer Fütterung und geringem Pflanzenbesatz wird dieser Vorgang noch beschleunigt. Durch Umsetzungsprozesse wird dem Wasser Sauerstoff entzogen und giftige Gase werden freigesetzt. Ist es soweit gekommen, bleibt einem nichts anderes übrig, als Teilmengen des Wassers zu wechseln oder (und) eine der nachstehend beschriebenen Maßnahmen zu ergreifen. Es versteht sich, daß der Fischbesatz der vorhandenen Menge angepaßt (s. Seite 166) und daß notwenige Nachpflanzungen vorgenommen werden.
Zwar ist eine biologische Klärung anderen Verfahren vorzuziehen, doch es kann die Situation eintreten, daß man nachhelfen muß, um übermäßiger Ausbreitung der Algen entgegenzutreten. Der Handel bietet viele Algenvernichtungsmittel an, deren Wirkung gegen Algen umstritten ist. Der Einsatz ist in reinen Springbrunnenbecken aber durchaus zu empfehlen. Eigene Erfahrung und viele Klagen von Freunden des Wassergartens veranlassen uns jedoch, auf unerwünschte Nebenwirkungen in bepflanzten und mit Fischen besetzten Becken hinzuweisen. Klar ist die Grenze nie zu sehen, wann Chemikalien Schaden im Wasser verursachen, Pflanzen abtöten oder die nützlichen Mikroorganismen schädigen, da die Wasserbeschaffenheit, die Reaktion des Wassers, das Säurebindungsvermögen, der Sauerstoffgehalt und der Gehalt an anderen Stoffen unterschiedlich von Ort zu Ort und von Norden nach Süden sein können. So werden Flüssigkeiten angeboten, die mit Kupfer-II-sulfat angereichert sind. Solche Lösungen werden 1 %ig (1 g/100 cm^3) angewendet. Eine Anreicherung des Wassers mit Kupfer-II-sulfat kann unangenehme Folgen haben: Absterben von Pflanzenteilen oder ganzen Pflanzen. Abgesehen davon kann das Zusammentreffen verschiedener Metallionen im Wasser zu chemischen Reaktionen führen, die auch Fische schädigen können. Die Anwendung von Kupfer-II-sulfat, wie allerdings auch der

nachfolgend behandelten Mittel, erfordert deshalb Umsicht und Überlegung. Ohne Wasseranalyse geht das schief.
Algen entwickeln sich nicht oder nur schlecht in saurem Wasser (pH-Werte unter 6,9). Bei niedrigeren pH-Werten überleben nur Moorgewächse. Zur Algenbekämpfung kann man das Wasser bis zu einem gewissen Grad ansäuern, ohne daß Pflanzen Schaden nehmen. Dabei ist ein pH-Wert zwischen 5 und 6,9 vertretbar. Werden jedoch Fische gehalten, sollte man möglichst nicht unter pH 6 gehen (s. „Tiere des Wassergartens", Wasserqualität Seite 171). Ansäuerung mit Torfextrakten ist teuer, billiger ist das Einbringen von Schwarztorf; daneben kann man den pH-Wert kostengünstig mit Aluminiumsulfat senken (in Drogerien oder Apotheken erhältlich).
Je geringer die Karbonathärte KH*), desto leichter ist das Wasser anzusäuern. Bei geringer Karbonathärte ergeben 100 g Aluminiumsulfat/m^3 Wasser eine Erniedrigung des pH-Wertes um 0.5. Hartes und KH-angereichertes Wasser erfordert größere Gaben. Die entsprechende Menge Pulver wird im Wasser gelöst und dann unter ständigem Rühren dem Teichwasser zugesetzt. Durch chemische Verbindungen, die sich im Wasser zunächst lösen, werden Trübungen gebunden, die nach einigen Stunden ausflokken. Die Pflanzen unter Wasser werden mit einem weißen Belag bedeckt. Der Niederschlag fällt mit der Zeit auf den Boden und vermischt sich dort mit der Erde.

* KH = Abkürzung für Karbonathärte: Anteile der Kalzium- und Magnesiumverbindungen mit Kohlensäure. Von der Höhe der KH in der Gesamthärte (GH) hängt das sogenannte Pufferungsvermögen ab. Wasser mit geringer KH ist Schwankungen im Säure-Basen-Bereich mehr ausgesetzt. Die KH beeinflußt den Ablauf sehr komplizierter chemischer Vorgänge im Wasser, die sich auch auf den pH-Wert auswirken. Sie ist vor allem mitverantwortlich für die Bereitstellung der sogenannten Gleichgewichtskohlensäure oder freien Kohlensäure, das Kohlendioxid, das für das Wachstum der Pflanzen u. a. lebensnotwendig ist.

Ein anderes Mittel, um den pH-Wert in den schwachsauren Bereich zu senken, ist das Einbringen von Kalziumsulfat (in Drogerien erhältlich), und zwar 20 bis 30 cm^3 auf 20 bis 30 l Wasser, d. h. etwa 1 Eßlöffelvoll in eine 10-l-Gießkanne. Die angerührte Mischung wird auf die gesamte Wasserfläche gleichmäßig ausgebracht und mit einem Stock eingerührt.
Nach Swindells (1971) wird als Ergebnis amerikanischer Versuche die Einbringung einer Mischung von Heu und Superphosphat Ende März speziell bei hartem Wasser empfohlen. Darin wird auch gegen Veralgung Natriumarsenit bei einer Dosierung von 1,7 ppm (μg/kg) empfohlen. Für Fische soll das Mittel in der angegebenen Dosierung ungefährlich sein.
Alle die aufgeführten Mittel und Verbindungen werden im Wasser wieder abgebaut; d. h., daß ihre Wirkung nicht ewig vorhält. Wie lange, ist von Fall zu Fall verschieden. Von einer laufenden oder mehrmaligen Anwendung hintereinander wird allerdings gewarnt, da zuviele Gaben zu Belastungen des Wassers führen können.

Schädliche Insekten

Die Anzahl schädigender Insektenarten im Wassergarten ist nicht allzugroß, aber wichtig ist es, diese Schädlinge zu kennen, um sie frühzeitig bekämpfen zu können. Der Natur, d. h. den Vögeln, Fischen oder anderen Tieren kann man dies nicht überlassen, man würde böse Überraschungen erleben. Sind die Schädlinge erst dezimiert, ist man vor ihrem massenhaften Auftreten sicher.

Seerosenblattkäfer (Galerucella nymphaeae)

Er gehört mit zu den unangenehmsten Schädlingen oder ist sogar der Schädling Nr. 1. Vorwiegend werden die Blätter von der nur wenige Millimeter großen dunklen

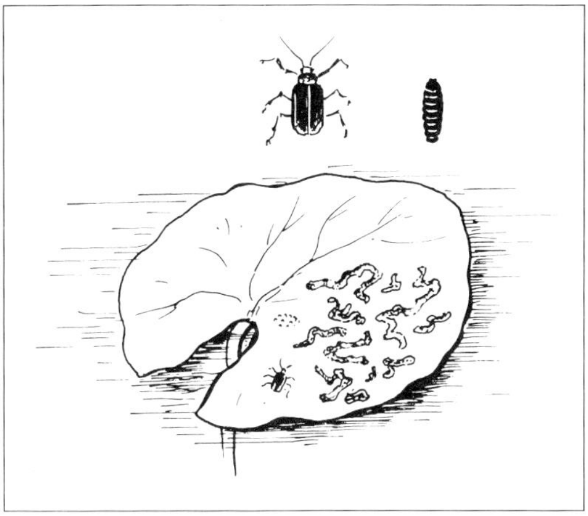

Seerosenblattkäfer mit Larve

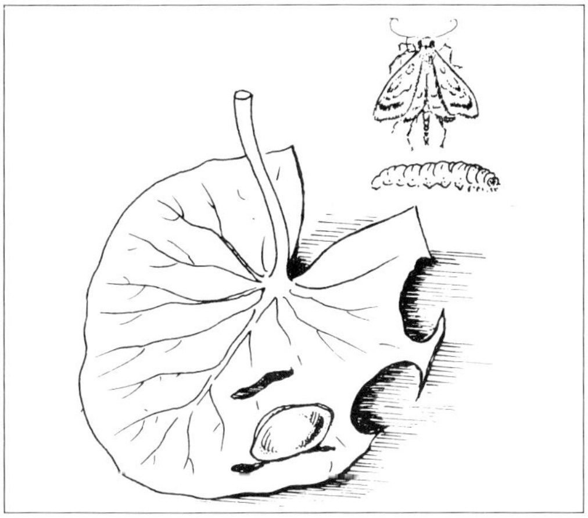

Seerosenzünsler mit Larve

Larve, die, abgespült, gelblich ist, befallen. Durch Loch-, Minier- oder Schabefraß kann die gefräßige Larve das Blatt bis zum Absterben schädigen. Bei einem massenweisen Auftreten wird kein Blatt ausgelassen. Der 6 bis 8 mm groß werdende Käfer beginnt seine Eiablage im Juni und lebt an Uferpflanzen (siehe Abb. oben).

Bekämpfung. Abwischen der befallenen Blätter. Dabei ist darauf zu achten, daß die entfernten Larven nicht an anderen Blättern wieder anlanden. Abspritzen hilft meistens nicht, da die Larven fest am Blatt sitzen. Sonst wird man bei stärkerem Befall nicht um den Einsatz von Insektiziden (Mittel zur Bekämpfung von Insekten) herumkommen. Mittel beim Fachhandel oder beim zuständigen Pflanzenschutzamt erfragen. Seit Jahren verwenden wir bei Befall durch Seerosenkäfer das systemisch wirkende Mittel Metasystox R mit bestem Erfolg. Es gilt als fischgiftig. Nach ca. 2 bis 3 Wochen wird tunlichst die Spritzung wiederholt, um evtl. später geschlüpfte Parasiten zu erfassen. Die befallenen Pflanzenteile nur gezielt und mit Vorsicht – nach Gebrauchsanweisung – spritzen. Nach bisherigen Beobachtungen meiden Vögel diese Larven.

Seerosenzünsler (Nymphula nymphaeata)

Nicht weniger Schaden verursacht bei massenweisem Auftreten der Seerosenzünsler, ein kleines, mottenähnliches Insekt. Sein Erscheinen beobachtet man an Seerosenblättern, bei denen Blattstücke regelrecht herausgetrennt sind. Die etwas schildförmig ovalen Blattstücke werden von der Raupe dieses kleinen, grauweißen Schmetterlings als Behausung bis zur Verpuppung benutzt. Dazu werden zwei gleichgroße Stücke verwendet, so daß dieses „Boot" nicht sofort als Schlupfwinkel eines Lebewesens erkannt wird. Erst wenn man die beiden Blatteilchen auseinanderklappt, sieht man die darin befindliche Raupe. Der Befall tritt in den Monaten Juli-August auf. In kleinen Teichen sammelt man die Raupen (auch unter den Blättern) ab. Übrigens wagen sich an diese Schädlinge auch Vögel heran. Einmal kann man beobachten, daß sie hinter dem Schmetterling her sind, zum anderen holen sie sich mit Sprüngen und Sätzen von Blatt zu Blatt auch direkt die Raupen; dies tun sogar Spatzen, wenn sie ihre Brut versorgen. Bei größeren Beständen und stärkerem Befall wird man um Spritzungen zur Bekämpfung nicht herum kommen (siehe Abb. S. 193). Geeignete Mittel und Bekämpfung: Wie beim Seerosenblattkäfer.

Blattläuse (Rhopalosiphon nymphaeae)

Die Seerosenblattlaus saugt an den Blättern, besonders an jungen, zarten, sowie an den Knospen und Blüten, die bei anhaltend feuchtwarmem Wetter schwarz von Befall sein können. Die Pflaume und Schlehe gelten als Zwischenwirt zur Überwinterung im Eistadium. Die Bekämpfung sollte also dort schon beginnen. Aber auch *Sagittaria* (Pfeilkraut), *Alisma* (Froschlöffel), *Butomus* (Blumenbinse), *Potamogeton natans* (Laichkraut) und andere mehr können von Blattläusen befallen werden. Bei massenhaftem Auftreten verkümmern die befallenen Pflanzenteile und vergilben. U. U. kann sogar die ganze Pflanze in Mitleidenschaft gezogen werden und ganz eingehen. Ein Abspritzen der befallenen Pflanzenteile mit einem scharfen Wasserstrahl kann helfen, insbesondere, wenn die Läuse vereinzelt auftreten. Da diese mit einer Wachsschicht überzogen sind, gehen sie im Wasser nicht unter, sondern können stundenlang darauf treiben, bis sie irgendwo wieder Halt finden.
Wenn eine mechanische Bekämpfung (Abwischen oder Abspritzen) nichts nützt, sollte man in einschlägigen Fachgeschäften oder beim zuständigen Pflanzenschutzamt geeignete Mittel erfragen.
Da immer wieder neue und verbesserte Mittel auf den Markt kommen, ist es nicht ratsam, in diesem Buch Mittel zu empfehlen, da diese in absehbarer Zeit schon wieder überholt sein können.

Spritzmittel

Kann die Pflanze nicht herausgenommen werden, und ein Schädling ist unter Wasser zu bekämpfen, dann geht das nur durch systemisch wirkende Spritzmittel, wie Metasystox R, die z. B. auf die Schwimmblätter gespritzt und von dort zu den übrigen Pflanzenteilen transportiert werden.
Schädlingsbekämpfungsmittel nicht direkt ins Wasser bringen! Sonst könnte alles tierische Leben abgetötet werden und das Wasser umkippen.
Pyrethrum-Derris-Mittel (Parexan) sind verhältnismäßig ungiftig für Warmblüter. Der Wirkstoff gefährdet aber besonders die Fische sowie Kröten, Frösche und Molche und auch alle wirbellosen Wassertiere.

Pilze und Bakterien

An Wasserpflanzen treten verhältnismäßig wenig Pilzkrankheiten auf bzw. ist wenig bekannt davon. Oft leistet ihnen irgendein Mangel Vorschub, so etwa bei Rost.
Rost *(Puccinia iridis)* finden wir gelegentlich bei ungünstigen Standortbedingungen an *Acorus gramineus* (Zwergkalmus) und *Iris kaempferi* (Japaniris).
Direkte Bekämpfung durch Spritzen mit speziellen organischen Fungiziden ist möglich, ebenso wie bei Schmarotzerpilzen auf Blattunterseite und Stengeln der Seerosen. Schadbild: schorfähnliche Flecke. Neben der Anwendung von Spritz- und Stäubemitteln sollte vor allem für bessere Kulturbedingungen gesorgt werden, wenn das durchführbar ist: mehr Licht, wärmerer Standort, Nachdüngen, Auslichten der Bestände, denn Nahrungsmangel oder Bedrängnis durch andere Pflanzen ist die häufigste Ursache eines solchen Befalls.
Die Knollenfäule wird von *Gloeosporium nymphaearum* verursacht. Schadbild: gelbe Flecken auf Blättern, die zunehmend größer werden, bis die Blätter ganz absterben; Blätter liegen nicht auf der Wasseroberfläche; Ränder hängen schlaff herunter. Es treiben immer weniger Blätter nach oben, bis ein Neuaustrieb ganz unterbleibt. Hier handelt es sich um „Schwächeparasiten", die Knollen oder Wurzelstock befallen haben. Ursache: geschwächte Pflanze, zu tiefer oder kal-

ter Standort, Beschädigung an der Knolle oder dem Wurzelstock, ungeeignete Erde (zuviel Dünger im Wurzelbereich bei umgesetzten Pflanzen), anhaltende kalte Witterung in der Vegetationszeit. Als Spritzmittel organische Fungizide verwenden. Geeignete Mittel beim Fachhändler erfragen oder beim Pflanzenschutzamt.
Wenn die Pflanze nicht herausgenommen werden kann, vor Anwendung das Wasser senken, damit die befallenen Pflanzenteile gezielt behandelt werden können. Vorbeugen ist auch hier besser als heilen. Keine Erde verwenden, in der schon früher Seerosen standen! Beim Pflanzen Rhizomstück nach Faulstellen abtasten. Schadstellen bis in das gesunde Fleisch ausschneiden und mit Holzkohle bestreichen. Auch Holzkohle mit ins Pflanzloch geben.
Da bei Fäulnis unterschiedliche Schadbilder auftreten, ist nicht immer leicht zu erkennen, wo die Ursache liegt. Vielfach sind Pilze und Bakterien erst zum Zug gekommen, nachdem eine Verletzung der Pflanzenteile durch Fraßschäden oder andere Einwirkung bereits vorlag. Milben schädigen schon die jungen Triebe der Pflanze; bei fortschreitendem Wachstum siedeln sich in der Wundfläche dann schädliche Pilze und Bakterien an und verursachen schließlich die Fäulnis. Solche Pflanzen sind entweder zu ersetzen, oder man nimmt sie heraus, behandelt sie in einem Bad mit Fungiziden und pflanzt sie danach an günstigem Standort in frischer Erde wieder aus.

Unerwünschte Pflanzen

Wuchernde Unterwasserpflanzen, wie *Elodea canadensis* (Kanadische Wasserpest) in hartem Wasser und *Hydrilla verticillata* (Wasserquirl) in weichem Wasser, haben zwar auch nützliche Eigenschaften, können aber durch ihren rasanten Ausdehnungsdrang lästig werden. Beide haben quirlige grüne Triebe, die mit schmalen Blättchen besetzt sind. Nur geeignet für große Teiche, wo ihr Herumwuchern andere Pflanzen nicht in Bedrängnis bringt. Sie machen insbesondere jungen und schwach entwickelten Pflanzen den Lebensraum streitig, die dann verkümmern und ganz eingehen. Deswegen sollten wir diese sowie andere unerwünschte Bestände wuchernder Unterwasserpflanzen entfernen. Wo in stehenden Gewässern sehr viel Unterwasserpflanzen, aber auch Schwimmpflanzen oder Fadenalgen wachsen, entnehmen sie dem Wasser Kohlensäure (CO_2) und können dadurch das erwünschte Gleichgewicht der im Wasser gelösten Stoffe stören. Außerdem entziehen sie, je nach Pflanzenmasse, dem Wasser eine Reihe organischer und anorganischer Stoffe – eine mehr oder weniger erwünschte Nebenerscheinung.
Andere unerwünschte Pflanzen im Wassergarten sind *Lemna minor* (Wasserlinse oder Entenflott) sowie *Azolla caroliniana* in großen Beständen, die durch Massenvermehrung bald die gesamte Wasserfläche überziehen können. Es sind Schwimmpflanzen, die ihre Nahrung aus dem Wasser entnehmen. Nährstoffreiches Wasser läßt sie doppelt so schnell wachsen wie nährstoffarmes. Insbesondere mit langfädigem *Potamogeton* (Laichkraut) wird Entenflott lästig; da es sich mit den kleinen Wurzeln an den dünnen Fäden festhakt, ist es dann nicht einfach abzuschwemmen und abzuspritzen. Durch Lichtentzug unterdrückt die Pflanze zwar unerwünschten Algenwuchs und wuchernde Unterwasserpflanzen, bedrängt aber auch nützliche Pflanzen, z. B. Seerosen.

Bekämpfung. Abschöpfen und Herausfischen ist die einfachste Methode. Bei größeren Flächen in großen Teichen ohne Fischbesatz ist ein Abspritzen mit Gramoxone S möglich, wenn man keine Enten darauf ansetzen will. Fische schnappen hin und wieder nach Wasserlinsen, besonders gerne Rotfedern und Goldorfen. Auch Wasserbewegung hilft insofern, als sie die Massenver-

mehrung unterdrückt (s. auch ,,Technisches rund um den Wassergarten", Seite 222).
Alle starkwüchsigen Pflanzen können andere in Bedrängnis bringen, nicht nur über Wasser wachsende, sondern auch submerse, Schwimm- und Schwimmblattpflanzen, wie *Nymphoides* (Seekanne), *Potamogeton* (Laichkraut), *Ceratophyllum* (Hornkraut) u. a. m. Wir rechnen sie deshalb aber nicht zu den schädlichen Pflanzen, sondern reduzieren lediglich ihre Bestände.

Sonstige Schädigungen

Veränderungen, Mißbildungen und Verwachsungen an Trieben und Blättern der Seerosen und anderer Sumpf- und Wasserpflanzen können durch Wachstumsstockungen hervorgerufen werden. Das sieht an Trieben und Blättern wie gerafft oder gedrückt aus. Solche nicht krankheitsbedingten Erscheinungen können auftreten, wenn nach warmer Schönwetterperiode kühles, dunkles Wetter folgt. Auch Stockungen im Wachstum der Neuaustriebe (Blätter kommen nicht oder kaum zur Wasseroberfläche, der Rand hängt schlaff herunter) sowie frühzeitiges Vergilben der Blätter bei Seerosen können durch solch wechselhaftes Wetter hervorgerufen werden. Das gleiche kann mit Knospen der Seerosen erfolgt sein, wenn diese nicht bis an die Wasseroberfläche kommen oder, statt aufzublühen, abfaulen. Dagegen ist nichts zu machen.
Diese Erscheinungen verlieren sich aber wieder, wenn die Witterungsverhältnisse sich stabilisiert haben.
In abgelegenen Teichen können sich Bisamratten einstellen, die nicht nur großen Schaden an Pflanzen anrichten können, sondern auch durch Wühlen die umgebenden Dämme aushöhlen und undicht machen (beim Pflanzenschutzamt die Adresse des zuständigen Bisamrattenjägers erfragen).
In Hausgärten kann es vorkommen, daß Wildenten oder Bläßhühner einfliegen. Bei einem gelegentlichen Besuch werden sie kaum Schaden im Gartenteich anrichten. Kommen sie aber öfters, können sie besonders in den Winter- und Frühjahrsmonaten Schäden an Unterwasserpflanzen, Wurzelstöcken und Knollen der Wasserpflanzen verursachen. Kreuz und quer Fäden über den Teich zu ziehen, kann helfen; reicht das nicht aus, kann man nicht umhin, ein Netz über den Teich zu spannen oder öfters nach dem Teich zu sehen, um das unerwünschte Wassergeflügel zu verscheuchen.
Mückenlarven werden wohl allgemein bekannt sein und auch die Tatsache, daß sie keine Schäden an Pflanzen verursachen. Auch viele andere Käferarten, Asseln, Wasserläufer, wie sie unter ,,Ungeladene Gäste" auf Seite 175 beschrieben werden, sind harmlos und verursachen an unseren Pflanzen keinen Schaden.
Schneckenlaich, (Abb. unten) der oft unten an Seerosenblättern oder an Unterwassertrieben anderer Pflanzenarten zu finden ist, wird vielfach als Schädling angesehen. Schneckenlaich ist fast durchsichtig, sieht gelatinös aus und ist bis mehrere Zentimeter lang. Er sitzt fest am Blatt an, immer

Schneckenlaich auf der Unterseite eines Seerosenblattes

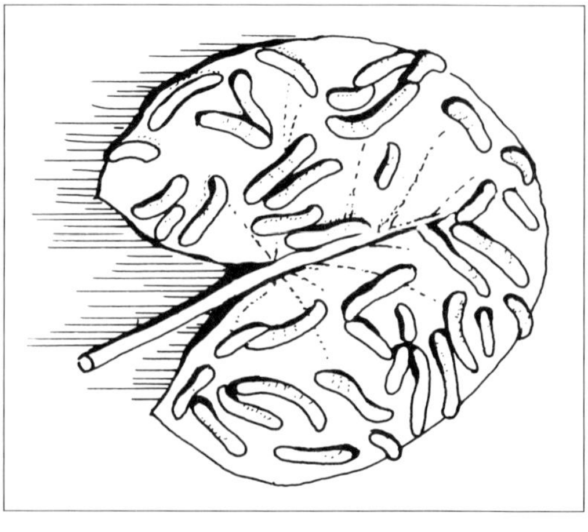

unter Wasser. Siehe auch „Wasserschnekken und Muscheln“, Seite 174. Schneckenlaich ist für die Pflanze ungefährlich.

Würmer, so ist gelegentlich zu hören, seien an der Unterseite von Seerosenblättern vorzufinden. Es ist fraglich, ob sie die Wirtspflanze schädigen. Sollte das der Fall sein, werden solche Pflanzen, sofern sie in Behältern stehen, aus dem Wasser geholt; draußen kann man sie besser unter die Lupe nehmen. Dies trifft auch auf jeden sonstigen Befall an Pflanzen in Behältern oder Pflanzkörben zu. Können die Schädlinge nicht abgewischt werden, muß ein Insektizid, und zwar ein sogenanntes Kontaktgift, angewendet werden. Gegebenenfalls ist eine Fachhandlung zu befragen oder das Pflanzenschutzamt.

Fische fressen gelegentlich Pflanzenteile (z. B. auch Wasserlinsen oder Algen), aber von Schaden kann dabei nicht gesprochen werden. Nur der Graskarpfen hat mehr Appetit auf Grün und ist deshalb wie Karpfen, Schleie und ähnliche Fische für den kleinen Gartenteich nicht geeignet.

Schnecken sind als harmlos anzusehen, insbesondere die zu den Teller- (Posthorn-) und den Sumpfdeckelschnecken zählenden. Sie helfen bei der Entfernung faulender Abfallstoffe, in begrenztem Maße auch bei der Vernichtung festsitzender, flächig wachsender Algen. Dagegen kann die Große Schlammschnecke *(Lymnaea stagnalis)* mit dem spitzen, keilförmigen Gehäuse uns dann zu schaffen machen, wenn sie in Massen auftritt. Sie kann sich stark vermehren, und wenn kein ausreichendes Angebot an absterbenden Pflanzenteilen vorhanden ist, geht sie auch an zarte Blätter, z. B. *Aponogeton* (Wasserähre) und *Stratiotes* (Wasseraloe). Durch Abfischen ist ihrer aber dann leicht Herr zu werden.

Technisches rund um den Wassergarten

Anlage eines Wassergartens

Dem technischen Fortschritt haben wir es sicher mit zu verdanken, daß Wasseranlagen verschiedener Art so schnell in zunehmendem Maße Eingang in die Gärten gefunden haben. War die Erstellung früher nur in der herkömmlichen und aufwendigen Bauweise aus armiertem Beton oder Mauerwerk möglich, so wurde dieses Verfahren durch Fertigbecken und Dichtungsbahnen verdrängt. Es kann allerdings auch heute Gründe geben, künstliche Becken nach der herkömmlichen Art zu bauen; nur werden dies Ausnahmen sein, und man beauftragt dafür besser Fachfirmen, wenn man selber über keine praktischen Erfahrungen verfügt.
Die Verwendung von Bitumenpappe für die Abdichtung ist heute technisch überholt, weil zu arbeitsaufwendig. Durchführbar, aber nicht ganz einfach ist das Auftragen von Polyester auf Glasfasermatten für die Abdichtung freier und gebauter Formen. Die Arbeitsweise ist nicht in kurzen Worten zu erläutern. Da dic Hersteller genaue Verarbeitungsmethoden und Anleitungen ausgearbeitet haben, ist es sinnvoller diese zu befragen, wenn man sich näher informieren will.
Die Abdichtung künstlicher Teiche oder Seen durch Asphalt wird bei großen Anlagen mit gutem Erfolg vorgenommen. Für den Bau eines relativ kleinen Gartenteiches ist diese Methode dagegen nicht zu empfehlen. Dasselbe gilt für die neu entwickelte Abdichtungstechnik von Erdgruben, Betonbecken usw. durch Beschichten mit spritzbaren chemischen Produkten unterschiedlicher Zusammensetzung. Da für die Verarbeitung – abgesehen von einer Portion Erfahrung – besondere technische Geräte notwendig sind, können nur Fachfirmen die Ausführung übernehmen. Für die Abdichtung relativ kleiner Anlagen, wie etwa eines Gartenteiches, wird die Methode recht aufwendig und wohl in den meisten Fällen unwirtschaftlich.
In diesem Beitrag sollen die einfachsten und preisgünstigsten Möglichkeiten und Bauweisen aufgezeigt werden, die auch der unkundige Laie ohne große technische Kenntnisse und Fertigkeiten durchführen kann.

Folie oder Fertigbecken?

Häufig soll oder muß gar der Gartenteich eine ganz bestimmte Form haben – rechteckig, kreisförmig, nierenförmig, viereckig oder winkelförmig – , die sich, z. B. beim nachträglichen Einbau an Sitzplätzen, Terrassen, Mauern aus der Situation oder einfach aus dem verfügbaren Platz, der Form und Größe des Gartens ergibt. Sie könnte mit Folie zwar hergestellt werden, aber dies würde zusätzliche Hilfsmittel erfordern. Deshalb sind Fertigbecken vorzuziehen, wenn der Fachhandel diese in der gewünschten Größe und Tiefe liefern kann. Ein weiterer Grund dafür: Fertigteiche mit festen, robusten Wandungen sind für den Einbau von Wasserspielen, Springbrunnen und Wasserspeiern, Sprudel- und Mühlsteinen meistens besser geeignet. Soll dagegen ein etwas größerer Wassergarten in unregelmäßiger Form und mit flach auslaufenden Ufern eingebaut werden, so empfehlen sich dafür Dichtungsplanen aus 1 mm dicker Folie aus PVC, wie sie auch zur Anlage eines Feuchtgartens oder eines Bachlaufes (s. S. 42, 210, 226) oder zur Reparatur undicht gewordener Betonbecken (s. Seite 203) verwendet werden. Sie sind flexibel und schmiegen sich der ausgehobenen Form ideal an (s. Abb. S. 220). Das Auslegen verschweißter Planen kann von Laien vorgenommen werden, Vorkenntnisse sind nicht erforderlich.

Dichtungsplanen für Gartenteiche und Wasserbecken

Die gängigen Stärken der PVC-Folie (PVC = Polyvinylchlorid) für die Verwendung als Abdichtung für Teiche liegen zwischen 0,5 bis 1,0 mm. Letztere ist vorzuziehen, wenn die Folie im Kaltschweißverfahren selbst verschweißt werden soll, weil die Verarbeitung dünnerer Folie mehr Erfahrung voraussetzt. Zudem ist das Risiko des Undichtwerdens durch mechanische Beschädigung bei einer dünnen Folie auch größer.

Da die Dichtungsplanen schmiegsam und elastisch sind, lassen sich mit ihnen leicht und schnell künstliche Teiche auch mit unregelmäßigen Uferformen abdichten.

Werden die Planen in der Dicke von 1 mm oder mehr wie nachfolgend beschrieben eingebaut, so ist mit jahrzehntelanger Haltbarkeit zu rechnen. Es muß aber sichergestellt sein, daß es sich um Dichtungsbahnen handelt, die absolut korrosions-, reiß- und frostbeständig sowie wurzelfest, wasserdicht und UV-stabilisiert sind.

Wenn die Dichtungsplane ganz mit Erde oder Steinen bedeckt wird, ist ihre Farbe gleichgültig. Nur wenn sie zutagetritt, und sei es nur an wenigen Stellen, wirkt farbige Folie unnatürlich. Dunkel eingefärbte Folie paßt sich besser in die Umgebung ein, fällt nicht so auf, läßt den Teich tiefer erscheinen und Wasserspiegelungen wirksamer werden. Anthrazitfarbene oder grauschwarze Folie verbleicht auch nicht.

Querschnitte von Gartenteichen, die mit Kunststoffplanen abgedichtet sind. Links: Pflanzen werden direkt in eingebrachte Erde gepflanzt. Rechts: Die Seerose wie auch die übrigen Wasserpflanzen sitzen in Kunststoffkörben direkt auf der Plane. Die Stufe am Teichrand wurde mit Steinen aufgefüllt, die Kante mit Wegplatten abgedeckt.

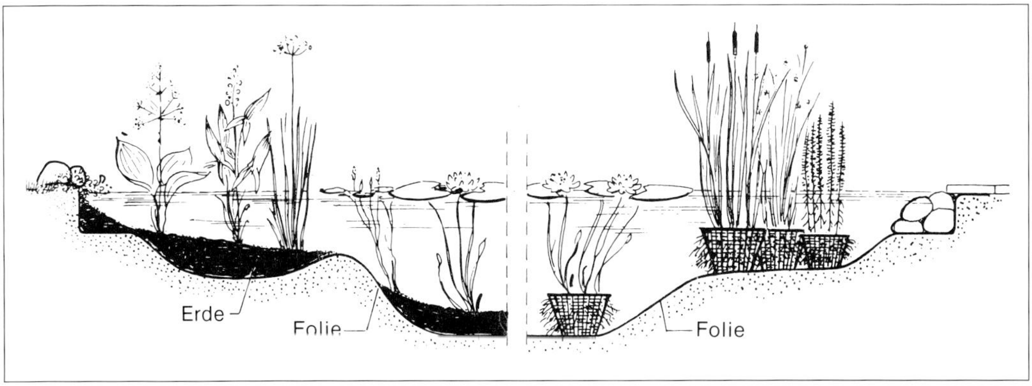

Mit Teichplanen (PVC-Folie) abgedichteter Gartenteich
Oben: Querschnitt mit Flach- und Seichtwasserzone
Mitte: Oberansicht
Unten: Bepflanzter Gartenteich. Nur die Randzone im Vordergrund wurde mit Platten belegt.

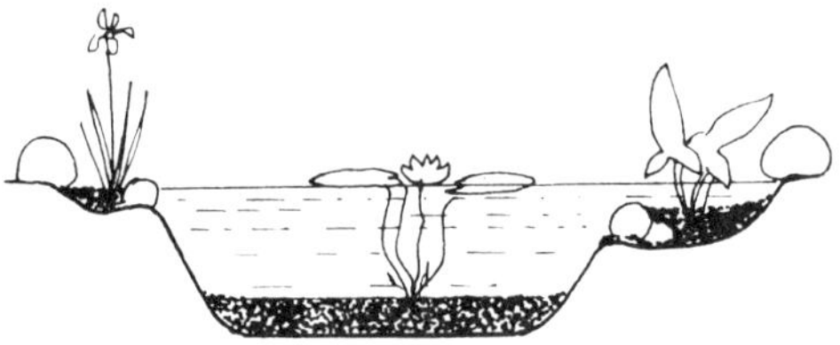

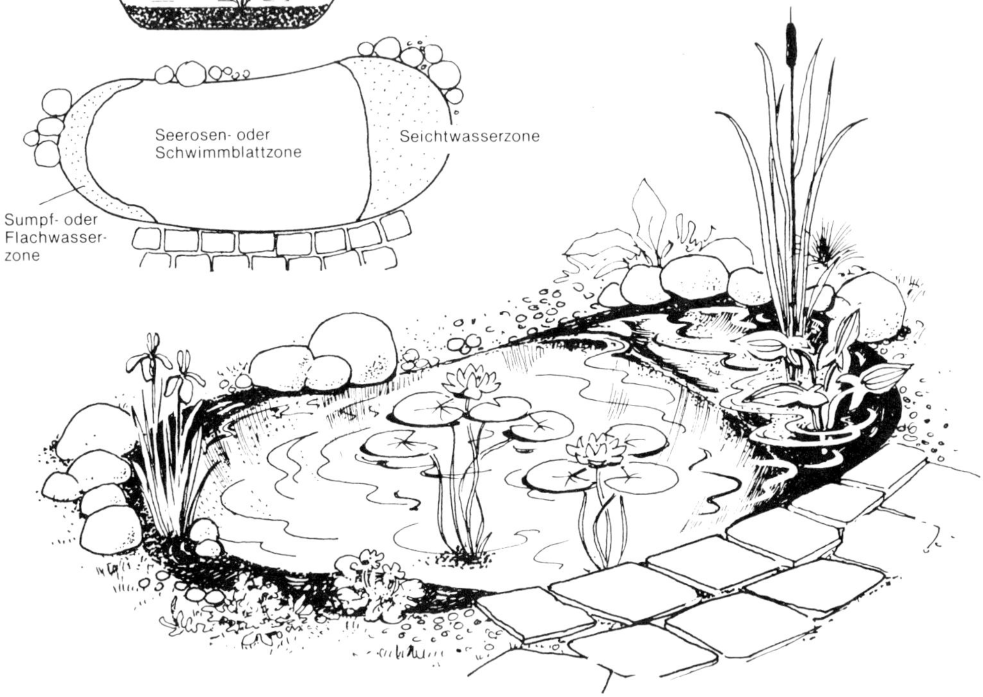

Polyäthylen-Folie, die z. B. als milchige und farblose oder transparente Abdeckfolie im Handel in den Stärken von 0,05 bis 0,20 mm zu beziehen ist, eignet sich nicht für die Abdichtung von künstlichen Teichen, da sie nicht UV-stabilisiert ist.

Nur als Übergangslösung oder als Unterlage kann die Folie aus Polyäthylen (abgekürzt PE) empfohlen werden. Abdichtungsbahnen können von Fachfirmen in vielen Breiten und allgemein in Längen bis 10 oder 12 m fertig verschweißt geliefert werden; üblich sind 1,80 m breite Einzelbahnen.

Für Teiche mit einer Oberfläche von mehr als 100 m^2 sollten die Bahnen oder vorgefertigten Teile an Ort und Stelle zusammengeschweißt werden; infolge ihres Gewichtes (die 1-mm-Folie wiegt z. B. 1,3 kg/m^2) wird die Plane zu schwer und auch zu unhandlich. Verschweißt werden kann eine Teichplane aus PVC im Kaltschweißverfahren. Technische Geräte sind dazu nicht erforderlich; benötigt werden u. a. ein Pinsel, Quellschweißmittel THF (Tetrahydrofuran) und Lederhandschuhe. Durch die Aufteilung der Plane in einzelne Teilstücke kann jede Form faltenlos verlegt werden. Damit ist aber nicht gesagt, daß eine mit Falten verlegte Folie von geringerer Haltbarkeit wäre. Die Falten werden durch eingebrachten Boden oder durch den Wasserdruck an die Wandungen gepreßt. Sie werden dadurch

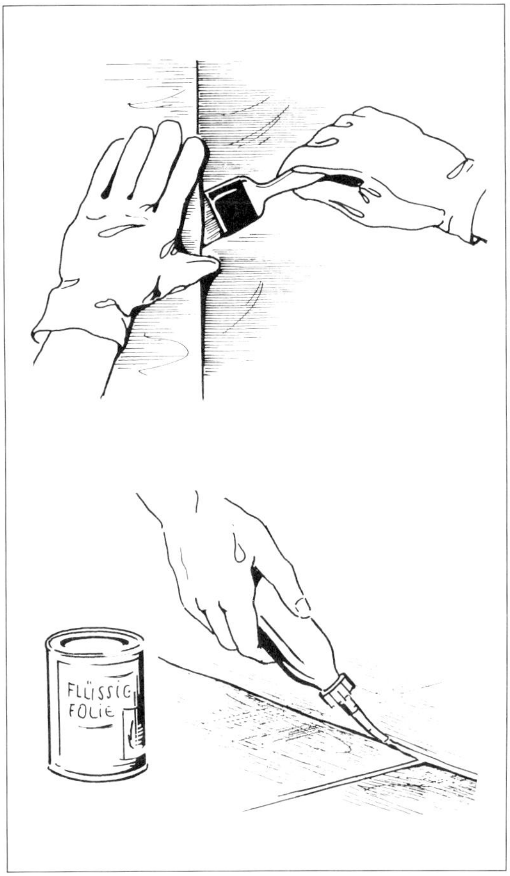

Schweißen von Dichtungsbahnen **Versiegeln einer verschweißten Plane**

nicht brüchig oder durchlässig. Allerdings kann bei Falten am oberen Rand Wasser durch Kapillarwirkung aus dem Teich gezogen werden. Dem kann man entgegenwirken, indem man die Falten (mit Kieselsteinen oder Erde) abdichtet, so daß sie keine Röhren mehr bilden. Nach dem Verschweißen sollten die Nahtkanten der etwa 5 cm breiten Stöße (wo die Bahnen zusammengeschweißt wurden) mit Flüssigfolie abgezogen (versiegelt) werden. Diese wird in einer Spritzflasche geliefert, aus der sie herausfließen kann.

Besteht die Gefahr, daß die Folie seitlich oder von unten her durch Tiere (Wühlmäuse) oder durch Baumwurzeln von großen Bäumen oder spitzen Trieben, z.B. von Bambus-Arten, eingebeult werden könnte, empfiehlt es sich, entweder an den Seiten eine 60 bis 80 cm Trennwand aus Eternit, Mauerstein oder ähnlichem Material einzuarbeiten oder in die ausgehobene Mulde eine Magerbetonschicht von 5 bis 10 cm einzubringen. Nach dem Abhärten wird diese gereinigt und abgespült; vor dem Verlegen der Folie kann eine Unterlagmatte (Schutzvlies) auf die abgetrocknete Betonfläche gelegt werden.

Der Vollständigkeit halber soll noch erwähnt werden, daß es Abdichtungsbahnen nicht nur aus PVC gibt. Etliche Firmen stellen eine Vielzahl von Folien aus unterschiedlichen Ausgangsstoffen her. Die Entwicklung auf diesem Gebiet ist im Fluß, und so ist mit weiteren Neuerungen zu rechnen. Erwähnenswert ist eine Abdichtungsmethode, bei der das flüssige Material aus Spritzpistolen direkt auf den ausgehobenen und modellierten Bodengrund aufgebracht wird. Die Böschung und insbesondere die Kanten können vorher mit Bentonit erhärtet werden. Das Material bindet ab und bleibt trotzdem flexibel (bis 300 % Reißfestigkeit). Da für diese Arbeiten kostspielige Geräte und besondere Kenntnisse und Erfahrungen erforderlich sind, kann diese Methode nur von Spezialfirmen ausgeführt werden.

Verlegen von vorgefertigten Teichplanen

Vorarbeiten: Die Grube wird in der Form ausgehoben, die der Teich später haben soll. Dabei ist von vornherein zu berücksichtigen, daß ein Drittel der Fläche flach ausgearbeitet wird. Auf diesen Absatz wird später Bodengrund aufgebracht, oder es werden dort die bepflanzten Körbe eingestellt (s. Abb. Seite 199). Die Böschungsneigung sollte möglichst 1 : 2 oder kleiner sein, damit die Erde nicht nachrutscht. Der Teich soll eine Tiefe von 60 bis 80 cm haben; große Teiche können auch tiefer sein. Um zu wissen, welche Abmessungen die einzulegende Dichtungsplane haben muß, mißt man mit einer Schnur die Grundfläche der Teichmulde einschließlich der Böschung von Oberkante zu Oberkante, sowohl der Länge wie auch der Breite nach und rechnet 40 bis 50 cm zu den ermittelten Maßen dazu. Sonst kann man die Größe der benötigten Plane errechnen, indem man der Länge und der größten Breite der vorgesehenen Wasseroberfläche jeweils 2 mal die Tiefenmaße und zusätzlich 40 bis 50 cm bei der Länge und der Breite für die Überlappung hinzurechnet. Beispiel: wenn die Wasseroberfläche des Teiches 6 x 4 m betragen soll, muß die Plane bei 1 m größter Tiefe ein Ausmaß von mindestens 8,40 m x 6,40 m haben. Läuft die Böschung flacher aus, wird je nach Böschungswinkel etwas weniger Folie benötigt.

Nach dem Planieren wird die geglättete Fläche mit einem Stampfer verdichtet oder fest angeklopft. Bei steinigem oder sonstwie unebenem Untergrund ist es zweckmäßig, mit einer ca. 10 cm starken Schicht Sand (ca. 0.5 mm Körnung) die Sohlenflächen, gegebenenfalls auch die Wandungen, abzudecken und ebenfalls zu verdichten, evtl. Bentonit zuzugeben oder anzufeuchten.

Rechtzeitig ist zu überlegen, was mit dem Bodenaushub geschehen soll. Mutterboden und Sand wird man getrennt lassen. Überschüssiger Boden kann zur Modellierung eines anschließenden Steingartens oder der Terrasse verwendet werden. Sonst kann man den Mutterboden verteilt im Garten einplanieren, oder man muß ihn abfahren.

Einen Ablauf einzubauen, ist zwar technisch möglich, birgt aber Risiken in sich und macht mehr Arbeit. Besser baut man gleich anfangs an der tiefsten Stelle eine Vertiefung (Pumpensumpf) ein, aus der mit einer Pumpe das letzte Wasser herausgeschafft werden kann.

Wird Wasser in den Teich eingeleitet, z. B. von einer Regenrinne her, so sollte für einen Abfluß gesorgt werden. Dazu besorgt man sich ein Stück Hart-PVC-Rohr, das so lang sein sollte, daß es vom Teichrand bis zur vorgesehenen Sickergrube reicht. Man schneidet ein Loch in die Plane, wo das Rohr durchgesteckt werden soll. Das Loch soll einen etwas kleineren Durchmesser haben als der des Rohres z. B. 45 mm ∅ Loch, 50 mm Hart-PVC-Rohr. Man drückt dann das Rohr von außen ca. 10 cm durch die Folie. Sicherheitshalber kann der Rand der Folie um das Rohr noch zusätzlich mit Flüssigfolie abgedichtet werden. In der Innenseite des Rohrs wird ein Gitter vorgesetzt, damit Fische nicht hinausschwimmen können.

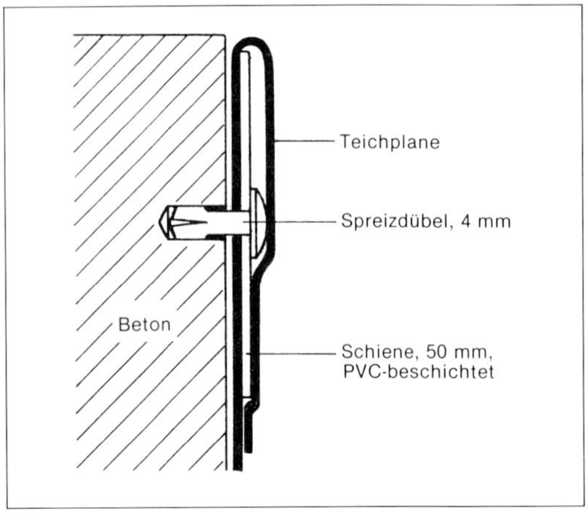

Befestigung der Teichplane mittels einer mit PVC beschichteten Schiene auf festem Untergrund (Mauerwerk, Betonwand).

Bau der Randzone

Die Plane muß im oberen Randbereich gut eingearbeitet sein, um einen festen Abschluß zwischen Wasser und Land sicherzustellen. Ist dieser Rand uneben, so wird das Wasser an den tieferen Stellen herauslaufen, und es bilden sich dort versumpfte Stellen. Abgesehen davon wirkt ein ungleich hoher Rand unnatürlich und unschön. Möglichkeiten der Randausbildung:

Will man die Planen direkt an Mauerwerk, Beton- bzw. Holzrändern befestigen oder Betonringe abdichten, so werden mit PVC beschichtete Spezialschienen angebracht und die Folien unmittelbar damit verschweißt. Die Schienen werden mit 4,8-mm-Spreizdübeln befestigt (Bohrloch 5 mm, Abb. S. 202). Das Verschweißen erfolgt wieder mit Pinsel und Quellschweißmittel (Tetrahydrofuran). Für die Umrandung des Gartenteiches und zur Erstellung stabiler Wände gibt es einige gestalterische Möglichkeiten, z. B. Eisenbahnschwellen, druckimprägnierte Hölzer oder L-förmige Betonfertigteile. An diesen können wiederum die PVC-beschichteten Schienen angebracht werden.

Einbringen der Plane

Die Teichplane wird so in die Mulde eingelegt, daß die Ränder die Kante ca. 20 bis 30 cm überlappen. Dort wird sie mit Steinen beschwert, damit sie fest aufliegt und beim Einbringen der Pflanzenerde und des Wassers nicht nachrutschen kann. Es bleibt bei vorgefertigten Planen nicht aus, daß sich Falten bilden. Diese sind so wegzudrücken, daß nur wenige an den Ecken oder Rundungen verbleiben – der Wasserdruck preßt dann die Falten an die Wandungen. Diese Falten haben, wie bereits gesagt, keinen negativen Einfluß auf die Haltbarkeit der Plane. Die Dichtungsbahn ist um so weicher und flexibler, je wärmer es ist. Bei niedrigen Außentemperaturen muß die Plane in einen warmen Raum eingelagert werden, bis sie weich und schmiegsam ist. Gegebenenfalls können in der kalten Jahreszeit mit einem Lufterhitzer (Fön) starre Stellen biegsam gemacht werden.

Folien von 0,5 mm Stärke eignen sich besonders für die Auskleidung von undicht gewordenen gemauerten oder geschütteten Teilchen. Voraussetzung ist eine flexible, anschmiegsame Qualität.

Kleinere Risse oder Beschädigungen lassen sich bei PVC-Folie durch Aufbringen von Flüssigfolie wieder abdichten. Bei größeren müßte ein Flicken aufgesetzt werden, der vorher mit dem Quellschweißmittel THF bestrichen und anschließend fest angedrückt werden muß. Zu bedenken ist, daß eine Fläche nur einmal mit THF behandelt werden kann. Beim zweiten Mal verbinden sich die

Mit Hilfe von handelsüblichen Betonsockeln kann auch in einen mit Planen abgedichteten Teich ein Holzsteg eingearbeitet werden.

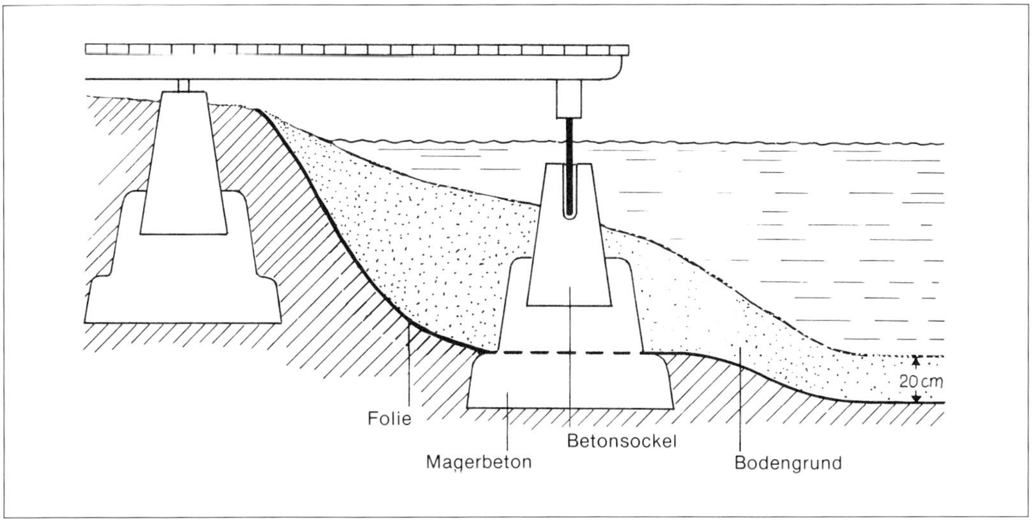

Folien nicht mehr miteinander. Kleine Flikken können auch mit einem handelsüblichen Kleber aufgeklebt werden. Zweckmäßig ist eine Randbehandlung der Flicken mit Flüssigfolie, damit der Kleber nicht verseift und der aufgetragene Flicken sich wieder löst.

Die Feuchtwiese

Ein Stück des Gartens, der normalerweise als Wiese oder in altem Stile als Rasen vorgesehen ist, sollte in 20 bis 50 cm Tiefe mit einer Teichfolie abgedichtet und dann flachmuldenartig mit Boden aufgefüllt werden. Man verfährt dabei so, als ob man einen flachen Teich bauen wollte. Der Boden wird an den Rändern 20 cm, zur Mitte hin bis 50 cm tief ausgehoben und zunächst beiseite geschafft. Die entstandene flache Teichmulde wird von allen spitzen Gegenständen, von Steinen und Wurzeln befreit, gut angeklopft und dann mit Folie ausgelegt. Zu einer Seite hin sollte die Folie ca. 10 cm tiefer enden, damit später überschüssiges Wasser abfließen kann und die Wiese nicht zu einem Teich ausartet. Bei diesem Überlauf ist in undurchlässigem Boden eine mit Schotter gefüllte, etwa ⅓ m^3 fassende Sickergrube anzubringen, die das überlaufende Wasser bei stärkeren Niederschlägen abfängt. An der höchsten Stelle der Wiese müßte ein Wasserhahn sein, der bei länger anhaltender Trockenheit für Wasser sorgt. Aber das könnte man nötigenfalls auch mit einem Schlauch machen. Wenn das alles erledigt ist, füllt man die Erde ein. Zum Schluß sollte eine leichte Mulde bleiben, die an der tiefsten Stelle nicht viel (ca. 10 cm) tiefer als der Überlauf sein darf. So entsteht eine unsichtbare Wanne, die den Boden stets recht feucht bis naß hält. Der eingefüllte Boden kann getrost Unkrautsaat enthalten, er sollte aber frei sein von Wurzelunkräutern, wie Giersch *(Aegopodium podagraria)* und Schachtelhalm *(Equisetum)*.

Moor und Moortümpel im eigenen Garten

Die Bauweise ist ähnlich der Feuchtwiese. Die Folie sollte aber 40 bis 60 cm tief lagern, also etwa 20 cm tiefer. Wenn dann eine 20 cm starke Schicht Pflanzerde eingefüllt wird, erhält man eine Wassertiefe von 20 bis 40 cm. Dort, wo freie Teichflächen bleiben sollen, muß die Folie etwa auf 80 cm Tiefe gelegt werden und es sollte keine Erde darauf liegen. Diese Tiefe ist für die Überwinterung vom Amphibien notwendig.
Um ein Nachsacken der Erde zu verhindern, muß man mit Steinen oder nassen Torfziegeln abböschen (s. Abb. Seite 221).
Die Pflege des Sumpfgartens entspricht der des sumpfigen Bereiches (s. Seite 182 ,,Pflege des Wassergartens").
Das Wasser kann, wenn sein Härtegrad nicht zu hoch liegt, über die Versorgungsleitung zugeführt werden. In Gegenden mit sehr kalkhaltigem, also hartem Wasser muß man auf Regenwasser zurückgreifen, von dem man für längere Trockenzeiten sich einen gewissen Vorrat in einer Regentonne schaffen muß. Die Zuleitung kann von unten her durch einen in die Folien eingeschweißten oder durch den Beton geführten Schlauch erfolgen. Der Schlauch kann aber auch, verdeckt durch eine Wurzel oder einen Kleinstrauch, vom Rand aus ins Moor führen. Am besten setzt man an ein herausragendes Schlauchende eine Kupplung an, durch die bei Bedarf der Schlauch ans Rohrnetz angeschlossen wird.

Sprudelstein als Quelle im Garten. Springendes und plätscherndes Wasser ist ein belebendes Element im Garten. Es stört nicht die übrigen Wasserbewohner.

Die Wände dieser Tümpel, die sich ja alle innerhalb einer größeren, das ganze Moor enthaltenden Folienwanne befinden, werden durch Naßtorfziegel oder, wenn die nicht erhältlich sind, durch kalkfreie Steine (evtl. hartgebrannte Ziegel) aufgebaut. Sie müssen sorgfältig aufgeschichtet sein, damit sie nicht abrutschen, solange sie nicht durchwurzelt sind.

Fertigbecken aus Kunststoff

Es ist nicht unbedingt ausschlaggebend, aus welchem Material der Fertigteich gebaut ist, sonden wie das Material beschaffen ist und verarbeitet wurde. Wichtig ist, daß das Material alterungsbeständig, frostsicher und formstabil ist, auch bei Sonneneinstrahlung nicht weich wird (wodurch der Teich sich verformen kann) noch bei Kälte spröde wird.
Das Material darf keinerlei Substanzen an das Wasser abgeben. Die Wandungen sollten nicht senkrecht, sondern leicht schräg sein, damit der Druck des Eises vermindert wird, was schließlich die Farbe betrifft, so gilt auch hier das unter „Dichtungsplanen für Gartenteich und Wasserbecken" (Seite 199) Gesagte.
Sofern der Teich für unsere Zwecke, d.h. als Wassergarten genutzt werden soll, muß er eine ausreichende Lebenszone von etwa 30 cm Tiefe für das Einsetzen von Uferstauden des Flachwasserbereiches aufweisen. Der Teich sollte mindestens 60 cm tief sein, wenn Seerosen oder auch Fische eingesetzt werden. Die Tiefe sollte einheitlich sein. Verschieden hohe Stufen und Vertiefungen vermindern die Wasserzirkulation.

Auch ein Fertigbecken kann in den umgebenden Gartenbereich integriert werden.

Ein Fertigbecken sollte leicht einzuarbeiten sein. Stufen, Absätze, verschiedene Tiefen und Mulden erschweren den Einbau; abgesehen davon sind Mulden und eimerförmige Vertiefungen nicht der optimale Standort für Seerosen.
Dank ihrem geringen Gewicht können Fertigbecken leicht über Hindernisse gehoben und nachträglich im Garten eingebaut werden. Es ist auch einfacher, sie notfalls wieder umzusetzen. Sie bieten sich auch für die Verwendung auf Dachgärten an. Schäden durch mechanische Einwirkungen können bei Becken aus Polyester, auch vom Nichtfachmann leicht ausgebessert werden.
Ein Ausstieg für Amphibien oder andere ins Wassser gefallene Tiere, z.B. Igel, kann durch Einhängen von Pflanzkästen geschaffen werden (s. Abb. Seite 208).
Sollen die Beckenränder mit Gehwegplatten abgedeckt werden, liegen diese sicher und fest, wenn dafür Profilschienen als Halterung verwandt werden (s. Abb. Seite 208).
Die Fertigbecken sollten bis zum oberen Rand eingebaut werden. Stehen sie über, so muß der Teich mit Eisenbahnschwellen oder Mauerwerk o.ä. eingefaßt werden. Höher stehende Teiche sind dem Frost mehr ausgesetzt.
Flexible Folien aus PVC oder aus anderen Grundstoffen können allerdings nicht immer mit Fertigbecken aus Polyester durch Kleben verbunden werden. Über- und Abläufe gibt es im Handel. Eine Notwendigkeit des Einbaues dafür ist in den meisten Fällen nicht gegeben. Überlaufendes Wasser kann von der Randzone aufgenommen werden, wenn dort das Erdreich durchlässig ist. Soll das Wasser abgelassen werden, kann dies mit einem kurzen Schlauch erfolgen, wenn das untere Ende tiefer liegt als der Wasserspiegel des Beckens. Sonst ist das Becken auch leicht mit einer Pumpe zu entleeren (s. „Unterwasserpumpen für den kleinen Gartenteich" S. 218).
Bei hohem Grundwasserstand mit zeitweise steigendem Wasser kann der Druck bewir-

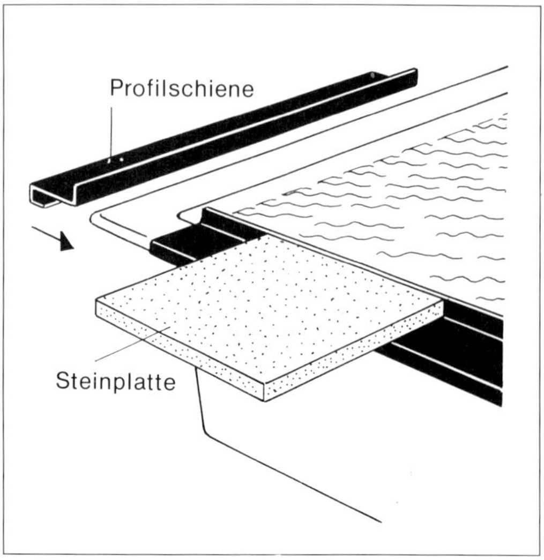

Ein Ausstieg für Amphibien und andere ins Wasser gefallene Tiere in Fertigbecken mit senkrechten Wänden kann durch Einhängen von Pflanzkästen geschaffen werden.

Sollen die Beckenränder bei Fertigbecken mit Gehwegplatten abgedeckt werden, so liegen diese sicherer und fest, wenn dafür Profilschienen als Halterung verwendet werden.

ken, daß das Becken angehoben wird, wenn das Grundwasser über den Wasserspiegel des Teiches steigt. Ist damit zu rechnen, sollte der Teich zusätzlich mit Steinen beschwert werden, oder an die Ränder müssen Gehwegplatten angelegt werden. Die Gefahr des Aufschwimmens ist größer, wenn im Winter das Wasser abgelassen wird.

Sonstige Gefäße und Becken

Vom Fachhandel werden verschiedenartige Behälter und kleine Fertigbecken angeboten, die auch mit einigen Wasserpflanzen besetzt werden können. Es müssen aber nicht immer Kunststoffbecken sein, auch recht simple Bütten wie gebrauchte Wein-, Whisky-, Bier- oder Butterfässer können als Mini-Wassergarten umfunktioniert werden (siehe Abb. Seite 188 u. 209). Wo Nostalgie groß geschrieben wird, gewinnen solche alten Holzkübel und Tonnen wieder an Bedeutung, nicht zuletzt deswegen, weil solche kaum noch zu beschaffen sind und Seltenheitswert bekommen haben. Die bekannten Holztonnen, die mehr als doppelt so hoch wie breit sind, können wohl noch als Regenfässer verwendet werden, zur Bepflanzung sind sie ungeeignet. Wenn Seerosen oder Wasserpflanzen darin untergebracht werden sollten, müssen sie halbiert, gegebenenfalls auch etwas niedriger durchschnitten werden, und zwar einige Zentimeter über dem Bandeisen. Diese müssen übrigens gut gepflegt werden; ihre Lebensdauer bestimmt die des Fasses.
Die Verwendung gebrauchter Holztonnen setzt voraus, daß keine Rückstände ihres früheren Inhaltes verblieben sind. Mehrmaliger Wasserwechsel, sorgfältiges Säubern und ein Testversuch können vor Mißerfolg schützen. Es versteht sich, daß das Holz nicht mit pflanzenschädlichen Imprägnierungsmitteln (Karbolineum, Xylamon) behandelt werden darf. Liebhaber begeistern sich auch an alten Futtertrögen verschiedener Formen und auch an ausgeschlagenen Holzstämmen,

wie man sie in Süddeutschland verschiedentlich antrifft. Auch sie bieten sich für eine Bepflanzung mit interessanten Wasserpflanzen an, vorausgesetzt, daß sie auch wasserdicht sind.
Aber auch andere Gefäße oder Formteile, die ursprünglich für einen anderen Zweck hergestellt wurden, können als Mini-Wassergärten verwandt werden, wie Betonringe, rechteckige und runde Fertigteile aus Asbestbeton, Eternit oder ähnlichem Material. Voraussetzung ist, daß sie durch eine Zementschlemme, einen Isolieranstrich oder mit Folie wasserdicht gemacht wurden. Behälter aus Kupfer oder verzinktem Eisen, so schön sie aussehen mögen, können unbehandelt nicht bepflanzt werden. Säuren aus Erde und Wasser können Verbindungen eingehen, welche schädlich für Pflanzen sind. Sie müssen deshalb vorher innen und außen mit einem mehrfachen Isolieranstrich versehen werden.

Abdichtungen aus Ton oder Lehm

Eine weitere Möglichkeit ist der Bau eines Teiches mit einer lehmigen oder tonigen Wandung (empfehlenswert nur für den Bau von größeren Teichen). Diese Abdichtung ist preisgünstig, wenn geeigneter Ton vorhanden ist oder in der Nähe beschafft werden kann. Das Dichtungsmaterial muß frei von Mutterboden und Sand sein. Je dicker die Tonschicht, desto sicherer ist die Abdichtung; 20 bis 30 cm sind empfehlenswert. Der Ton wird erdfrisch aufgetragen und verdichtet; als oberer Abschluß wird eine Tonschlämme mit einem Besen abgezogen und mit 5 cm Kies abgedeckt. Die Fläche darf nicht schnell trocknen, sondern muß einige Tage feuchtgehalten werden. Kritisch sind die Randbereiche, die dem Frost und der Sonneneinwirkung ausgesetzt sind. Die dichtenden Tonanteile können nach einiger Zeit abgeschwemmt werden. Hier hilft der Ein-

Holztränke mit Wasserpflanzen. **Bepflanzter Futtertrog.** **Alte Futtertröge aus Naturstein eignen sich auch als Miniwassergärten.**

bau einer Folienbahn in der Randzone, die in der Böschungsneigung in der Mitte des Tonauftrages eingelegt wird.

Der Bau des Wasserlaufs

Aus Beton

Obgleich man heute in Hausgärten und sogar in öffentlichen Anlagen und Parks für den Bau von Wasserflächen und Wasserläufen fast ausschließlich PVC-Folien verwendet, soll doch die Herstellung eines Baches aus Beton kurz angerissen werden.
Man berechnet bei dem Bodenaushub neben den Maßen für den eigentlichen Bach mit der Uferzone und der Füllerde noch zusätzlich die einzuschüttende Betonschicht. Die Dicke des Betons richtet sich nach der Länge und – dies besonders – nach der Breite des Baches und sollte mindestens 12 cm, höchstens 20 cm betragen. Um dem im Winter möglichen Reißen des Betons zu begegnen, muß eine Eisenbewehrung eingeschüttet werden, und zwar doppelt gelagert. Dazu verwendet man das handelsübliche Baustahlgewebe der quadratischen Ausführung. Das dünnste oder, bei größeren Wasserläufen, auch die nächstdickeren Gewebe lassen sich relativ leicht dem Bachbett entsprechend formen, und die beiden übereinanderliegenden Gewebematten werden mit sogenannten Abstandshaltern stabilisiert. Man schüttet nach sorgfältigem Ausheben des Bachbettes zunächst eine ca. 5 cm starke Unterschicht, legt dann die vorgeformte, doppelt lagernde „Matte" hinein und schüttet dann den Rest. Als Betonmischung muß je nach Beschaffenheit des Untergrundes ein Verhältnis Zement zu Sand (grob) von 1 : 3 bis 1 : 6 gewählt werden.
Die Mischung darf nicht zu naß sein, damit sie sich beim Schütten an den recht schrägen Seitenwänden des Bachbettes hält und nicht zur Mitte rutscht.
Wenn der Wasserlauf eine größere Länge

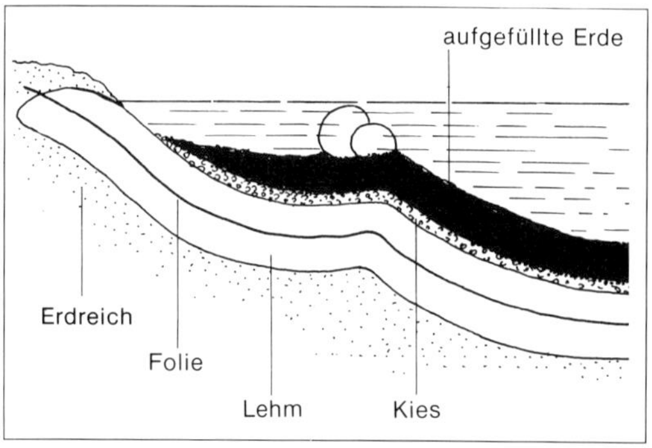

Querschnitt eines mit Lehm abgedichteten Teiches.

haben soll, müssen ca. 5 m lange Einzelabschnitte geschüttet werden. Die entstehende Stoßfuge wird mit Bitumen ausgegossen oder mit Lehm verstrichen.
Ein Bach im Betonbett ohne Pflanzerde bereichert den Garten nur wenig, wenngleich an seinem Rand doch relativ viel Feuchtigkeit in das angrenzende Erdreich gelangt. Es fehlt aber der so viele Möglichkeiten bietende nasse Übergangsbereich.
Betonanlagen sind relativ schwer herzustellen, sie sind recht kostenaufwendig, halten aber, wenn sie fachmännisch gebaut werden, am längsten.

Aus Polyester

Auch diese Baumethode erfordert viel Fachkenntnis und sollte daher vom Fachmann ausgeführt werden. Der Vorteil gegenüber dem Betonbach liegt darin, daß nicht so viel Erde bewegt zu werden braucht. Die wasserhaltende Polyesterschicht wird direkt – nach Vorschrift, die dem Material beiliegt – auf den geglätteten Bachbettboden gegossen und durch Verstreichen den Vertiefungen und Windungen angepaßt. Sie ist nach dem Härten etwas elastisch und kann Spannungen ausgleichen, die durch Frost und durch das Gewicht des eingefüllten Bodens entstehen.

Aus PVC-Folie

Die einfachste Art, einen Bachlauf wasserhaltend zu machen, ist das Verwenden der seit einigen Jahren auf dem Markt befindlichen PVC-Teichfolie, wie sie im technischen Teil auf Seite 199 beschrieben wird. Eine solche Folie verlegen kann jeder Laie, der ein wenig handwerkliches Geschick hat.

Man sucht sich für seinen Bach in seinem Garten ein Stück aus, das etwas Gefälle hat, oder man sorgt durch Aufschütten von Erde für einen leichten Hang. Viel Gefälle ist ja gar nicht nötig. Günstig ist es, wenn das Areal, durch das der Bach fließen soll, sonnig ist. Außerdem sollte es leicht zugänglich sein. Der Bach könnte also z. B. von der Terrasse herunterfließen, einem Weg folgen, an den Rasen grenzen oder ihn gar durchqueren. Man könnte ihn dann mit einer Feuchtwiese (s. Seite 41) verbinden und damit eine besonders reizvolle Variante des Wassergartens schaffen.

Wenn der passende Platz gefunden ist, stekken wir mit Stäben den Lauf ab. Dann beginnen die Erdarbeiten. Wir heben das Bachbett, alle Windungen und Erweiterungen und Nebenarme einbezogen, ca. 30 bis 60 cm tief und 1 bis 2 m breit aus. Dabei kann man bereits Wasserstürze, kleine Tümpelchen und „Stromschnellen" mit berücksichtigen, indem man je nachdem tiefer oder weniger tief aushebt. So entsteht also eine recht stark modellierte, relativ tiefe, trogartige Rinne. Man entfernt dann spitze Steine und Wurzeln und klopft, bevor man die Folie einlegt, alles sorgfältig fest. Bei sehr steinigem Untergrund sollte das Roh-Bachbett mit Sand ober besser noch mit einer etwa 5 cm starken Schicht Magerbeton (Mischung 1 : 12) beschichtet werden. Bei Anwendung von Beton (in diesem Fall ohne Eisenbewehrung) muß man mit dem Verlegen der Folie allerdings warten, bis die Mischung abgebunden hat, also hart ist. Die Folie liegt meistens breit genug, so daß man nichts anzuschweißen braucht. Hat der Wasserlauf aber starke Windungen und Ausbuchtungen, so läßt sich ein Stückeln und Zusammenschweißen nicht verhindern. Der Vorgang ist aber ziemlich einfach. Wichtig ist, daß Folie und Schweißmittel – das sind sogenannte Quellmittel, die die Folie oberflächlich anlösen – aufeinander abgestimmt sind. Es gibt zusätzlich noch Flüssigfolie, mit der man die Schweißfugen nachdichtet (s. „Technisches rund um den Wassergarten", Seite 201).

Bei sehr komplizierten und auch bei sehr großen Wasserläufen sollte man den Fachmann zu Rate ziehen, damit man keine Fehlschläge erleidet.

Die eingelegte Folie sollte etwas tiefer als das sie umgebende Erdreich abschließen, damit sie nicht sichtbar wird, aber auch, damit das Erdreich außerhalb der Folie durch Kapillarwirkung von der Feuchtigkeit des Baches profitiert. Erst wenn man die Folie gut in das Rohbett eingepaßt hat, beginnt man mit dem Einfüllen der vorher angemischten Erde. Eine günstige Mischung ist die aus 50 % Lehm, 25 % Naßtorf und 25 % verrottetem Rinderdung oder abgelagertem Kompost, möglichst ohne Unkrautbeimischung. Um darin sicherzugehen, ist es ratsam, die Erde schon längere Zeit vor dem Baubeginn anzumischen und ablagern zu lassen. Nach dem Einfüllen modelliert man nun den Bach nach seinen Vorstellungen grob vor und tritt oder stampft die Erde dann gut fest. Danach schüttet man noch fehlenden Boden zu und formt nun alle Feinheiten des Bachbettes, wie kolkartige Erweiterungen, Stromschnellen, kleine Wasserstürze usw., hinein. Darauf klopft man die Erde mit der Plattschaufel kräftig fest. Den eigentlichen Bachlauf gestaltet man nun aus den vielen Steinen, die man sich vorher besorgt hat. Allerdings sollten die Steine in ihrem Charakter einheitlich sein. Man wählt entweder Findlinge von Faustgröße bis zu einer Größe, wie man sie noch bewegen kann, oder man nimmt Bruchsteine, die entweder unregelmäßig gebrochen oder plattenartig geformt sind. Wenn man einen kleinen Kran zur Verfügung hat oder wenn eine Gartengestaltungsfirma die Arbeit übernimmt, sollte man auch einige übergroße Steine mit einbauen lassen. Sie eignen sich als Sitzplatz oder auch als Aussichtsposten für manchen Vogel.

Alle Steine sollten aber so tief ins Erdreich eingebettet werden, daß sie höchstens zur Hälfte herausschauen (s. Abb. Seite 42).

Der Bach wird nun ein erstes Mal geflutet, damit man den Verlauf des Wassers kontrollieren und evtl. korrigieren kann, aber auch, damit die Erde feucht wird und sich setzt. Dann läßt man ihn 1 bis 3 Tage trocknen und pflanzt dann.

Anfangs darf der Bach nur so viel Wasser führen, daß alle eingesetzten Pflanzen versorgt sind; eine zu starke Strömung würde sie sonst wieder losspülen. Aber nach etwa 6 Wochen ist der Bach schon voll „betriebsfähig".

Wen die Wasserrechnung nicht stört, der kann die Quelle aus der Leitung speisen. Allerdings muß das Wasser in Ordnung sein und darf den Boden nicht zu sehr verändern. Das ist besonders bei hohen Härtegraden zu beachten, wenn Rhododendren, Farne und andere Stauden, die sauren Boden lieben, in Ufernähe stehen. Daher ist in vielen Fällen eine Umlaufpumpe anzuraten, die das Wasser aus dem Mündungsbereich in die Quelle zurückpumpt. Ganz ohne zusätzliches Wasser geht es aber dabei auch nicht, denn durch Verdunstung und Versickerung geht ein beträchtlicher Teil verloren, der ersetzt werden muß.

Wenn ein Haus mit einer Regenrinne im Garten oder in Gartennähe steht, läßt sich auch über die Regentonne eine zusätzliche Wasserversorgung sicherstellen. Der findige Bastler wird sich da schon etwas einfallen lassen, oder er wird dem Klempner sagen, wie er mit Hilfe eines durch Klappen regulierbaren Verteilers das Regenwasser bei Bedarf in ein Auffangbassin geleitet haben möchte und daß ein kleines Abflußrohr die

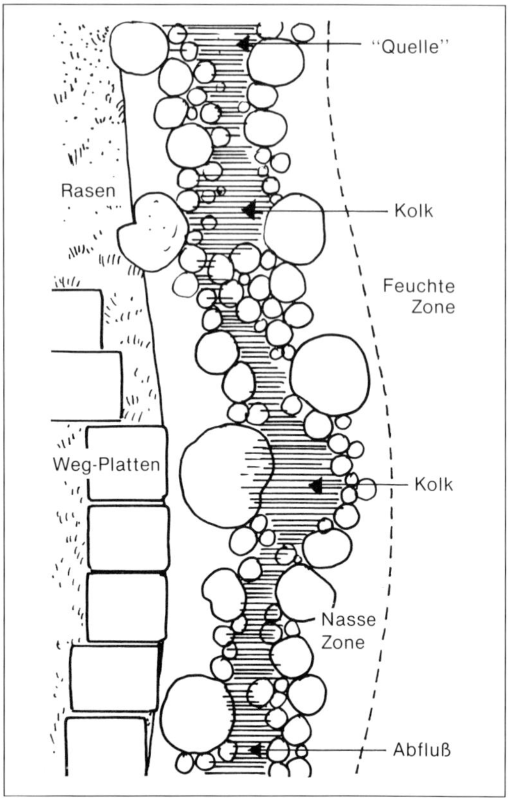

Vorschlag für einen Bachlauf. Verlauf und Umfang richten sich im einzelnen nach der Fantasie des Gartenbesitzers und nach der Größe und Beschaffenheit des Gartens (s. auch Seite 226).

erforderliche Menge aus der Regentonne dann der Bachquelle zuführen soll, möglichst durch ein Ventil regulierbar.

Wasserfälle und Wassertreppen

Gärten mit betonter Hanglage, aber auch erhöhte Terrassen oder andere Aufschüttungen – selbst wenn sie gerade 1 m hoch sind – lassen den Bau eines Wasserfalls oder, bescheidener, einer Wassertreppe zu. Solche Wasserläufe, deren Wasser sehr bewegt ist, spritzt und stäubt, erzeugen in ihrer

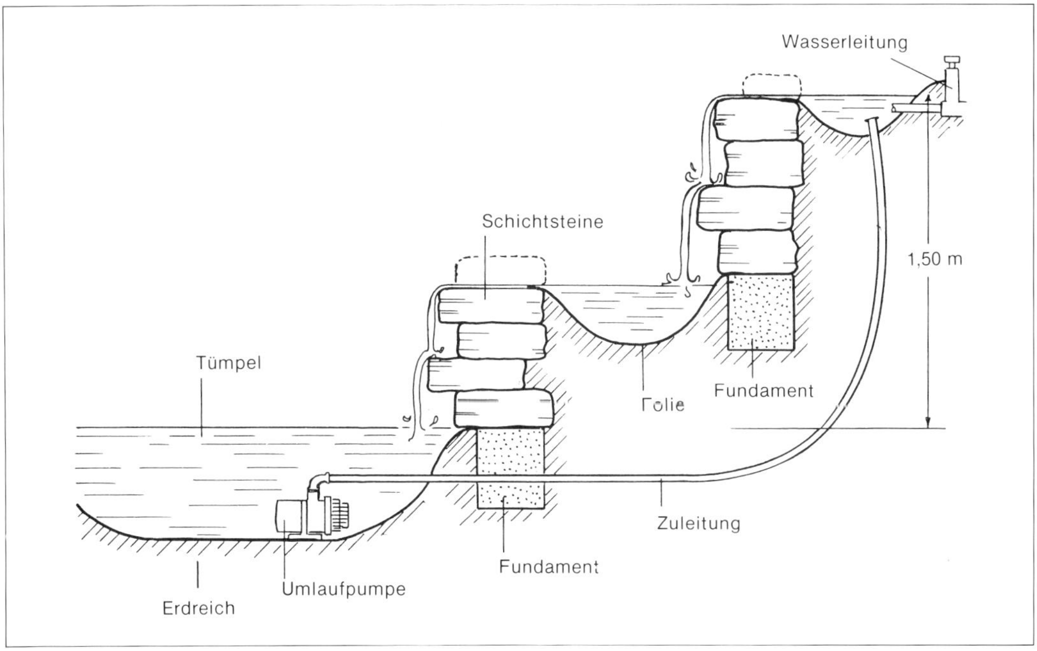

So könnte ein Wasserfall aussehen, der drei Stufen hat.

Der Wasserfall für mittleres Gefälle im Garten. Er kann beliebig um einzelne Stufen verlängert werden.

nächsten Umgebung ein von anderen Bereichen des Gartens erheblich abweichendes Kleinklima; es kann mancher Pflanzenkostbarkeit zu gutem Gedeihen verhelfen, z. B. den kleinen Felsfarnen, dem wintergrünen Moosfarn *(Selaginella)* oder sogar besonderen Moosen, die sich meist selbst einstellen. Flachere Wassertreppen kann man ähnlich wie einen Folienbach bauen. Der Untergrund wird vormodelliert und abgedichtet. Allerdings kommt auf die Folie keine Füllerde, vielmehr werden die Steine, Findlinge, Bruch oder Platten mit Ton, Lehm oder besser noch Mörtel (1 : 3 bis 1 : 6) direkt auf

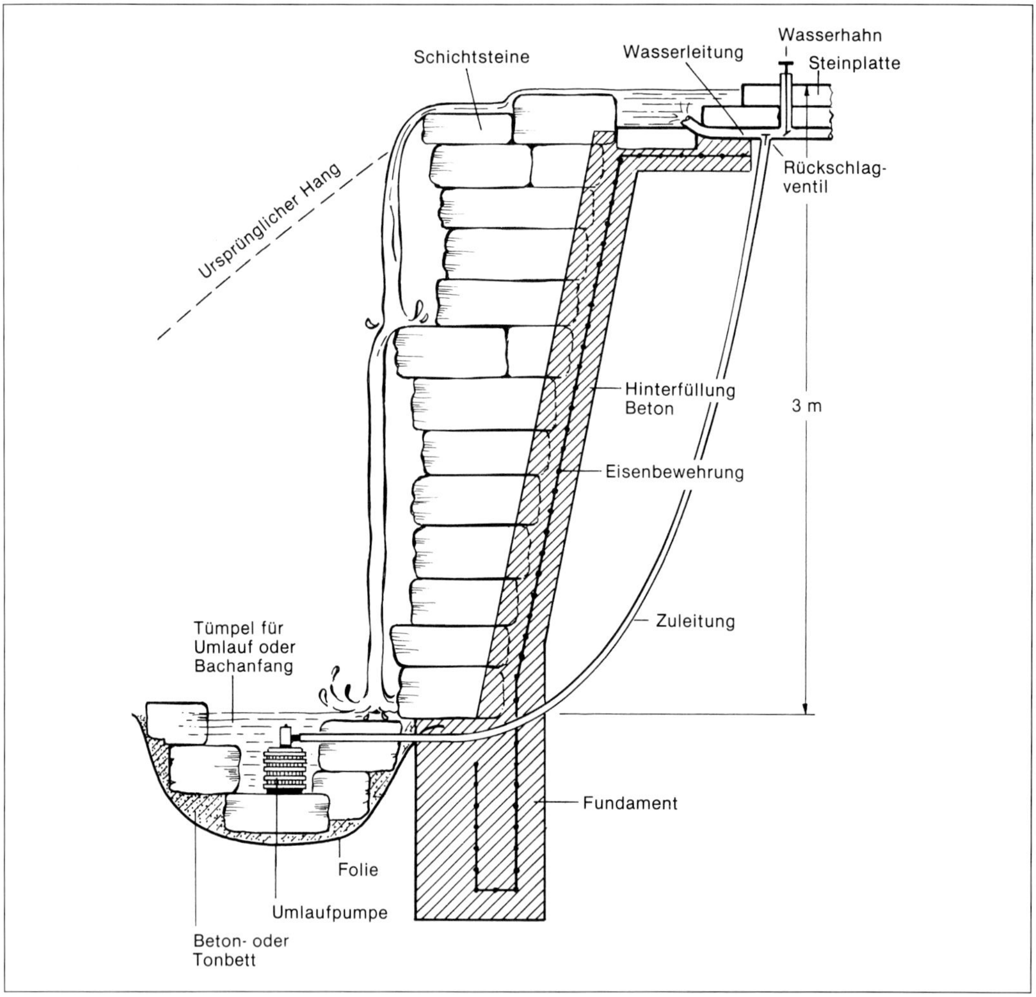
Wasserhahn
Schichtsteine
Wasserleitung
Steinplatte
Ursprünglicher Hang
Rückschlag-
ventil
Hinterfüllung
Beton
3 m
Eisenbewehrung
Zuleitung
Tümpel für
Umlauf oder
Bachanfang
Fundament
Folie
Umlaufpumpe
Beton- oder
Tonbett

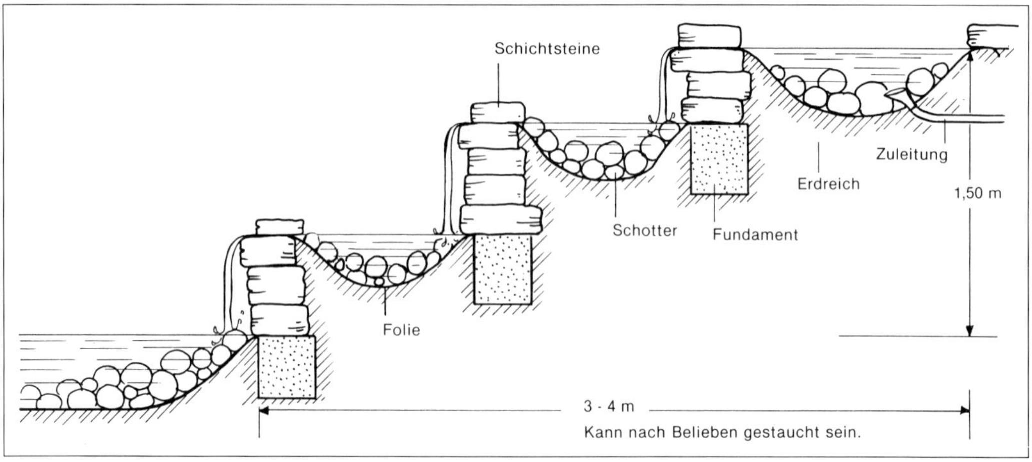
Schichtsteine
Zuleitung
Erdreich
1,50 m
Schotter
Fundament
Folie
3 - 4 m
Kann nach Belieben gestaucht sein.

die Unterlage gemauert. Vor den einzelnen Wasserstufen sollte dabei immer ein kleines Auffangbecken gestaltet werden, damit auch die für einen Wasserfall typischen Geräusche entstehen.

Wenn ein Wasserfall steiler und gar höher werden soll, muß auf jeden Fall Betonmörtel verwendet werden. Man wird beim Bau eines solch echten Wasserfalls auch nicht umhinkönnen, ein Fundament mit Bewehrungseisen, evtl. sogar mit Einschalung zu bauen. Es empfiehlt sich, das von einem Fachmann machen zu lassen. Nur der unverdrossene und praktisch veranlagte Gartenbesitzer kann es, wenn die Anlage nicht zu groß werden soll, selbst bewerkstelligen. Er muß aber folgerichtig vorgehen.

Zuerst muß man sich einen Plan machen, der die Geländebeschaffenheit genau berücksichtigt. Dann hebt man die Baugrube aus. Soll die rückwärtige Partie nicht eingeschalt werden, so muß man den Boden sehr sorgfältig abheben, damit er nicht absackt. Darauf werden die Seiten bis zum umgebenden Bereich des Hanges eingeschalt, d. h., der Boden des Hanges wird durch festmontierte Bretter abgegrenzt. Etwa 5 bis 10 cm vor der Schalung und dem rückwärtigen Boden muß man eine Matte Baustahlgewebe befestigen, die der Form der „Baugrube" angepaßt ist. Das Fundament unterhalb des Wasserfalls muß je nach Größe und Höhe des Falles, aber auch nach der Beschaffenheit des Bodens 50 bis 80 cm tief sein.

Wenn das Fundament geschüttet ist, läßt man 3 Tage verstreichen, in denen der Beton abbindet. Dann beginnt man mit Umsicht, den Wasserfall aufzumauern. Hinter den Steinen, die den Fall bilden, sollte ein etwa 15 cm breiter Zwischenraum bleiben, der mit leicht flüssigem Beton ausgeschüttet werden muß. Dadurch entsteht eine stabile Betonrückwand, die eine lange Haltbarkeit des Wasserfalles gewährleistet.

Wie so ein Wasserfall gestaltet wird – da sind der Phantasie des Bauherrn keine Grenzen gesetzt.

Für die Pflanzen läßt man in den Fugen und Ansatzstellen zwischen den Steinen entsprechend große und tiefe Freiräume, die zu den Rändern hin und vom Wasserfall weiter entfernt sogar durch das ganze Mauerwerk hindurchgehen und in das umgebende Erdreich führen können.

Oben: Wasserfall für den steilen Hanggarten.

Unten: Die Wassertreppe, ein Wasserfall für den Garten mit geringem Gefälle.

Technische Elemente und Hilfsmittel

Springbrunnen im Wassergarten

Glitzerndes, springendes und plätscherndes Wasser war früher wie heute ein belebendes Element des Garten- oder Wohnraumes. Viele berühmte Parks und Gärten sind ohne Wasserspiel nicht vorstellbar.
Wasser, besonders bewegtes, nimmt den Betrachter sofort in Bann. Ob mehrstrahlige oder drehende Wasserspiele, sprudelnde Wassersäulen, ein- und mehrstrahlige Fontänen oder ein rauschender Wasserfall – plätscherndes Wasser erweckt zu jeder Zeit Interesse und findet auch heute Anklang in Anlagen, Parks und auch in Gärten.
Vielfach wird die Meinung vertreten, in einem bepflanzten Gartenteich könne kein Springbrunnen betrieben werden. Diese Auffassung dürfte noch aus der Zeit stammen, wo ein Springbrunnen mit kaltem Leitungswasser gespeist wurde. Heute bewegen die meisten Anlagen dasselbe Wasser aus dem Teich, das dann wieder dorthin zurückfällt. Wenn dabei Spritzer auf Pflanzenteile gelangen, schadet das den Pflanzen nicht. Dagegen ist zu vermeiden, daß Wasserstrahlen laufend oder über längere Zeit Pflanzen treffen. Auch Wellen verursachende Wassersäulen sind für kleine Teiche ungeeignet und können den Pflanzen schaden. Sonst erfüllt der Springbrunnen über seine belebende Funktion hinaus auch einen nützlichen Zweck: Durch das sprudelnde Naß gelangt eine gewisse Menge Sauerstoff ins Wasser; der Wasserumlauf wird beschleunigt, und durch die Wasserbewegung wird die Algenentwicklung und die Massenvermehrung von Wasserlinsen vermindert.
Mit einer Pumpe und unter Zuhilfenahme von verschiedenem Zubehör können folgende Maßnahmen im Gartenteich vorgenommen werden:
- Filtern des Wassers bei Wassertrübungen
- Wasserumwälzung für eine ausgeglichene Wassertemperatur
- Zusätzliche Sauerstoffversorgung
- Ab- und Auspumpen bei notwendigem Senken des Wasserspiegels oder Säubern des Teiches
- Speisung eines Wasserlaufs oder Wasserfalls

Es kann deshalb nur jedem Besitzer eines Gartenteiches geraten werden, eine Pumpe anzuschaffen. Welche, soll das nächste Kapitel mit entscheiden helfen.

Ein schön geformter Findling als Sprudelstein in einem Seerosenteich. Ein unaufdringlicher Blickfang, der den Betrachter anlockt.

Mit Hilfe einer Unterwasserpumpe wird das Wasser aus dem Teich gepumpt, das dann wieder über den Stein zurückfließt.

Unterwasserpumpen für den kleinen Gartenteich

Für den kleinen Gartenteich sind Unterwasserpumpen am zweckmäßigsten und wirtschaftlichsten. Alle Modelle und Typen, gleich welchen Fabrikats, sind nach gesetzlichen Vorschriften mit 10 m Kabel ausgerüstet und steckerfertig montiert. Man braucht die Pumpe nur ins Wasser zu stellen und den Stecker in die Steckdose zu stecken – schon ist die Unterwasserpumpe funktionsbereit.
Folgende Kriterien unterscheiden die Aggregate verschiedener Hersteller voneinander:
- Leistungsaufnahme (Stromaufnahme)
- Motorleistung (Abgabeleistung)
- Förder- und Druckleistung
- Material des Gehäuses und der Lager
- Garantiezeit (Werksgarantie)
- Preis

Zum Betreiben einer wasserspeienden Figur oder zum Berieseln eines Wassersteines genügt eine kleine Pumpe mit geringer Förderleistung. Da die Verwendung auf nur eine Tätigkeit beschränkt bleibt, genügt eine einfache Ausführung zu einem niedrigen Preis. Für eine Dauerleistung ist solch eine kleine Unterwasserpumpe nicht geeignet. Zum Betreiben einer Fontäne bis ca. 80 cm Höhe und 50 cm Durchmesser genügt eine Unterwasserpumpe mit einer Motorleistung von 35 W und einer Förderleistung von 30 l/min. Bei einer Stromaufnahme von 60 W ist z. B. das Modell USP 16 (Oase) relativ energiesparend. Eine stärkere Ausführung dieser Baureihe ist das Modell USP 25 (Oase): Leistungsaufnahme 80 W, Motorleistung 45 W, Förderleistung 55 l/min. Mit dieser Pumpe können höhere Fontänen (bis 160 cm), eine größere Wasserglocke (50 cm) Durchmesser und auch ein kleiner Schaumsprudler von 30 cm Höhe betrieben werden.
Beide Tauchmotorpumpen sind sogenannte Naßläufer. Der Motor läuft nicht in Öl, sondern im Wasser. Der Rotor des Pumpenmotors läuft in einem Keramiklager. Der Hersteller gibt als zu erwartende Benutzungsdauer 15 000 bis 20 000 Betriebsstunden an. Diese Unterwasserpumpen dürfen allerdings niemals trocken laufen.
Diese Aggregate können durch Nachrüsten auch als Teichbelüfter (mit einem Luftansaugstutzen), als Umlaufpumpe oder zum

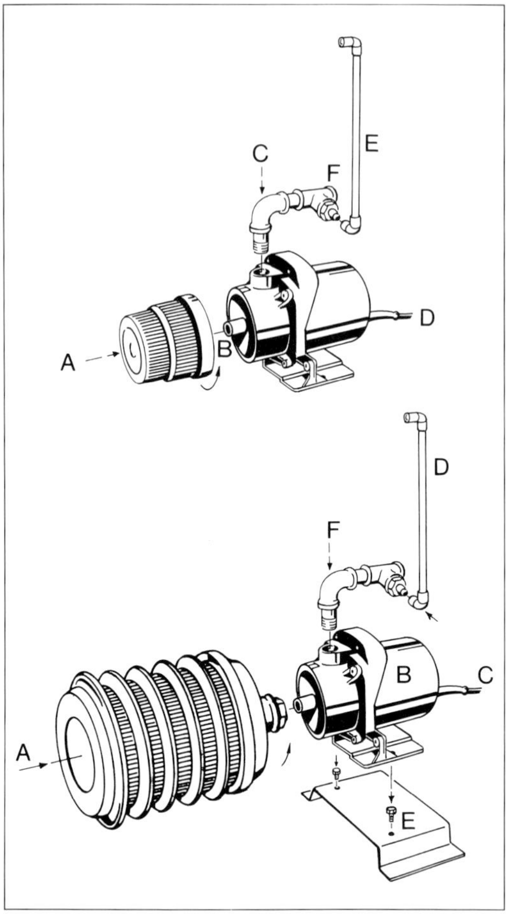

Oben: Unterwasserpumpe als Teichbelüfter.
A Sieb,
B Ansaugstutzen,
C Gewindestück,
D Elektrokabel,
E Luftansaugstutzen,
F Stutzen für den Austritt des Luft-Wasser-Gemisches.

Unten: Teichbelüfter mit Filtertopf zur Sauerstoffversorgung.
A Filtertopf mit Filtermasse,
B Pumpe mit Elektromotor,
C Elektrokabel,
D Luftauszugstutzen,
E Grundplatte,
F Gewindeaufsatzstück.

Entleeren des Teiches (mit einem mehrere Meter langen Schlauch) oder als Filterpumpe (durch Vorsetzen eines Filtereinsatzes) eingesetzt werden.
Bei Aufstellung der Pumpe neben dem Bekken wird der Ansaugfilter abgenommen und die Zulaufleitung an den Ansaugstutzen angeschlossen. Die Pumpe muß aber immer tiefer stehen als die Wasseroberfläche, da die Pumpe nicht selbst ansaugen kann.
Hergestellt werden heute auch Unterwasserpumpen mit Antriebsmotoren, die in Öl laufen, sogenannte Ölbadläufer. Das Öl dient zur Kühlung; eine Wellenabdichtung (Simmerring) verhindert das Eindringen von Wasser. Diese Dichtung hat den Nachteil, daß sie verhältnismäßig schnell verschleißt (nach ca. 5000 Betriebsstunden) und dadurch Wasser in den Motor gelangt, wodurch Kurzschluß entsteht.
Mit allen Springbrunnenaggregaten können zusätzlich auch mehrere Wasserspeier betrieben werden. Beim Kauf sollte man auf VDE-Zeichen, TÜV-Abnahme und Dauer der Garantiezeit achten. 2 Jahre sind heute üblich. Wer kein Sicherheitsrisiko eingehen will, kann über einen 24-V-Schutztransformator den 220-V-Wechselstrom auf 24 V Kleinspannung transformieren. Sicherheitshalber kann man alle elektrischen Anlagen im Wasser mit einem handelsüblichen Fehlerstromschutzschalter (30 mA = 0.030 A) versehen.
Alle Unterwasserpumpen sollten so beschaffen sein, daß ohne zusätzlichen Aufwand ein Unterwasserscheinwerfer und ein Farbwechselspiel angebracht werden kann. Außerdem sollten sie wartungsfrei sein, abgesehen vom Reinigen des Filters.
Soll eine Pumpe Wasser aus einer tiefer liegenden Quelle hochpumpen oder soll ein mehrere Meter höher gelegener künstlicher Bachlauf gespeist werden, so wird dafür eine Pumpe mit höherer Förderleistung (großes Pumpenrad) benötigt. Soll dagegen eine hohe Wasserfontane oder ein Schaumsprudler betrieben werden, muß die Pumpe eine entsprechende Druckleistung erbringen können, also mit einem stärkeren Motor versehen sein. Förderhöhe und Fördermenge sind also voneinander abhängig. Die eine Leistung nimmt immer auf Kosten der anderen ab.
Dies trifft auch für die Gruppe der Kreiselpumpen zu, deren Lebensdauer wohl höher liegt, deren Installation aber auch wesentlich umständlicher und aufwendiger ist. Da der Preis für diese Pumpen doch wesentlich höher liegt und der Energiebedarf (Leistungsaufnahme) sehr unterschiedlich ist, kann nur empfohlen werden, von den Herstellerfirmen Informationsmaterial anzufordern oder sich von einem Fachhändler beraten zu lassen.
Bei Betreiben von Springbrunnenaggregaten, Umlauf- und Filterpumpen sind folgende Regeln zu beachten:

1. Regelmäßig den Ansaugkorb reinigen
2. Bei dichtem Besatz mit Unterwasserpflanzen oder bei starker Verschmutzung die Pumpe in einen größeren Korb stellen, damit der Ansaugkorb länger frei bleibt und ein Trockenlaufen der Pumpe vermieden wird
3. Die Unterwasserpumpe nie auf den verschlammten Bodengrund stellen, sondern immer erhöht, sonst werden die Schlammteilchen im Teich umhergewirbelt
4. Kommt die Düse nicht über Wasser zu stehen, Verlängerungsrohr aufsetzen oder die Pumpe höher stellen.
5. Für den persönlichen Schutz, ganz besonders wenn Kinder an den Teich kommen, werden zwei Möglichkeiten empfohlen:
   - Bei Unterwassergeräten 220 V ein Fehlerstromschutzschalter 30 mA = 0.030 A (als Nachrüstschalter selbst zwischenschaltbar).
   - Wahl der Unterwassergeräte in Schutzkleinspannung 24 V oder 12 V.

Düsen, Wasserspeier und Unterwasserscheinwerfer

Es gibt eine große Anzahl von Düsen, die ganz verschiedenartige Wasserbilder erzeugen. Die bekanntesten sind ein- und mehrstufige Fontänen, drehbare Wasserspiele mit wechselnden Wasserstrahlen, schöngeformte Wasserglocken sowie sprudelnde Schaumquellen. Insbesondere die erstgenannten Wasserbilder mit feinem Wasserstrahl und Wasserglocken sind windanfällig. Deswegen müssen das Wasserbild und die Leistung der Pumpe der Größe des Beckens angepaßt sein. Als Faustregel gilt: halber Beckendurchmesser = Fontänendurchmesser. Eine Düse mit sehr kleinen Öffnungen wird sehr feine Strahlen erzeugen, die leichter vom Wind weggeweht werden können. Wenige große Öffnungen ergeben dickere, aber auch niedrigere Strahlen. Wasserglokken eignen sich besonders für windgeschützte Standorte (Atriumgärten).

Bei allen Düsen ist immer darauf zu achten, daß sie leicht zu reinigen sind und über einheitliche Gewinde verfügen, damit man sie untereinander auswechseln kann.

Soll in einem tiefen Teich ein Springbrunnen betrieben werden, wo die Pumpe nicht auf einen Aufsatz gestellt werden kann, so kann eine Schlauchverbindung von der Pumpe zum Aufsatz geschaffen werden. Dazu wird die Düse auf einen wasserdichten Behälter aufgelötet. Auf der Unterseite muß ein Aufsatz angebracht werden, auf den der Schlauch aufgezogen werden kann (s. Abb. Seite 228).

Dies funktioniert aber nur, wenn der Behälter waagerecht auf dem Wasser schwimmt und sich nicht nach einer Seite neigt. Auch muß die Pumpe so stark sein, daß der erzeugte Druck ausreicht, um ein ansehnliches Wasserbild zu schaffen.

Wasserspeier gibt es in vielen Ausführungen und für jede Geschmacksrichtung. Wer Spaß daran hat, kann sich einen aus Kupfer-

1

2

3

1: Im Kaltschweißverfahren werden die Teichplanen miteinander verschweißt.

2: Die Oberkante der Grube muß gleichmäßig in der Waage sein.

3: Die Plane wird in die Grube eingelegt.

4

5

6

4: Torfsoden für die Randabdeckung des Folienteiches.

5: Der Teich nach der Bepflanzung.

6: Der Teich ein Jahr danach.

rohr selbst basteln, evtl. in Verbindung mit einem schöngeformten Stein (Abb. S. 229). Es gibt da viele interessante Möglichkeiten. Betrieben werden Wasserspeier durch kleine Unterwasserpumpen, oder sie werden mit Hilfe eines T-Stücks von einer Springbrunnenpumpe abgezweigt und mit einem Schlauch dem Speier zugeleitet. Dieser Schlauch wird durch eine Klemme (zum Beispiel einen kräftigen, gebogenen Draht) so weit eingedrückt, bis der Wasserdruck so gedrosselt ist, daß der Wasserstrahl gefällig aus der Öffnung läuft.

Unterwasserscheinwerfer beleben Springbrunnenanlagen des Nachts besonders reizvoll. Ein- oder mehrstrahlige tanzende, sprudelnde oder glockenförmige Wasserbilder gelangen, im Dunkeln angestrahlt, zu zauberhafter Wirkung. Es gibt Unterwasserscheinwerfer in Ausführungen von 40 W bis 150 W. Durch Schutztransformatoren können Unterwasserscheinwerfer, wie auch Pumpen, aus Sicherheitsgründen mit 24 V Niederspannung betrieben werden.

Gewöhnliche Glühbirnen sind unter Wasser nicht verwendbar. Spezialbirnen (PAR-Birnen) werden mit der Fassung in das Gehäuse der Lampe geschraubt. Die Birne selbst kommt so ohne weiteren Schutz gefahrlos ins Wasser.

Diese Scheinwerfer können auch, wenn die Betriebsanleitung es erlaubt, außerhalb des Wassers als Strahler eingesetzt werden. Man kann damit Wasserspiele, aber auch Pflanzen oder Gebäude anstrahlen. Zu diesem Zweck lassen sich auch Halogenlampen einsetzen. Sie zeichnen sich durch hohe Lichtintensität und lange Lebensdauer aus. Selbstverständlich sollte man bei allen Lampen auch auf VDE-Zeichen und TÜV-Abnahme achten.

Bei Unterwasserscheinwerfern, die zwischendurch auch als Strahler über Wasser eingesetzt werden, ist darauf zu achten, daß sie nur ganz abgekühlt wieder ins Wasser kommen dürfen. Der Schock würde die Birne zerspringen lassen.

Filteranlagen und Sauerstoffpumpen

Besonders kleine Wasserbecken mit großem Fischbesatz und geringer Bepflanzung verschmutzen leicht. Das Wasser wird mit Nitraten angereichert und kann sich nicht mehr regenerieren. Die Fische sind kaum noch zu sehen und leiden unter Sauerstoffmangel. Will man ein Fischsterben vermeiden, muß dem Übel schnellstens abgeholfen werden. Rasch und nachhaltig kann hier nur eine Filterpumpe etwas ändern. Ist ein Grundgerät (Pumpe z. B. USP 16 oder USP 25), vorhanden, kann dieses mit einem fabrikmäßig hergestellten Filter versehen werden, der statt des Ansaugkorbes auf den Ansaugstutzen der Pumpe geschraubt wird. Die eigentliche Filtermasse besteht aus schwammartigem Kunststoff.

Will man selbst einen Filter bauen, so kann man dafür einen Pflanzen- oder Haushaltskorb mit durchlöcherten Wandungen verwenden, der natürlich größer sein muß als die vorhandene Pumpe, die dort hineingestellt wird. Die Filtermasse oder Filterwatte wird um die Ansaugfläche oder um den Ansaugkorb gelegt. Auf den Ausgangsstutzen, wo man sonst den Springbrunnenaufsatz aufschraubt, wird ein Schlauch aufgezogen, der das gefilterte Wasser an eine andere Stelle im Gartenteich leitet. Dadurch wird auch ein schnellerer Wasserumlauf bewirkt. Ist keine richtige Filterwatte zur Hand, kann man auch anderes loses Material (z. B. Holzwolle) verwenden, vorausgesetzt, es enthält keine unerwünschten Bestandteile.

Sollen verschmutzte oder veralgte Becken gegen bakterielle Krankheitserreger behandelt werden, so kann man zusätzlich oder statt des Filtermaterials Schwarztorf oder Holzkohle in den Filtertopf tun. Es ist natürlich darauf zu achten, daß ausreichend Wasser gefördert wird und wieder austritt, sonst besteht die Gefahr, daß die Pumpe durch Trockenluft heiß wird und die Wicklungen des Elektromotors durchbrennen.

Als Zubehör zu einigen Pumpenmodellen gibt es einen Luftansaugstutzen (s. Abb. Seite 218). Ein Kunststoffrohr, dessen obere Öffnung aus dem Wasser ragen muß, steckt auf einem T-Verbindungsstück, das wiederum an dem Stutzen befestigt ist, aus dem das Wasser austritt. Durch den Luftansaugstutzen wird nun laufend Sauerstoff zugeführt und mit dem Wasser vermischt.

Umlaufpumpe Soll das Wasser zur schnelleren Umschichtung umlaufen, wird auf den Stutzen der Pumpe, wo sonst der Springbrunnenaufsatz montiert wird, ein Schlauch aufgezogen; sein anderes Ende kommt auf die gegenüberliegende Seite des Beckens. Diese Umlaufpumpe kann auch mit einem Filter kombiniert werden. Eingesetzt wird sie an heißen Tagen in flachen Becken bei Fischbesatz und gegen Algenbildung und Ausbreitung von Wasserlinsen (*Lemna minor*).

Sauerstoffpumpe Auch in den meist relativ kleinen Gartenteichen vergrößert sich der Fischbestand. Durch Umsetzungsprozesse, besonders im Sommer, aber auch im Winter, wird dem Wasser Sauerstoff entzogen. Sauerstoffmangel ist die Folge. Mit einer Sauerstoffpumpe kann dem entgegen getreten werden. Ursprünglich für die Belüftung von Aquarien entwickelt, gibt es inzwischen auch größere, die für den Einsatz in Gartenteichen geeignet sind. Allerdings müssen solche Pumpen immer in einem trockenen Raum oder Keller untergebracht werden, da sie gegen Feuchtigkeit empfindlich sind. Die Luft wird mühelos mittels eines Schlauches, der bei größeren Pumpen bis 40 oder 50 m

Ein Mühlstein für ein Wasserspiel. Das Wasser vom Quellsprudler läuft im Umlaufsystem über den Mühlstein, fällt auf die tieferliegende Betonplatte und dann wieder plätschernd zurück ins Auffangbecken. Durch die zusätzliche Luftbefeuchtung wachsen Pflanzen in der Nähe der Anlage, die an anderen Standorten versagen würden.

lang sein kann, direkt über ein oder mehrere Ausströmersteine in das Wasser gepumpt. Mit diesen kleinen Sauerstoff -Membran-Pumpen kann man laufend Sauerstoff ins Wasser bringen. Die Fische fühlen sich wohl; man merkt es daran, daß sie oft durch die sprudelnden Sauerstoffbläschen schwimmen. Umsetzungsprozesse im Winter gehen schneller vonstatten, und nicht zuletzt wird dadurch auch das Wasser klarer. Die Sauerstoff-Membran-Pumpen verbrauchen sehr wenig Strom, je nach Ausführung, z. B. 4 W bei einer Förderleistung von 450 l/min und einem Saugdruck von 1000 mm WS (Wassersäule) oder 8 W bei 800 l/m 1000 mm WS. Sie sind üblicherweise billig und haben eine lange Lebensdauer. Die einzige Wartung ist gelegentlicher Filterwechsel. Beim Einsatz im Winter ist auf gefrierendes Kondenswasser in den Schläuchen zu achten. Im Winter nützt ihr Einsatz nicht nur der Belüftung, vielmehr wird durch das Sprudeln der Luft eine begrenzte Wasserfläche vom Eis frei gehalten, wo der Luftaustausch erfolgen kann. Dazu müssen Ausströmersteine aber dichter an die Wasseroberfläche gebracht werden. Die Fische haben dann auch bei anhaltendem Frostwetter und dicker Eisdecke bessere Überlebenschancen.

Mühlsteinbrunnen und Sprudelsteine

Mühlstein und Wasser – eine uralte Gemeinschaft weckt Nostalgie und Erinnerungen an die ,,gute alte Zeit". Mühlsteinbrunnen beleben Wohngärten und Innenhöfe und sind ein Spaß für jedermann. Da Original-Mühlsteine kaum noch erhältlich sind, gewinnen nachgebaute aus gemahlenem Naturstein, Beton oder Kunststoff immer mehr an Bedeutung.

Wer einen Mühlstein zum Mühlsteinbrunnen umbauen will, muß dazu von einem Steinmetz das meist viel zu kleine Loch in der Mitte vergrößern lassen, wo dann der Einbautopf mit Pumpenaggregat eingehängt werden kann (kleinster Durchmesser 22 cm). Dieser muß abgedichtet sein, damit das Wasser des Springbrunnens nicht wieder abfließt – durch die Öffnung soll es ja gleichmäßig über den Mühlstein laufen. Ist der Mühlstein aus Sandstein, besteht die Gefahr, daß er sich mit Wasser vollsaugt und im Winter auffriert. Zweckmäßigerweise sollte man daher um einen solchen Mühlstein Eisenringe legen lassen.

Sprudelsteine sind eine weitere Attraktion unter dem Thema ,,Wasser im Garten". Überquollen vom Wasser und munter in welliger Bewegung umhüllt, scheinen sie förmlich zum Leben erweckt. Sie können einzeln aufgestellt werden, z. B. über einem abgedeckten Wasserbehälter, als speiende Quelle eines Wasserlaufs oder im Randbereich eines Beckens in Verbindung mit anderen kleinen und großen Steinen. Gegebenenfalls können sie auch mit Düsen, wie Schaumquellaufsatz oder Schaumsprudler, versehen werden. Wer selbst einen schöngeformten Findling besitzt, kann diesen für solche Zwecke durchbohren lassen: auf einem Gitterrost über einem Betonring (damit das

Eine reizvolle Variante des Springbrunnens stellt ein kleines Wasserspiel in Kombination mit einem Teich dar. Ein Quellsprudler belebt nicht nur die Anlage, sondern sorgt auch für Sauerstoffzufuhr und Wasserumlauf.

Seite 226
1: Das Bachbett ist modelliert, der Boden verdichtet und geglättet und mit Sand abgedeckt.

2: Die Folienplanen wurden eingelegt und vor Ort aneinandergeschweißt.

3: Das Bachbett wurde mit Kies und Steinen ausgelegt.

4: Nachdem die überlappende Folie in den Randbereich eingegraben und abgedeckt wurde, kann Wasser eingelassen werden.

Seite 227
1: Auch diese kleine Wasserfläche kann Vogeltränke und Vogelbad sein.

2: Das Plätschern des Baches verleiht dem Garten eine besondere Atmosphäre.

1

2

3

2

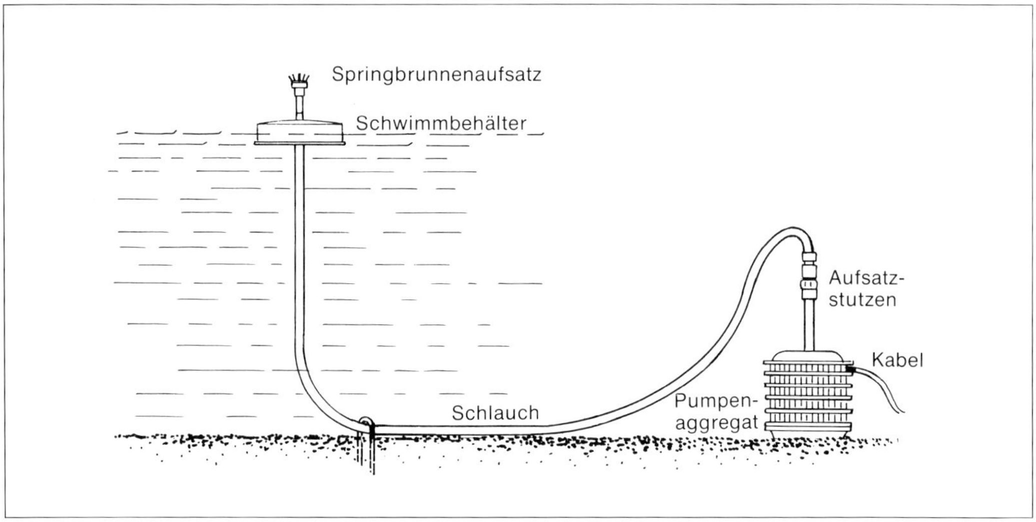

Schwimmender Springbrunnenaufsatz

Wasser wieder aufgefangen werden kann) stellt so ein Sprudelstein eine wirkliche Bereicherung dar.
Es gibt auch fix und fertig zusammengestellte transportable Quellbrunnen mit allem Zubehör, die ohne weitere Hilfsmittel an jeder Stelle, wo im Umkreis von 10 m eine Steckdose ist, funktionsbereit sind (Oase).

Sonstige Ausstattung

Beckenheizungen

Wer davon träumte, einen Teich mit tropischen Seerosen oder Wasserpflanzen zu besitzen und dies bisher aufgrund der hohen Energiekosten nicht verwirklichen konnte, hat nunmehr Chancen, sich diesen Wunsch zu erfüllen. Die Solartechnik macht es möglich, auch Gartenteiche preisgünstig mit Wärme zu beschicken. Schon bei der Einrichtung der Heizung im Wohnhaus sollte man den Teich mit in den Kreislauf des Heizsystems einbeziehen.

Kleinere Anlagen mit Sonnenkollektoren für die Zusatzbeheizung von Swimmingpools sind verhältnismäßig preisgünstig und auch für die Beheizung eines Pflanzenbeckens einzusetzen. Wenn sie auch nur Energie spenden, solange die Sonne scheint, hält die Temperatur durch den erwärmten Energieträger das Wasser noch einige Stunden bzw. die Nacht über warm. Dann muß allerdings eine Wärmepumpe in Tätigkeit treten, wenn die Sonne nicht wieder scheint, damit die Wassertemperatur im Tropenbecken nicht absinkt. Unter 20 °C sollte sie nicht fallen; besser ist, sie kann auf 25 °C gehalten werden.
Wieweit Energie einer Solarheizung für einen Swimmingpool im Winter für ein Kaltwasserbecken gegen Einfrieren eingesetzt werden kann, müßte im Einzelfall mit einer Fachfirma abgeklärt werden. Sicher sind da noch Möglichkeiten vorhanden. Technisch ist es heute möglich, mit preisgünstigen Geräten Energie aus dem Wasser, der Erde oder aus der Luft zu gewinnen. Sogar aus Räumen (Heizungskellern) kann Wärme ge-

Wasserspeicher aus Kupferrohr selbst gebaut.

zogen und für Heizungszwecke genutzt werden.

Mit einer Warmwasserheizung im Hause ist die Beheizung eines Tropenbeckens technisch ohne weiteres machbar. Aber wie, von wo und mit was ein Becken beheizt wird – es sind dafür noch weitere Installationen im Becken selbst notwendig. Durch Heizkörper wird das Wasser nicht gleichmäßig erwärmt. Besser eignen sich dafür Heizungsschlangen aus Kupfer oder Kunststoff, wie sie auch bei Fußbodenheizungen verwandt werden. Diese werden dann möglichst im gleichen Abstand an den Innenwänden verlegt und zwar so, daß sie sich an keiner Stelle berühren. Der Heizungsablauf muß durch einen Thermostaten gesteuert werden.

Elektroheizkabel verlegt in einer Garageneinfahrt oder im Bereich der Haustür zum Offenhalten des Bodens bei Glatteis, sind nichts Neues. Dagegen ist neu, daß solche Heizkabel auch zum Temperieren eines Warmwasserbeckens eingesetzt werden können. Sie müssen vor allem wasserdicht sein, humussäurefest und überhaupt gegen äußere Einflüsse und viele chemische Stoffe resistent.

Eine skandinavische Firma bietet unter dem Namen JEVI-Elektroheizkabel ein nach Angaben des Herstellers geeignetes Heizkabel für die Beheizung von Aquarien und Becken an. Gute Erfahrungen sollen bereits vorliegen. Die Heizleistung bei 15 W/m beträgt ungeachtet des Verwendungszweckes 70 °C. Die tatsächliche Oberflächentemperatur beträgt im Wasser (bei 20 °C) etwa 35 °C auf der Kabeloberfläche. Am besten setzt man sich mit einem Fachgeschäft in Verbindung, das ein solches Heizkabel beschaffen kann und die Durchführung der Arbeiten von einer fachkundigen Arbeitskraft vornehmen läßt.

Bei der Verlegung des Heizkabels ist mit größter Sorgfalt vorzugehen. Die Kabel dürfen sich auf keinen Fall berühren. Man kann damit entweder das ganze Becken beheizen oder, weil man sparen will, nur einen Behälter, z. B. ein Eternitrohr oder eine Tonne, die aber immer isoliert sein sollte. Der obere Rand dieses bepflanzten Behälters sollte unter der Wasseroberfläche liegen, damit von außen nicht erkennbar ist, daß die Seerosen, Lotosblume oder was so eben im Wasser ist, getrennt in einem Behälter stehen.

Man hat nun die Möglichkeit, die Kabel entweder knapp unter der Wasseroberfläche mit an Saugnäpfen befindlichen Klipsen oder spiralförmig mittels kleiner Häkchen an den Wänden des Eternitrohres oder der Tonne zu befestigen. Um keinen Strom zu vergeuden, sollte man einen Thermostaten anschließen, welcher von einem Temperaturfühler im Wasser gesteuert wird.

Elektrische Heizungsstäbe in der Art der Tauchsieder haben sich bisher in der Praxis im Wintereinsatz als zu teuer erwiesen. Man kann damit nur eine sehr kleine Fläche eisfrei halten, weil auch das umgebende Wasser mit temperiert wird. Da keine Abgrenzung vorhanden ist, kann das nicht unterbunden werden und kostet dadurch zuviel Energie.

Enthärtungsanlagen

Sehr kalkreiches Wasser eignet sich nur für wenige Pflanzen des Wassergartens, ausgeschlossen sind vornehmlich die aus Moorgewässern stammenden Arten. Werden sie in solches Wasser eingesetzt oder, wenn sie außerhalb des Beckens stehen, mit kalkhaltigem Wasser gegossen, werden sie unansehnlich oder vergehen langsam. Viele Pflanzen des Unterwasserbereiches würden sich einfach auflösen. Nur die wenigsten können sich anpassen. Der Bau eines Moortümpels, eines Sumpfgärtleins oder Heidetümpels wäre in Frage gestellt oder ganz unmöglich, denn in den seltensten Fällen steht bei Bedarf Regenwasser zur Verfügung.
Auch die Unterbindung von Algenwuchs ist in kalkhaltigem Wasser sehr erschwert. Wo also auch das Leitungswasser zu hohe Härtegrade aufweist, ist der Einsatz einer Enthärtungsanlage sinnvoll. Kann damit auch das Wasser für andere Zwecke entkalkt werden, wie für den Haushalt, den Garten oder den Swimmingpool, so ist die Anschaffung erst recht sinnvoll und macht sich bezahlt. Solche Enthärtungsanlagen beruhen auf dem Prinzip des Ionenaustausches.
Beispiel der Funktion einer vollautomatischen Enthärtungsanlage: Das harte Wasser durchfließt den ersten Filterbehälter mit dem Ionenaustauscher (Filterfüllung) von oben nach unten. Der Kalk bleibt im Ionenaustauscher hängen. Das Wasser kommt weich, kalkfrei aus der Anlage. Nach einer bestimmten Wassermenge ist der Ionenaustauscher mit Kalk gesättigt, und das Wasser würde durchfließen, ohne enthärtet zu werden. Bei älteren und einfachen Anlagen müßte jetzt der Regenerationsdienst gerufen werden. Die modernen neueren Anlagen schalten dies vollautomatisch auf den zweiten Filterbehälter um, so daß wir ohne Unterbrechung weiches Wasser zur Verfügung haben. Gleichzeitig wird die Reinigung-Regeneration des Ionenaustauschers im ersten Filterbehälter ausgelöst. Wenn die Regeneration beendet ist, bleibt der Filterbehälter 1 in Ruhestellung, bis der Filterbehälter 2 erschöpft ist. Dann wird automatisch auf Filterbehälter 1 umgeschaltet, und Filterbehälter 2 wird regeneriert. Zu bemerken ist dazu, daß es nicht das Ziel sein kann, von heute auf morgen das gesamte Wasser zu entkalken. Dies muß überlegt in Etappen vorgenommen werden, bis die günstigsten Werte für das Becken oder den Moorbereich erreicht sind (s. Seite 37 und 230).

Verzeichnisse

Erklärung von Fachausdrücken, Begriffen und Namen

Archetypen: Urform, Urbild
Ausströmerstein: poröser, künstlicher Stein, aus dem eingeblasene Luft austritt
Bastard: Mischling (Hybride)
Bentonit: Tonmehl, das im Wasser aufquillt und hart wird
Biotop: ökologisch abgegrenzter Lebensraum
Brackwasser: Wasser mit Salzgehalt vom Ozean und von Süßwasser
Container: Anzuchttöpfe aus Kunststoff
Cultivar: Bezeichnung für Sorte
Domblätter: Bezeichnung für die oberen Blütenblätter der Iris-Blüte
emers: über Wasser wachsend
eutrophe Zone: nährstoffreiche Zone
fertile Wedel: fruchtbare Farnwedel, also solche, die mit Sporen besetzt sind
Flachmoor: unter aquatischen Bedingungen (Unterwasser-Bildung) entstandenes Moor
Flachwassersumpf: Uferpartie zwischen Land und Wasser, bzw. Verlandungszone mit flachem Wasserstand
Fungizide: chemische Pilzbekämpfungsmittel
Gartenform: Hybride, Sorte aus gärtnerischer Züchtung
Gattung: Eine Gruppe von Arten gemeinsamer Abstammung. Nomenklatorisch ist der erste Name einer Pflanze der Gattungsname z. B. Iris in *Iris germanica*
gefiederte Blätter: mehr oder weniger stark eingeschnittene Blätter
Habitus: Gestalt einer Pflanze
Halbstrauch: Eine Pflanze, bei der die unteren Teile verholzen, die oberen Sproßteile aber krautig sind
Hibernakeln: sind Überwinterungsknospen einiger Wasserpflanzen
Hybride: In der Botanik eine Kreuzung von zwei verschiedenen Pflanzenarten
Indikator: Anzeiger chemischer Reaktionen
Ingenieurbiologischer Wasserbau: überlegter sinnvoller Einsatz von Pflanzen entsprechend des Standortes zur Sicherung von Ufern jeder Art
Kescher: Fangnetz mit Stiel
kolkartige Erweiterungen: Erweiterung von Wasserlöchern
Kontaktgift: Giftstoffe, die sofort auf Berührung wirken. Anwendung z. B. gegen tierische Schädlinge an Pflanzen
kosmopolitisch: fast in allen Erdteilen vertreten
Kübelpflanzen: Pflanzen, die in Kübeln gepflanzt werden und als „mobile" Pflanzen an jeden beliebigen Ort gestellt werden können. Es handelt sich vorwiegend um Arten, die frostfrei überwintert werden müssen
Kupfersulfat: Wird zur Schädlingsbekämpfung und als Algenbekämpfungsmittel verwendet
Larvalentwicklung: Entwicklungsstufe bestimmter Tiere
mediterran: im Mittelmeerraum beheimatet

Mikroorganismen (Mikrofauna): Kleinstlebewesen, nur mikroskopisch erkennbar

Mineralsalze: anorganische, salzartige, wasserlösliche Substanzen

perennierend: ausdauernd (winterhart)

Phosphate: (Phosphorsäuresalz). Verwendung als Wasserenthärtungsmittel und Dünger

primär: die Grundlage bildend, wesentlich, ursprünglich

regenerieren: Neubildung von zerstörten Pflanzenteilen

Rekultivierung: Wiedererschließung oder Neugestaltung durch menschliche Eingriffe zerstörten Geländes

Rote Listen: Zusammenstellung gefährdeter vom Aussterben bedrohter Pflanzenarten in den einzelnen Bundesländern. Herausgegeben von den Landesstellen für Naturschutz

Spurenelemente: Grundstoffe wie Aluminium, Bor, Kobalt, Kupfer, Mangan, Zink u. a., die in kleinsten Mengen wirksame Pflanzenaufbaustoffe sind

submers: untergetaucht (unter Wasser) lebende Pflanzen

Synonym: in der Botanik Bezeichnung für Pflanzennamen, die nomenklatorisch zwar nicht korrekt sind, aber oftmals im Sprachgebrauch verwendet werden

tetraploid: mit vierfachem Chromosomensatz ausgestattet

Torfziegel: aus Torf gestochene getrocknete ziegelähnliche Stücke

Umweltfaktoren: natürliche und künstliche Gegebenheiten und Kräfte, die auf Lebewesen einwirken. Zu den natürlichen Faktoren gehören u. a. Boden, Wasser, Luft, Licht, Klima; zu den künstlichen gehören z. B. Acker, Häuser, Fabriken, Abfälle

UV-stabilisiert: UV-Strahlung wirkt auf einige Kunststoffe (z. B. solche auf PVC-Basis) schädigend. Das Material wird spröde und brüchig. UV-stabilisierte Kunststoffe müssen voll beständig sein und dürfen durch Einwirkung von UV-Strahlen nicht negativ beeinflußt werden

vegetative Vermehrung: Vermehrung durch Ableger, Ausläufer, Stecklinge oder Teilung u. ä. im Gegensatz zu Vermehrung aus Samen, Sporen

weiches Wasser: niedriger Kalkgehalt (Kalziumkarbonat)

Wildstaude: Stauden, die natürliche Bewohner der freien Landschaft sind, keine Züchtungen sind, oder nach ihrer Herkunft und ihrem Aussehen Wildpflanzen ähneln

Winterknospe: Überwinterungsorgan einiger Wasserpflanzen

Zwischenwirt: Wirtspflanze, die Parasiten in einer bestimmten Entwicklungsphase beherbergt

Lieferantenanschriften

Artikel für Wassergärten werden inzwischen von vielen Fachhändlern, Gartencenter und Verkaufsbaumschulen angeboten. Staudengärtnereien führen darüberhinaus im allgemeinen ein größeres Sortiment an Stauden und Wasserpflanzen. Anschriften können bei der Geschäftsstelle des Bundes deutscher Staudengärtner in 6310 Grünberg 1, Gießener Str. 47 erfragt werden, oder man wendet sich an die aufgeführten Fachfirmen. Für Gehölze sind Lieferadressen bei der Geschäftsstelle des BdB (Bund deutscher Baumschulen) in 2080 Pinneberg Bismarckstr. 49 zu erfragen.

Bundesrepublik Deutschland

Bajon-Berlins
Garten-Center GmbH
Spandauer Damm 232
1000 Berlin 19

Baltin-Stauden
Christian Baltin
Mörserstr. 29
3180 Wolfsburg 13-Ehmen

Behrens-Gartenpflanzen
Inh. Reinhard Behrens
Soerser Weg 27
5100 Aachen

Dinger's Garten-Center Köln
Inh. Günter Dinger
Goldammerweg 361
5000 Köln 30

Heinrich Junge
Inh. Großmann-Junge
Seeanger Weg 1
3250 Hameln 1

Odenwälder Pflanzenkulturen
Kayser & Seibert
Wilh. Leuschner-Str. 85
6101 Rossdorf

Nieder-Ofleidener-Staudenkulturen
Johann Lintner
Untere Straße 11
6313 Homberg/Ohm 3

Seerosengärtnerei
Erhard Wilfried Oldehoff
Sieglmühle 2
8395 Hauzenberg

Garten-Center
Walter Radloff
Schnieglinger Str. 54
8500 Nürnberg 90

Gartenteiche/Wasserpflanzen
I. u. R. Seick
Am Ritterholz 36
1000 Berlin 22

Stauden-Gräser-Wasserpflanzen
Karl Wachter KG
Rollbarg
2081 Appen-Etz

Schweiz

Baumschulen
Johann Georg Daepp
Bärenstutz 7
CH-3110 Münsingen

Wyss Samen und Pflanzen AG
Gartencenter
CH-4528 Zuchwil

Österreich

Seerosen-Kern
Inh. Angelika Kern
Einödhofweg 20
A-8042 Graz

Bildquellen

Johannes Apel, Baden-Baden: Seite 40, 57 (oben), 68 (8), 69, 80 (rechts), 81 (links), 131 (4–6), 140 (links u. Mitte), 144 (1, 3–5), 148, 161 (oben)
Lothar Denkewitz, Hamburg: Seite 127 (rechts), 137, 141 (rechts), 149 (links unten)
Alois Felbinger, Leinfelden-Echterdingen 1: Seite 66, 205, 223
Ursula Gehlhaar, Groß Nordende: Seite 23
Erhard Jaekel, Obernholz: Seite 168
Peter Kaiser, Hamburg: Seite 165 (2)
Fritz Mandel, Hamburg: Seite 161 (links unten)
Klaus Paysan, Stuttgart: Seite 165 (1, 3, 4)
Wilhelm Schacht, Frasdorf: Seite 144 (2)
Gerhard Schlicht, Hamburg: Seite 15
Jürgen Schröder, Norderstedt: Seite 221
Hans Seibold, Hannover: Seite 57 (unten rechts), 61, 68 (9), 76 (links), 84, 122, 131 (1–2), 133 (oben und links unten), 144 (6), 151
Wolfram Stehling, Hamburg: Titelbild, Seite 2, 11, 19, 22, 33, 36, 37, 41, 44, 45, 48, 57 (unten links), 60, 65, 68 (7, 10, 11), 72, 73 (rechts), 80 (links), 81 (rechts), 83, 123, 126, 127 (links), 130, 131 (2), 133 (rechts unten), 134, 136, 140 (rechts), 141 (links), 145, 149 (oben und rechts unten), 152, 161 (rechts unten), 169, 170, 187, 188, 206, 217, 224, 226, 227
Firma Karl Wachter, Appen-Etz (Betriebsaufnahmen): Seite 68 (1–6), 73 (links), 76 (rechts), 220

Gartenpläne- und -Entwürfe
Karl Plomin, Hamburg

Zeichnungen
Hannelore von Engelhard, Appen
nach Skizzen von Lothar Denkewitz, Hamburg sowie nach Angaben und Vorlagen des Verfassers

Literatur

Bärtels, A.: Gartengehölze. Verlag Eugen Ulmer, Stuttgart 1981.

Eberle, G.: Farne im Herzen Europas. Verlag Waldemar Kremer, Frankfurt 1970.

Engelhardt, W.: Was lebt in Tümpel, Bach und Weiher. Kosmos Naturführer. Franckh'sche Verlagshandlung, Stuttgart 1983.

Fehse, F.: Das Freilandaquarium. Franckh'sche Verlagshandlung, Stuttgart 1967.

Frickhinger, K A., W. Ladiges und K. H. Wiesner: Der neue Gartenteich. Tetra-Werk, Melle 1981.

Garms, H.: Pflanzen und Tiere Europas. Westermann Verlag, Braunschweig 1969.

Geisler, R.: Wasserkunde. Alfred Kernen Verlag, Stuttgart 1964.

Glasau, F.: Sommergrüne Ziergehölze. Verlag Paul Parey, Berlin und Hamburg 1967.

Glück, H.: Die Süßwasserfische Mitteleuropas. Verlag Gustav Fischer, Jena 1936.

Grunert, C.: Das Blumenzwiebelbuch. Verlag Eugen Ulmer, Stuttgart 1980.

Hansen, R. und F. Stahl: Die Stauden. Verlag Eugen Ulmer, Stuttgart 1981.

Henkel, F.: Das Buch der Nymphaeaceen. Eigenverlag, Darmstadt 1911.

Jelitto, L. und W. Schacht: Die Freilandschmuckstauden. Verlag Eugen Ulmer, 1963.

Köhlein, F.: Iris. Verlag Eugen Ulmer, Stuttgart 1981.

Krüssmann, G.: Handbuch der Laubgehölze. Verlag Paul Parey, Berlin und Hamburg 1976.

Krüssmann, G.: Handbuch der Nadelgehölze. Verlag Paul Parey, Berlin und Hamburg 1983.

Maatsch, R.: Das Buch der Freilandfarne. Verlag Paul Parey, Berlin und Hamburg 1980.

Mühlberg, H.: Das große Buch der Wasserpflanzen. Verlag Werner Dausien, Hanau 1980.

Neumüller, O. A.: Römpps Chemie-Lexikon. 3 Bände. Franckh'sche Verlagshandlung, Stuttgart.

Nietzke, G.: Die Terrarientiere, Band 1. Verlag Eugen Ulmer, Stuttgart 1980.

Phillips, R.: Das Kosmosbuch der Gräser, Farne, Moose, Flechten. Franckh'sche Verlagshandlung, Stuttgart 1981.

Rix, M. und R. Phillips: The Bulb Book. Verlag Ward Lock Ltd., London 1981.

Trossen, J.: Ziergeflügel im Garten. Verlag Eugen Ulmer, Stuttgart 1971.

Wendt, A.: Die Aquariumpflanzen in Wort und Bild. Alfred Kernen Verlag, Stuttgart 1952, sowie weitere Jahrgänge.

Wilke, H.: Der Naturteich im Garten. Verlag Gräfe und Unzer, München 1983.

Verzeichnis der deutschen Pflanzennamen

Wer mit den lateinischen Bezeichnungen nicht vertraut ist, kann an Hand nachstehender Aufstellung den lateinischen Namen auffinden. Viele Pflanzen werden gebietsweise verschieden benannt. Es kann deshalb vorkommen, daß mit einer deutschen Bezeichnung unterschiedliche Pflanzenarten gemeint sind, oder umgekehrt für eine Art verschiedene deutsche Namen bestehen. Deutsche Namen, die mit dem lateinischen identisch sind, oder direkt davon abgeleitet (Iris – *Iris*, Primel – *Primula*) wurden weggelassen.

Ahorn – *Acer*
Ährenlilie – *Narthecium*
Akelei – *Aquilegia*
Amberbaum – *Liquidambar*
Amstelraute – *Thalictrum*
Arizona-Korktanne – *Abies lasiocarpa* var. *arizonica*
Armleuchteralge – *Chara, Nitella*
Aronstab – *Arum*

Bachbunge – *Veronica beccabunga*
Bachquellkraut – *Montia rivularis*
Bambus – *Arundinaria, Pseudosasa, Sinarundinaria*
Beinbrech – *Narthecium*
Berglorbeer – *Kalmia latifolia*
Bergwohlverleih – *Arnica montana*
Besenheide – *Calluna vulgaris*
Binse – *Juncus*
Bitterklee – *Menyanthes trifoliata*
Bittersüß – *Solanum dulcamare*
Blauglockenbaum – *Paulownia tomentosa*
Blaustern – *Scilla*
Blütenkirsche – *Prunus subhirtella*
Blumenbinse – *Butomus umbellatus*
Blumenrohr – *Calla flaccida*
Blutauge – *Comarum palustre*
Blutweiderich – *Lythrum salicaria*
Braunelle – *Prunella*
Brunnenkresse – *Nasturtium officinalis*
Buntschachtelhalm – *Equisetum variegatum*
Buschwindröschen – *Anemone nemorosa*

Chinaschilf – *Miscanthus*

Doppelschleierfarn – *Diplazium*
Dornfarn – *Dryopteris carthusiana*
Dreiblatt, Dreizipfellilie – *Trillium*
Dreimasterblume – *Tradescantia*

Ehrenpreis – *Veronica*
Eibisch – *Hibiscus*
Eichenfarn – *Currania dryopteris (Dryopteris linnaeana)*
Eidechsenschwanz – *Saururus*
Eisenholzbaum – *Parrotia persica*
Elfenblume – *Epimedium*
Etagen-Erika – *Physostegia*
Etagen-Primel – *Primula × bullesiana, P. beesiana, P. bulleyana*

Fackellilie – *Kniphofia*
Farn – *Asplenium, Athyrinum, Blechnum, Dryopteris, Matteuccia*
Federbuschstrauch – *Fothergilla major*
Feenmoos – *Azolla*
Fettkraut – *Pinguicula*
Feuergünsel – *Ajuga*
Fieberklee – *Menyanthes trifoliata*
Flaschenbürstenstrauch – *Fothergilla monticola*
Flußampfer – *Rumex hydrolapatum*
Frauenfarn – *Athyrium filix-femina*
Frauenhaarmoos, Goldenes – *Polytrichum*
Frauenmantel – *Alchemilla*
Frauenschuh – *Cypripedium*
Froschbiß – *Hydrocharis*
Froschlöffel – *Alisma*
Frühlingsknotenblume – *Leucojum vernum*
Funkie – *Hosta*

Gagelstrauch – *Myrica gale*
Gauklerblume – *Mimulus*
Geißbart – *Aruncus*
Gelenkblume – *Physostegia*
Gewürzrinde – *Cassia*
Glanzgras – *Phalaris arundinacea*
Glockenblume – *Campanula*
Glockenheide – *Erica tetralix*
Glockenprimel – *Primula horindae*
Glyzine – *Wisteria*
Gnadenkraut – *Gratiola officinalis*
Goldbandleistengras – *Spartina michauxiana*
Goldfelberich – *Lysimachia punctata*
Goldkeule, Goldkolben – *Orontium*
Goldlärche – *Pseudolarix amabilis*
Goldsiegel – *Uvularia grandiflora*
Granatapfel – *Punica*
Greiskraut – *Ligularia*
Günsel – *Ajuga*

Hahnenfuß – *Ranunculus*
Hasenglöckchen – *Scilla non-scripta*
Hechtkraut – *Pontederia*
Hemlocktanne – *Tsuga canadensis*
Herbstzeitlose – *Colchicum*
Herkulesstaude – *Heracleum*
Hibalebensbaum – *Thujopsis dolabrata*
Himmelsschlüssel – *Primula elatior*
Hornblatt – *Ceratophyllum*
Hortensie – *Hydrangea*
Hülse – *Ilex*
Hufeisenfarn – *Adiantum pedatum*
Hundszahn – *Erythronium*

Igelkolben – *Sparganium*
Indianischer Reis – *Zizania aquatica*

Japaniris – *Iris kaempferi*
Japankirsche – *Prunus subhirtella*
Japanlärche – *Larix kaempferi*
Japanprimel – *Primula japonica, P. sieboldii*
Judasbaum – *Cercis siliquastrum*

Kalla – *Calla, Zantedeschia*
Kalmus – *Acorus calamus*
Kammfarn – *Dryopteris cristata*
Karnevalprimel – *Primula sibthorpii*
Kaukasus-Vergißmeinicht – *Brunnera macrophylla*
Katsurabaum – *Cercidiphyllum japonicum*
Kiebitzei – *Fritillaria meleagris*
Knabenkraut – *Dactylorhiza, Orchis*
Knöterich – *Polygonum*
Knollenbinse – *Juncus compressus*
Knotenblume – *Leucojum*
Königsfarn – *Osmunda regalis*
Korkenzieherbinse – *Juncus effusus* 'Spiralis'
Krebsschere – *Stratiotes aloides*
Kriechweide – *Salix repens*
Krötenlilie – *Tricyrtis hirta*
Kuchenbaum – *Cercidiphyllum japonicum*
Kuckuckslichtnelke, Kuckucksblume – *Lychnis flos-cuculi*

Labrador-Azalee – *Rhododendron canadense*
Laichkraut – *Potamogeton*
Laugenblume – *Cotula coronopifolia*
Lavendelheide – *Andromeda polifolia*
Lerchensporn – *Corydalis*
Lilienfunkie – *Hosta plantaginea* var. *grandiflora*
Lorbeerkirsche – *Prunus lauracerasus*
Lorbeerrose – *Kalmia*
Lotosblume – *Nymphaea lotus, Nelumbo nucifera*
Lungenenzian – *Gentiana pneumonanthe*

Mädchenkiefer – *Pinus parviflora* 'Glauca'
Mädesüß – *Filipendula*
Madonnenlilie – *Lilium candidum*
Mandschurischer Wildreis – *Zizania latifolia*
Märzbecher – *Leucojum vernum*
Mammutblatt – *Gunnera*
Marmelblümchen – *Bellis perennis*
Meeresstrandbinse – *Scirpus maritimus*
Mehlprimel – *Primula farinosa*
Molchschwanz – *Saururus*
Moorfarn – *Dryopteris cristata*
Moorkreuzkraut – *Senecio palodosus*
Moosbeere – *Vaccinium oxycoccos*
Moosfarn – *Selaginella*

Mummel – *Nuphar*
Muschelblume – *Pistia*
Muschelzypresse – *Chamaecyparis obtusa* 'Nana Gracilis'

Nachtschatten – *Solanum dulcamara*
Nadelkraut – *Crassula recurva*
Nadelsimse – *Eleocharis acicularis*
Nelkenwurz – *Geum*
Nußeibe – *Thujopsis dolabrata*

Orchideenprimel – *Primula vialii*
Orientstraußfarn – *Matteuccia orientalis*

Palmwedelsegge – *Carex muskingumensis*
Pampasgras – *Cortaderia*
Papageienfeder – *Myriophyllum brasiliense*
Papyrusstaude – *Cyperus papyrus*
Pendelsegge – *Carex pendula*
Perlfarn – *Onoclea sensibilis*
Pestwurz – *Petasites*
Pfaffenhütchen – *Euonymus*
Pfahlrohr – *Arundo donax*
Pfauenradfarn – *Adiantum pedatum*
Pfeifengras – *Molinia*
Pfeilbambus – *Pseudosasa*
Pfeilkraut – *Sagittaria*
Pfennigkraut – *Lysimachia nummularia*
Pillenfarn – *Pilularia*
Plattährengras – *Uniola*
Polarbirke – *Betula nana*
Polarbrombeere – *Rubus arcticus*
Polarweide – *Salix repens*
Porst – *Ledum*
Prachtnelke – *Dianthus superbus*
Prachtspiere – *Astilbe*
Preißelbeere – *Vaccinium vitis-idaea*
Purpurweide – *Salix purpurea*

Quellkraut – *Mantia rivularis*

Rauhe Alge – *Chara*
Rauschbeere – *Vaccinium uliginosum*
Regenbogenfarn, Japanischer – *Athyrium nipponicum*
Reifrocknarzisse – *Narcissus bulbocodium*
Riesensteinbrech – *Bergenia*
Rippenfarn – *Blechnum*
Rispenhortensie – *Hydrangea paniculata* 'Grandiflora'
Rohrglanzgras – *Phalaris*
Rohrkolben – *Typha*
Rollfarn – *Cryptogramma crispa*
Rosenprimel – *Primula rosea*
Rosmarinheide – *Andromeda polifolia*
Roteiche – *Quercus robur*
Rotzeder – *Juniperus virginiana*
Rundhalm – *Arundinaria*

Salweide – *Salix caprea*
Sauerklee – *Oxalis acetosella*
Säulenbambus, Japanischer – *Sinarundinaria fastuosa*
Schachbrettblume – *Fritillaria meleagris*
Scharbockskraut – *Ranunculus ficaria*
Schaublatt – *Rodgersia*
Scheidengoldstern – *Gagea spathacea*
Scheinspiere – *Filipendula*
Schilfrohr – *Phragmites*
Schirmbambus – *Sinarundinaria*
Schirmtanne – *Araucaria araucana*
Schlangenknöterich – *Polygonum bistorta*
Schlangenkopf – *Chelone*
Schlangenwurz – *Calla palustris*
Schmucklilie – *Agapanthus*
Schneefelberich – *Lysimachia clethroides*
Schneeglöckchen – *Galanthus nivalis*
Schneeglöckchenbaum – *Halesia carolina*
Schneide, Bisen – *Cladium mariscus*
Schwalbenwurzenzian – *Gentiana asclepiadea*
Schwanenblume – *Butomus*
Schwarzschuppenfarn, Nepal – *Dryopteris wallichiana*
Schwertlilie – *Iris*
Schwimmfarn – *Azolla, Salvinia*
Seekanne – *Nymphoides*
Seerose – *Nymphaea*
Segge – *Carex*
Seidelbast – *Daphne mezereum*
Sibirische Schwertlilie – *Iris sibirica*
Silberährengras – *Lasiagrostis splendens*
Silberfahnengras – *Miscanthus sacchariflorus*
Silberfahnengras – *Miscanthus sinensis* 'Silberfeder'

Silberkerze, Lanzen – *Cimicifuga cordifolia*
Silberweide – *Salix repens* ssp. *argentea*
Simse – *Scirpus*
Sommerknotenblume – *Leucojum aestivum*
Sonnenblume – *Helianthus*
Sonnentau – *Drosera*
Spindelstrauch – *Euonymus*
Spierstaude – *Astilbe, Filipendula*
Stechapfel – *Datura*
Stechpalme – *Ilex*
Steinfeder – *Asplenium trichomanes*
Sternmagnolie – *Magnolia stellata*
Strandhafer – *Elymus*
Strauchhortensie – *Hydrangea aspera* ssp. *sargentiana*
Straußfarn – *Matteuccia*
Straußfelberich – *Lysimachia thyrsiflora*
Süßgras – *Glyceria maxima* 'Variegata'
Sumach – *Rhus*
Sumpfdotterblume – *Caltha palustris*
Sumpfbärlapp – *Lepidotis inundata*
Sumpfeibisch – *Hibiscus moscheutos*
Sumpfeiche – *Quercus palustris*
Sumpffarn – *Thelypteris thelypteroides*
Sumpfkalla – *Calla, Zantedeschia*
Sumpfläusekraut – *Pedicularis palustris*
Sumpfporst – *Ledum palustre*
Sumpfprimel – *Primula alpicola, P. florindae, P. rosea, P. sikkimensis*
Sumpfried, Sumpfsimse – *Eleocharis*
Sumpfschwertlilie – *Iris pseudacorus*
Sumpfsiegwurz – *Gladiolus palustris*
Sumpfveilchen – *Viola palustris*
Sumpfvergißmeinicht – *Myosotis palustris*
Sumpfwolfsmilch – *Euphorbia palustris*
Sumpfwurz – *Epipactis palustris*
Sumpfzypresse – *Taxodium distichum*

Taglilie – *Hemerocallis*
Tannenwedel – *Hippuris vulgaris*
Taubenbaum, Taschentuchbaum – *Davidia involucrata*
Tausendblatt – *Myriophyllum*
Tausendschön – *Bellis perennis*
Teichampfer – *Rumex hydrolapathum*
Teichrose – *Nuphar*
Teichsimse – *Scirpus*
Teufelsspazierstock – *Aralia elata*
Torfmoos – *Sphagnum*
Torfmyrte – *Pernettya*
Tränensegge – *Carex pseudocyperus*
Traubenholunder – *Sambucus racemosa*
Traubenkirsche – *Prunus padus*
Trollblume – *Trollius*
Trompetenbaum – *Catalpa bignonioides*

Uferbirke – *Betula nigra*
Unrund – *Phyllostachys*
Urweltmammutbaum – *Metasequoia glyptostroboides*

Venushaarfarn – *Adiantum venustum*
Virginischer Kettenfarn – *Woodwardia virginica*

Wachsglocke – *Kirengeshoma palmata*
Waldanemone – *Anemone sylvestris*
Waldglockenblume – *Campanula macrantha*
Waldschmiele – *Deschampsia caespitosa*
Wasserähre, Afrikanische – *Aponogeton distachyus*
Wasseraloe – *Stratiotes aloides*
Wasseraronstab – *Peltandra*
Wasserdost – *Eupatorium*
Wasserfarn – *Thelypteris thelypteroides*
Wasserfeder – *Hottonia palustris*
Wasserhahnenfuß – *Ranunculus aquatilis*
Wasserhyazinthe – *Eichhornia crassipes*
Wasserknöterich – *Polygonum amphibium*
Wasserlebermoos – *Riccia fluitans*
Wasserlinse – *Lemna*
Wasserminze – *Mentha aquatica*
Wassermohn – *Hydrocleys nymphoides*
Wassermoos – *Fontinalis antipyretica*
Wassernuß – *Trapa natans*
Wasserpest – *Elodea*
Wasserprimel – *Hottonia palustris*
Wasserquirl – *Hydrilla verticillata*
Wasserreis – *Zizania aquatica*
Wassersäge – *Stratiotes aloides*
Wassersalat – *Pistia stratiotes*
Wasserschlauch – *Utricularia*
Wasserschüssel – *Hydrocleys nymphoides*
Wasserschwaden – *Glyceria*

Wasserschwertlilie – *Iris*
Wassersimse – *Scirpus*
Wasserstern – *Callitriche*
Wasserwegerich – *Echinodorus*
Weide – *Salix*
Weiderich – *Lythrum*
Weymouthkiefer – *Pinus strobus*
Wiesenhahnenfuß – *Ranunculus acris*
Wiesenknöterich – *Polygonum bistorta*
Wiesenraute – *Thalictrum*
Wiesenschaumkraut – *Cardamine*
Wilder Reis – *Leersia oryzoides, Zizania*
Windröschen, Gelbes – *Anemone ranunculoides*
Winterschachtelhalm – *Equisetum hyemale*
Wollgras – *Eriophorum*
Wurmfarn – *Dryopteris filix-mas*

Zebrasimse – *Scirpus tabernaemonti* 'Zebrinus'
Zirbelkiefer – *Pinus cembra*
Zierrharbarber – *Rheum palmatum*
Zimmerkalla – *Zantedeschia aethiopica*
Zungenhahnenfuß – *Ranunculus lingua*
Zwergbinse – *Juncus ensifolius*
Zwergbirke – *Betula nana*
Zwergigelkolben – *Sparganium minimum*
Zypergras – *Cyperus*

Verzeichnis der lateinischen Pflanzennamen

Fettgedruckte Zahlen verweisen auf eine ausführliche Beschreibung; Sternchen * verweisen auf Abbildungen

Abies lasiocarpa var. *arizonica* 105
– *veitchii* 105
Acer capillipes 25, 27
– *circinatum* 102
– *palmatum* 102
– *rufinerve* 21, 24
Acorus 35, 139, 150, 183
– *calamus* 85, 88, **119**, 146, 181
– – 'Variegatus' 23*, **119**
– *gramineus* 155, **156**, 194
Adiantum pedatum 13, 15, 100
– – 'Imbricatum' 100
– *venustum* 100
Agapanthus campanulatus-Headbourne-Hybriden 13, 14
Ailanthus vilmoriana 108
Ajuga reptans 'Atropurpurea' 21, 24, 154
Alchemilla mollis 22*, 154, 227*
Allium narcissiflorum 97
Alisma 35, 37*, 54, 82, 182, 185
– *gramineum* **119**
– *lanceolatum* 85, **119**
– *parviflora* 85, **119**
– *plantago-aquatica* 45*, 85, 88, **120**
Andromeda glaucophylla 39*, 111
– *polifolia* 41, 111
Anemone nemorosa 41, 97, 116, 123*
– *ranunculoides* 41, 97, 116
– *sylvestris* 21, 24
Aponogeton distachyus 80, 81*, **120**, 179, 184, 197
Aquilegia alpina 'Superba' 13, 14
Aralia elata 31, 32
Araucaria araucana 105
Armeria maritima 186*
Arnica montana 111
Arum italicum 97
– *maculatum* 97, 116
Aruncus dioicus (A. sylvester) 16, 18
Arundinaria anceps 109
– – 'Pitt White' 109
– *auricoma* 109
– *pumila (Sasa pumila)* 153
– *pygmaea (Sasa pygmaea)* 153
– *tesselata* 109
Arundo donax 93, 144*
Asplenium trichomanes 100
Astilbe 90, 149*
Astilbe chinensis 'Pumila' 16, 18
Astilboides tabularis 25, 27, 31, 32, 90
Athyrium distentifolium 100
– *filix-femina* 26, 35, 39*, 45, 100
– *nipponicum* 'Metallicum' 27
Azolla caroliniana (A. mexicana) 155, **157**, 182, 191, 195

Bellis perennis 116
Bergenia cordifolia 154, 186
– – 'Silberlicht', 31, 34, 149*
– – 'Morgenröte' 31, 34
Betula nana 39*, 102, 111, 124
– *nigra* 102
Blechnum spicant 26, 27, 39*, 41*, 100, 107, 111
– – 'Cristata' 111
Brunnera macrophylla 16, 18
Butomus umbellatus 10, 12, 17, 35, 82, 83*, 85, 119, **120**, 194

Calla aethiopica siehe *Zantedeschia aethiopica*
– *palustris* 27, 28, 35, 39, 81*, 85, 87, **120**, 181
Callitriche **120**, 178
– *hamulata* 120
– *hermaphroditica* 120
– *palustris* 81, 120
– *stagnalis* 120

Calluna vulgaris 39*, 40, 104
Caltha 41, 89, 119, **121**, 177
– *palustris* 17, 27, 28, 35, 44, 87, 94, 117, **121**
– – 'Monstrosa' 87, 121
– – 'Multiplex' 45*, 87, **121**
– – var. *alba* 18, 87, 121
– *polypetala* 87, **121**
Campanula macrantha 16, 18
– – 'Alba' 18
– *poscharskyana* 13, 14
Canna flaccida 156, **157**
Cardamine pratensis 41, 117
Carex 88, **121**, 178, 185
– *flacca (glauca)* 93, 153
– *gracilis* **121**
– *muskingumensis* 93
– *pendula* 93, 227*
– *pseudocyperus* 85, **121**
– *riparia* **121**
Cassia 29
Catalpa bignonioides 31, 32, 102, 108
– – 'Aurea' 102, 108
Ceratophyllum 178, 180, 196
– *demersum* 81, **124**, 181
– *submersum* 124
Cercidiphyllum japonicum 25, 27, 28, 103
Cercis siliquastrum 103
Chamaecyparis obtusa 'Nana Gracilis' 16, 18
Chara aspera 81, **124**
Chelone obliqua 90
Chrysanthemum serotinum 140
Cimicifuga cordifolia 21, 24
Cladium mariscus 88, **124**
Colchicum autumnale 21, 24, 41, 97, 117, 141*
Colocasia esculenta 29, 31, 156, **157**
Comarum palustre 87, 111, **124**
Cortaderia selloana 144*, 153, 186
Corydalis cava 97, 98, 123*
– *solida* 97, 98, 123*
Cotula coronopifolia 87, 156, **157**
Crassula recurva 81, **124**, 178
Cryptogramma crispa 100
Cyperus 155, **157**, 185
– *alternifolius* **157**
– *haspan* **157**
– *longus* 85, 88, 122*, **124**, 177, 179, 184
– *papyrus* 29, 31, **158**
Cypripedium reginae 41*, 111

Dactylorhiza maculata 27, 28, 41*, 111
– *majalis* 111, 117
– *sphagnicola* 112
Daphne mezereum 103
Datura arborea 29
Davidia involucrata 31, 32, 103
– – var. *vilmoriniana* 103
Deschampsia caespitosa 93
Dianthus superbus 112, 117
Dianthus superbus var. *speciosus* 112
Diplazium pyonocarpon 100
– *thelypteroides* 100
Drosera 41
– *anglica* 112
– *intermedia* 112
– *rotundifolia* 112
Dryopteris 26
– *borreri* 'Cristata' 100
– *carthusiana* 100
– *cristata* 17, 18, 35, 39*, 100, 112
– *thelypteris* siehe *Thelypteris*
– *wallichiana* 26, 27, 31, 34

Echinodorus cordifolius **158**
Eichhornia crassipes 29, 31, 155, 156, **158**, 161*, 182, 191
Eleocharis acicularis 81, **125**
– *palustris* 81, **125**
Elodea canadensis 81, **125**, 195
Elymus arenarius 153
Epimedium youngianum 'Niveum' 13, 14
Epipactis palustris 27, 28, 112, 117
Equisetum **125**, 186, 204
– *hyemale* var. *robustum* 87, **125**
– *telmateia* 27, 28, 90
– *variegatum* 87, 117
Erica tetralix 39*, 40, 104, 112
Eriophorum 39*, 87, 186
– *angustifolium* 113, 140*
– – 'Heidelicht' 113
– *latifolium* 113
– *vaginatum* 21, 24, 40*, 41, 113
Erythronium revolutum 98

Eucalyptus 29
Euonymus yedoensis 25, 27
Eupatorium 140
– *cannabium* 'Plenum' 90
– *purpureum* 21, 25, 27, 90, 154
– – 'Atropurpureum' 24, 90, 154
– *rugosum* 90
Euphorbia palustris 85, 87, **127**, 133*
Euryale ferox 155

Filipendula 128, 142
– *digitata* 'Nana' 90
– *hexapetala* 'Plena' 21, 24, 149*, 154
– *kamtschatica* 90
– *palmata* 90
– *purpurea* 127
– – 'Elegans' 90
– *rubra* 'Venusta' 17, 90
– *ulmaria* 'Aurea' 90
– – 'Plena' 90, 140
Fontinalis antipyretica 81, **127**, 180
Fothergilla major 103
– *monticola* 103
Fritillaria meleagris 21, 23, 41, 98, 117, 123*

Gagea spathacea 117
Galanthus nivalis 21, 23
Gentiana asclepiadea 89, 90
– *pneunomanthe* 87, 113, 140*
Geum coccineum 154
Gladiolus palustris 87, 117
Glyceria maxima 'Variegata' 45*, 85, **128**, 178
Gratiola officinalis 87
Gunnera 90, 186
– *tinctoria* 31, 32
– *chilensis* 31, 32

Halesia carolina 21, 24
Helianthus salicifolius 154
Hemerocallis-Sorten (Hybriden) 13, 14, 23*, 149*, 154, 186
Heracleum 90, 186, 227*
Hibiscus moscheutus 90, 155, **158**, 186
– – 'Dixie Belle' 158
– – 'Southern Belle' 31, 32, 158
– *sinensis* 29
– *syriacus* 'Woodbridge' 31, 34
Hippuris vulgaris 35, 85, 88, **128**, 144*, 178, 181
Hosta 154
– *plantaginea* var. *grandiflora* 13, 14, 31, 32
Hottonia palustris 12, 14, 81, 88, **128**, 178
Houttuynia cordata **158**
Hydrangea aspera 103
– – ssp. *sargentiana* 25, 27, 31, 32
– *paniculata* 'Grandiflora' 103
Hydrilla verticillata 81, **128**, 195
Hydrocharis morsus-ranae 80, **128**, 177, 178, 180, 181, 182, 191
Hydrocleys nymphoides 29, 31, 151*, 155, 156, **158**
Hydrocotyle vulgaris **129**
Hylomecon 187*

Ilex aquifolium 'Alaska' 20, 24
Indocalamus tesselatus (Sasa tesselata) 109
Iris chrysographes 35, 45, 91, 117
– *delavayi* 91
– *forrestii* 45, 91, 117
– *kaempferi* 11*, 19, 23, 36, 53, **94**, 194
– – 'Geisha Dance' 131*
– – 'Good Omen' 131*
– – 'Royal Pageant' 131*
Iris laevigata 87, 94, **129**, 135
– – 'Monstrosa' 129, 130*
– – 'Rose Queen' 129
Iris pseudacorus 35, 45, 54, 85, 88, **129**, 131*, 178, 183
– 'Bad Schachen' 129
'Bastardii' 35, 129
– – 'Beuron' 35, 129
– – 'Fahle Ilge' 129
– – 'Golden Queen' 35, 129
– – 'Ilgengold' 35, 129
– – 'Variegata' 129
– – 'Zitrone' 129
– *sanguinea (I. orientalis)* 89, 91, 117
– *setosa* 91
– *sibirica* 21, 24, 45, 89*, 91, 117, 131*
– *spuria* 13, 14
– *versicolor* 85, 94, **129**
– – 'Kermesina' 129
– *virginica* 91
– *wilsonii* 45, 91, 118

Juncus 54, 89, **129**, 185, 186
– *compressus* 88, 113
– *effusus* 'Spiralis' 85, **132**, 184
– *ensifolius* 45*, 85, **132**
– *inflexus (glaucus)* 85, 118, **132**
– *maritimus* 85, **132**
– *squarrosus* 118
Juniperus virginiana 105
Jussiaea grandiflora s. *Ludwigia clavellina*

Kalmia angustifolia 103
– – 'Rubra' 103
– *latifolia* 103
– *polyfolia* 103
Kirengeshoma palmata 31, 32
Kniphofia-Hybride 'Luna' 31, 32

Larix kaempferi 105
Lasiagrostis splendens 153
Ledum groenlandicum 39*, 107, 113
– – 'Compactum' 113
– *palustre* 40, 113
Leersia oryzoides 85, **132**
Lemna minor 195
– *trisulca* 81, 132, 178, 180
Lepidotis inundata 113
Leucojum aestivum 21, 23, 97, 98, 118, 123*
– *vernum* 41, 97, 98, 118, 123*
Ligularia 91, 227*
– *przewalskii* 45*
– *wilsoniana* 31, 34
Lilium 2*, 34, 134*
– Bellingham-Hybriden 16, 18, 98, 123*
– *canadense* 97, 98
– *candidum* 31, 34, 123*
– 'Panamint' 13, 14
– 'Shuksan'
– *pardalinum* 97, 98
– *pensylvanicum (L. dauricum)* 98
– 'St. Gabriel Strain' 98
– *superbum* 98
– *tsingtauense* 98
Liquidambar styraciflua 103
Lobelia cardinalis 155, **159**
Ludwigia clavellina var. *grandiflora* 155, **159**
Lychnis flos-cuculi 41, 118
Lysichitum 52, 53, 88, **132**, 183, 184
– *americanum* 12, 14, 21, 22, 35, 85, **132**
– *camtschatcense* 17, 18, 35, 83*, 85, **132**
Lysimachia nummularia 22*, 85, 88, 89, 94, 118, **135**
Lysimachia punctata 11*, 89, 91
– *thyrsiflora* 85, 89, **135**
Lythrum 89, 127, 136
– *salicaria* 18, 36*, 81, 85, 88, **135**
– – 'Feuerkerze' 17
– – 'Robert' 135

Magnolia kobus 103
– – 'Loebneri' 31, 32, 104
– × *soulangiana* 'Nigra' 31, 32
– *stellata* 16, 18, 104, 126*
Marsilia quadrifolia 85, **135**, 184
Matteuccia orientalis 101
– *pensylvanica* 31, 34, 101
– *struthiopteris* 101, 127*
Meconopsis betonicifolia 13, 14
Mentha aquatica 85, **135**
Menyanthes trifoliata 35, 80*, 83*, 86, **135**
Metasequoia glyptostroboides 105
Mimulus 89, **136**, 156
– *cupreus* 'Roter Kaiser' 88, 133*, **136**, 184
– *luteus* 86, 89, 133*, 135, **136**
– *ringens* 23*, 86, 89, **137**, 184
– *tigrinus* 88, **137**, 184
Miscanthus 153
– *japonicus* 12, 14, 19*, 46
– *sacchariflorus* 144*
Molinia caerulea 93, 113
– – 'Variegata' 114
Montia rivularis 49
Myosotis palustris 22*, 35, 88, 89, 118, 133*, **137**
– – 'Moornixe' 137
– – 'Perle von Ronneberg' 137
– – 'Thüringen' 17, 18, 21, 24, 137
Myrica gale 39*, 107, 114
Myriophyllum **137**, 178
– *brasiliense* 155, **159**
– *spicatum* 81, **137**
– *verticillatum* 81, **138**

Narcissus 19
– *bulbocodium* 97, 98, 123*

– *cyclamineus* 97, 98
– 'February Gold' 97, 98
– 'Tête à Tête' 97
– 'Peeping Tom' 97, 98
Narthecium ossifragum 114, 140*
Nasturtium officinale 49
Nelumbo 155, **159**
– *lutea* **159**
– *nucifera* 29, 31, 155, **159**
Nitella flexilis 81, 124, **138**
Nuphar 52, **138**, 191
– *advena* 27, 28, 80, **138**
– *intermedia* 138
– *japonica* 80, **138**
– *lutea* 80, 89, **138**
– *pumila* 86, **138**
Nymphaea 13, 14, 52, 54, **55**, 58*, 62*, 80, **160**, 191
– *alba* 57*, 62, **67**, 69, 71, 77
– – 'Minor' 79
– 'Albatros' 79
– 'Amabis' 79
– 'Anna Epple' 58, 68*, **72**, 77
– 'Atropurpurea' 17, 18, **74**, 77
– 'Attraction' **74**, 77
– 'Aurora' 79
– *candida* **69**
– 'Candidissima Rosea' 68*, 79
– 'Cardinal' 79
– 'Charles de Meurville' 59, **74**, 77
– 'Chrysantha' 79
– 'Colonel A. J. Welch' **75**, 77
– 'Colossea' 79
– 'Comanche' 79
– 'Conqueror' 79
– × *daubenyana* 29, 31, 66*, 161*, **162**
– 'Ellisiana' 64, **74**, 77, 184
– 'Escarboucle' 57*, **74**, 77
– 'Formosa' 73*, 79
– 'Froebelii' 64, 69*, **74**, 77, 181, 184
– 'Gloriosa' 72*, **74**, 77
– 'Graziella' 73*, 79
– 'Hermine' 68*, **71**, 77
– Hybriden (Tropische Seerose) 57*, **160**
– 'Indiana' 79
– 'Lactaea' 79
– 'James Brydon' 68*, **75**, 77
– Laydekeri-Sorten 62, 184
– 'Laydekeri Fulgens' **75**, 76*, 77
– 'Laydekeri Lilacea' **72**, 77, 181
– 'Laydekeri Purpurata' **75**, 77
– *lotus* **159**
– 'Luciana' 79
– 'Lusitania' 79
– Marliacea-Sorten 59
– 'Marliacea Albida' **71**, 77
– 'Marliacea Carnea' **73**, 79
– 'Marliacea Chromatella' 68*, **76**, 77
– 'Marliacea Rosea' 68*, **73**, 77
– 'Masaniello' 68*, **73**, 77
– 'Maurice Laydeker' **75**, 77
– *mexicana* 67, **69**, 75
– 'Mme Mce Laydeker' 64, **75**, 77
– 'Mme Wilfron Gonnère' 58, 60*, **72**, 77
– 'Mooreï' 79
– 'Mrs. Richmond' 79
– 'Newton' 68*, **75**, 77
– 'Odalisque' 79
– *odorata* **69**
– – 'Maxima' 79
– – 'Minor' 79
– – 'Rosennymphe' **73**, 76*, 77
– – 'Sulphurea' 68*, **76**, 77
– – 'Sulphurea Grandiflora' 79
– – 'W. B. Shaw' 79
– 'Paul Hariot' 79
– 'Pink Opal' 79
– 'Princess Elizabeth' 68*, **73**, 77, 184
– *pygmaea* 62, 70
– – 'Alba' 61*, **71**, 77, 181, 184
– – 'Helvola' 71, **76**, 77, 184
– 'Rembrandt' 79
– 'René Gérard' 66*, 74, **75**, 77
– 'Rose Arey' 68*, 79
– 'Sanguinea' 79
– 'Sioux' 72*, **76**, 77
– 'Solvatare' 79
– *stellata* **162**
– 'Sunrise' 68*, **76**, 77
– *tetragona* siehe *pygmaea* 'Alba'
– *tuberosa* **70**
– – 'Gladstoniana' 59, **71**, 77
– – 'Maxima' 79
– – 'Pöstlingberg' **72**, 77

– – 'Richardsonii' **72**, 77
– – 'Rosea' **74**, 78, 184
– 'Vesuv' 79
– 'William Falkoner' 79
Nymphoides peltata 80*, **139**, 195

Onoclea sensibilis 101
– – 'Rotstiel' 101
Orchis maculata siehe *Dactylorhiza maculata*
Orontium aquaticum 52, 53, 86, 120, **139**, 179, 183, 184
Osmunda regalis 27, 28, 35, 36*, 39*, 45, 101
– – 'Cristata' 101
– – 'Gracilis' 101
– – 'Purpurascens' 101
Oxalis acetosella 25, 27

Parrotia persica 104
Paulownia tomentosa 104
Pedicularis palustris 114
Peltandra virginica 155 **162**
Peltiphyllum peltatum 25, 27, 91, 128, 129
Petasites hybridus (P. officinalis) 91
– *japonicus* 91
Phalaris arundinacea 146
– – 'Tricolor' 93
Phragmites australis (P. communis) 'Striatopticus' 86, **139**, 178, 184
Phyllostachys aureosulcata 109
– *nigra* 'Boryana' 109
– – 'Henonis' (Ha Shiku) 109
– *nigra* 'Nigra' 109
– *viridiglaucescens* 109
Physostegia virginiana 149*, 154
Pilularia globulifera 88, 114
Pinguicula alpina 114
– *grandiflora* 114
– *vulgaris* 41, 114
Pinus cembra 105
– *parviflora* 'Glauca' 105
– *strobus* 105
Pistia stratiotes 155, 156, 161*, **162**, 191
Platanthera bifolia 114
Pleioblastus pygmaeus 'Okinozasa' 109
– *simonii* 109
Polemonium 186*
Polygonum affine 'Superbum' 94, 154, 186
– *amphibium* 80, **139**
– *bistorta* 118, **140**
– – 'Superbum' 88
Polytrichum commune 114
Pontederia 28, 52, 183
– *cordata* 86, **140**, 179, 184
– *lanceolata* **140**
Potamogeton **140**, 178, 195, 196
– *crispus* 81, **141**
– *densus* 49
– *lucens* 81, **141**
– *natans* 80, **141**, 194
– *nodosus* 49
– *pectinatus* 81, **141**
Primula alpicola 17, 18, 91
– *beesiana* 91, 186
– × *bullesiana* 17, 18, 91, 152*, 186
Primula bulleyana 92, 186
– *elatior* 41, 118, 154
– *farinosa* 16, 18, 92
– *florindae* 2*, 17, 18, 92, 123*
– *japonica* 27, 186
– – 'Atropurpurea' 27, 92
– *rosea* 44, 45*, 92
– – 'Gigas' 21, 22, 27, 28
– *sibthorpii* 25, 92
– *sieboldii* 13, 14, 92
– *sikkimensis* 17, 18, 92
– *veris* 154
– *vialii* 92, 186, 141*
Prunus laurocerasus 'Shipkaensis Macrophylla' 25, 27
– *padus* 104
– *subhirtella* 'Accolade' 16, 18
Pseudolarix amabilis 105
Pseudosasa japonica (Bambusa metace) 16, 18, 109, 186
Punica 29

Quercus palustris 104
– *robur* 104

Ranunculus **141**, 178
– *acris* 'Multiplex' 92
– *aquatilis* 12, 14, 81, **142**

– *circinatus* 81, **142**
– *ficaria* 41, 99
– *flammula* 86, **142**, 146
– *fluitans* 49, 81, **142**
– *lingua* 36*, 86, **142**, 145*, 178
Rheum palmatum 154
– – 'Tanguticum' 25, 27
Rhododendron calophytum 107, 137*
– *camtschaticum* 157
– *canadense* 107, 114
– – 'Albiflorum' 115
– *hippophaeoides* 'Blue Silver' 107
– 'Inamorata' 108, 137*
– *obtusum* 107, 136*
– × *praecox* 17, 107
Rhododendron radicans 108
– *roxieanum* 108
– *russatum* 108
– *wardii* 108
Rhus typhina 'Laciniata' 12, 14, 19*
Riccia fluitans **142**, 180
Rodgersia 92
– *podophylla* 25, 27
– *tabularis* s. *Astilboides tabularis*
Rorippa siehe *Nasturtium*
Rubus articus 41* 115
Rudbeckia maxima 92
Rumex hydrolapathum **142**

Sagittaria 10, 35, 54, 82, **142**, 177, 182, 194
– *graminea* 81, **143**, **163**
– *latifolia* 27, 28, 86, **143**
– – 'Plena' 86, 139, 143
– *sagittifolia* 86, **143**
Salix alba 'Tristis' 104
– *aurita* 104, 115
– *cinerea* 104
– *purpurea* 104
– *repens* 104, 115
– – ssp. *argentea* 104, 115
Salvinia natans 29, 31, 155, 156, **163**, 182
Sambucus racemosa 104
Sasa kurilensis 110
– *palmata* var. *nebulosa* 110
– *pumila* siehe *Arundinaria pumila*
– *pygmaea* siehe *Arundinaria pygmaea*
– *tzubosiana* 110
Sasaella ramosa (Sasa vagans) 110
Saururus cernuus **143**
– *chinensis (S. loureirii)* 156, **163**
Saxifraga umbrosa 227*
Schoenoplectus lacustris siehe *Scirpus lacustris*
Sciadopitys verticillata 106
*Scilla hispanica 127**
– *non-scripta* 99, 118
– *sibirica* 118
Scirpus 54, 185, 191
– *lacustris* 12, 17, 18, 82, 86, **143**, 187
– – 'Albescens' 86, 139, 140, **145**
– *maritimus* 86, **145**
– *sylvaticus* **145**
– *tabernaemontani* 86, **145**
– – 'Zebrinus' 23*, 86, 144* **146**
Selaginella 213
Semiarundinaria fastuosa 110
Senecio paludosus 115
Shibataea kumasaca 110
Sinarundinaria murielae 45*, 46, 93, 110
– *nitida* 20, 24, 46, 93, 110
– – 'Eisenach' 110
– – 'Nymphenburg' 110
Solanum dulcamara 86, 88, 115, 139, **146**
Sphagnum palustre 39, 40, 115
Sparganium 82, 122*, **146**
– *emersum* 86, **146**
– *erectum* 86, 122*, **146**, 150, 178
– *minimum* 86, 135, **146**
– *ramosum* siehe S. *erectum*
simplex siehe S. *emersum*
Spartina michauxiana 'Aureomarginata' 153
Stewartia pseudocamellia 104
Stratiotes aloides 81, **147**, 148*, 178, 180, 182, 191, 197

Taxodium distichum 11, 46, **102**
– – var. *distichum* 106
– – var. *nutans* 102, 106
Thalictrum aqulegifolium 21, 24, 92
– *dipterocarpum* 25, 27, 92
Thelypteris limbosperma 101
– *noveboracensis* 99, 101
– *thelypteroides (T. palustris)* 21, 23, 35, 99, 101, 115

Thujopsis dolabrata 106
Torreya californiac 106
– *nucifera* 106
Tradescantia 22*, 89
– Andersoniana-Hybriden 92, 227*
Trapa natans 80, **147**, 148*, 180
Tricyrtis hirta 13, 14
Trillium 154
– *grandiflorum* 25, 27, 99
– *sessile* 25, 27
– – 'Rubrum' 99
– – var. *californicum* 99
Trollius 88*, 89
– *chinensis* 'Golden Queen' 92
– *europaeus* 118
– – Hybride 'Goldquelle' 21, 24, 92
Tsuga canadensis 106
Typha 10, 53, 54, 82, 83*, 119, 121, 135, 146, **147**, 177, 183, 184
– *angustifolia* 35, 82, 86, 143, 146, **147**, 181
– *gracilis* siehe *T. minima*
– *latifolia* 35, 86, 144*, **148**
– *laxmanii* 86, **148**
– *minima* 12, 14, 35, 86, **148**
– *shuttleworthii* 35, 86, **150**
– *stenophylla* siehe *T. laxmannii*

Uniola latifolia 93
Utricularia 51, 178, 180
– *intermedia* 40, 115, 150
– *minor* 115, 150
– *neglecta* 115, 150
– *vulgaris* 40, 116, **150**
Uvularia grandiflora 13, 14

Vaccinium macrocarpon 116
– *oxycoccos* 39*, 40, 116
– *uliginosum* 116
– *vitis-idaea* 116
Veronica austrica ssp. *teucrium* 187*
– *beccabunga* 49, 86, 88, 94, **150**
– *filiformis* 118
Victoria amazonica 155
Viola palustris 116

Wisteria sinensis 11, 13
Woodwardia virginica 101

Zantedeschia aethiopica 29, 31, 155, 156, **163**
Zizania aquatica 86, **150**
– *latifolia* 53, 86, **150**, 178, 185

Sachregister

Sternchen * verweisen auf Abbildungen

Abdichten von Betonbecken 203
Algen 169*, 172, 189–190, 197
– Bekämpfung 82, 190–192, 222, 230
alkalisch 37, 52
Aluminiumsulfat 53, 192
Amphibien 172, 207, 208
Aushub 15, 202, 210

Bach, Bachlauf 42*, 46, 126*–128, 186, 210–212, 219, 226*
Betonringe, Brunnenringe 15*, 38*, 225
Biotop 34, 42*, 101, 186
Bodengrund, Boden 52–53, 160, 183–184, 201, 203*, 204, 211

Dünger 52, 67, 156, 172, 179, 183, 186, 195

Einlassen des Wassers 53, 63–64, 179, 182, 190
Eisengehalt im Wasser 52
Eisenbahnschwellen siehe Holzschwellen
Enten 169*, 175, 195, 196
Erdmischung 52, 160, 186, 211

Fässer siehe Holzfässer
Fäulnis 61, 63, 194–195, 196
Fertigbecken, Fertigteiche 179*, 198–199, 206*, 207, 208*
Feuchtgärten 34, 36, 89, 97
Feuchtwiese 9, 34, 40*, 41, 42*, 116
Findlinge 22*, 42*, 43*, 44*, 45*, 170*, 186, 187*, 200*, 205*, 206*, 211, 214*, 217*, 223*, 226*
Fische 51, 164–172, 197, 222, 225
– Bitterling 166, 172, 175
– Elritze 166, 172
– Farbkarpfen (Kois) 165, 166, 167, 170*
– Goldfisch 166, 167, 168, 170*, 175, 190
– Goldorfe 165, 166, 167, 168, 172, 190, 195 (Umschlag*)
– Karausche 165, 166, 172
– Karpfen 64, 167, 172, 190, 197
– Moderlieschen 166
– Rotauge 165
– Rotfeder 165, 195
– Schlei 166, 197
– Stichling 166
Fischfutter, Fischfütterung 166, 167, 168, 176
Fischhaltung 191, 225
Fischkrankheiten 166, 171
Flußmuschel 166, 175
Folie (Dichtungsbahn oder Teichplane) 38*, 39, 42*, 43*, 46*, 199*–204, 210*, 213*, 214*, 220*, 226*
Fontänenaufsätze 225, 228*
Frösche 34, 42, 43, 164, 165*, 168*, 172, 194
Frostschutz 153, 179, 180, 184–185
Fruchtstände, Samenstände 18, 24, 28, 160, 182, 184, 185, 186

Gehölze 32, 41, 102–107
Gelbrandkäfer 165*, 176
Gewächshäuser 28–29, 65*, 156, 159, 160, 163, 184
Gleichgewicht, biologisches 171, 190
Gräser 46, 54, 93, 108, 121, 144*, 153, 186
Grundwasser 51, 52, 102, 106, 207

Härtegrade (d. H°), Wasserhärte 51, 171, 190, 230
Heidegarten 38, 41, 221*
Heidemoor 38*–40, 102, 107, 140*
Heidemoortümpel 39*, 100, 111, 230
Heizung, Beckenheizung 28, 49, 56, 70, 156, 159, 228
Hochmoor, Hochmoorbeet 37, 38*, 53, 100
Holzschwellen 19, 22*, 203*, 207
Holztonnen 65*, 180*, 208
Hornspäne 67, 160, 172, 179, 180, 183, 186

Insekten 172, 175, 176, 192, 193*

Käfer 165*, 176, 193, 196

Kalkgehalt 37, 51, 52, 94, 107, 128, 136, 147, 191, 204, 230
Karbonathärte (KH) 51, 171, 192
Kaulquappen 167, 173, 176, 190
Kiesel (Kieselsteine) 15*, 19*, 37*, 212*, 214*, 226*
Kleinklima 43, 213
Krankheiten, Pflanzen- 182, 194
Kröten 34, 42, 43, 165*, 172, 194
Kulturmaßnahmen, Pflegemaßnahmen 29, 60, 62*–64, 156, 162, 163, 180, 182, 183, 194

Laichplätze 22, 34, 42, 43, 45, 172
Lebensraum der Wasserpflanzen 47, 50, 54, 64, 190, 200*, 207
Leitungswasser 50, 51, 52, 171, 172, 212, 216
Libelle 43, 165*, 176
Licht 49, 58, 220, 227*

Mangelerscheinungen 52
Mikrofauna 50, 82, 189, 190, 191
Molch 164, 172, 173, 194
Moore 9, 34, 36, 37, 38*, 41, 47, 49, 140*, 171, 204
Moorgärten 53, 103
Moorpflanzen 35, 37, 41, 192
Moortümpel 36, 37, 38*, 40, 108, 115, 140*, 204, 230
Mückenlarven 43, 175, 196
Mühlsteine 199, 223*, 225
Muscheln 166, 175, 176

Nährstoffe 52, 59, 67, 156, 171, 172, 190
Narzissenfliege 97
Naturgarten 34, 227*

Pergola 11, 13, 33*
Pflanzabstand 59, 64, 159, 178
Pflanzgefäße 52, 59, 62–64, 178*, 179*, 191, 199*
Pflanzzeit 61, 160, 177, 180
pH-Wert 37, 49, 50, 51, 53, 171, 172, 190, 192
Pumpen 216, 218*, 219, 221, 222, 228*
– Sauerstoffpumpen 50, 171, 222
– Umwälzpumpen 46, 191, 212, 213*, 214*, 222
– Unterwasserpumpen (UWP) 217, 218*
Platten, 19*, 34, 35, 38*, 66*, 170*, 199, 200*, 207, 208*

Quelle 43*, 44*, 46*, 205*, 212*, 213*, 223*

Randabdeckung 15*, 19*, 23*, 37*, 170*
Randbepflanzung 14, 24, 49, 135, 150, 153, 178
Regenwasser 51, 191, 204, 212, 230
Reptilien 173

Samen, Samenstände siehe Fruchtstände
Sand, Kies 53, 184, 202, 210, 211, 225
Sauerstoff 49, 50, 56, 82, 107, 120, 128, 164, 166, 171, 172, 175, 189, 190, 191, 216, 218, 222, 225
Säuregrad siehe pH-Wert
Schildkröten 165, 174
Schnecken (Posthornschnecke, Schlammschnecke, Sumpfdeckelschnecke)
Schotter siehe Steinpackungen
Springbrunnen 46, 216, 219, 220, 224*
Springbrunnenaufsätze
siehe Fontänenaufsätze
Sprudelsteine (Wassersteine) 44*, 205*, 217*
Stauden 32, 34, 41, 42, 45, 89, 153, 177, 180, 186, 212, 225
Steinpackungen, Steinschotter 18, 35*, 38*, 42*, 179*, 204, 214*
Sumpfgarten 11, 24, 34, 35, 101, 113, 230

Teiche 34, 38, 42, 43, 47, 51, 64, 94, 100, 102, 107, 164, 168, 172, 180, 190
Teichmuscheln siehe Muscheln
Teichrand 23*, 34, 66*, 89, 172
Torf, Torfmull 15, 19, 38, 39*, 41, 52, 53, 94, 171, 179, 180, 186, 192
– Humintorf, Schwarztorf 52, 192, 222
– Torfziegel 35*, 39*, 41, 221*
Tümpel 25, 28, 34, 42, 43, 44, 45*, 47, 99, 101, 102, 115, 207, 211, 213

Unterwasserscheinwerfer siehe Licht

Vegetationsbilder 14, 15, 24, 25

Wachstumsstockungen 159, 183, 196
Wärme 58, 60, 64, 75, 78
Wasserasseln 172, 176, 196
Wasserfälle 34, 46*, 99, 100, 212, 213*, 214*, 216, 227*
Wasserflöhe 168, 176
Wasserhärte siehe Härtegrade
Wasserlauf 18*, 42, 44, 46*, 210
Wasserläufer 176, 196
Wasserlinsen, Entenflott 167, 195, 216
Wasserschildkröten siehe Schildkröten
Wasserschnecken siehe Schnecken
Wasserspeier 199, 218, 219, 220, 229*
Wasserspiele 10, 199, 216, 219, 220, 223*
Wassertemperatur 59, 61
Wassertiefe, Wasserstand 10, 34, 35, 39, 50*, 54, 56, 60, 64, 71, 74, 75, 78, 79, 82, 85, 101, 143, 158, 160, 172, 178, 179, 180, 184, 201, 204
Wassertrübungen 169*, 172, 174, 189, 190, 191, 192
Wasserwechsel 189, 216
Wegplatten siehe Platten
Weidenkörbe 64, 179
Weiher 47, 51, 106, 136*, 165
Winterschutz 76, 78, 100, 109, 135, 139, 140, 155, 156, 160, 184, 186

Praktische Gartenbücher aus dem Verlag Ulmer

Der Steingarten

Von W. Schacht, Frasdorf bei Rosenheim Überarbeitete und ergänzte 6. Auflage. Etwa 200 Seiten mit 120 Farbfotos und 12 Skizzen Kst. mit Schutzumschlag ca. DM 68,–

Diese Neuauflage enthält alles über die Anlage eines Steingartens, die geeigneten Pflanzen, ihre Vermehrung und Anzucht. Es wird einprägsam und doch leicht verständlich erläutert.

Wohnen in kleinen Gärten
12 Beispiele

Von H. Thiele und F. Stahl, Nürnberg 168 Seiten mit 90 Farbfotos, 12 Gartenplänen und 33 Zeichnungen. Kst. mit Schutzumschlag DM 38,–

In diesem Buch sind zwölf ausgesuchte Beispiele von kleinen Gärten in der Planung dargestellt. Jedes Gartenbeispiel enthält einen detaillierten Plan, eine stimmungsvolle Zeichnung und eine Reihe informativer Fotos.

Miniaturgärten
In Trögen, Schalen, Balkonkästen

Von J. Carl, Pforzheim. 2. Aufl., 156 Seiten mit 70 Farbfotos und 69 Zeichn. Kst. DM 36,–

Der Autor zeigt, wie man winterfeste „Gärtchen" auf kleinstem Raum gestaltet und dauerhaft bepflanzt.

Garten-Anlage
Handwerkliches Arbeiten mit Erde, Stein, Holz. Ein Gartenpraxis-Buch

Von Garten- und Landschaftsarchitekt P. Wirth, Stuttgart. 224 Seiten mit 103 Farbfotos und 426 Zeichn. Kst. mit Schutzumschlag DM 48,–

Das Buch enthält eine Sammlung praktischer Erfahrungen, die dem Freizeitgärtner helfen, die vielen kleinen Bauaufgaben, mit denen er sich in seinem Garten konfrontiert sieht, befriedigend zu erledigen.

Unser Garten meisterlich bepflanzt
Gruppierungs- und Bepflanzungsvorschläge für alle Gartenteile

Von Gartenarchitekt J. Wohlschlager, Sindelfingen. 3. Auflage. 196 Seiten mit 20 Farbtafeln und 21 Zeichnungen. Kst. DM 38,–

Dieses Buch berät den anspruchsvollen Nicht-Experten, der seinen Garten als lebendige Einheit auffaßt, bei der Auswahl unter einer Vielzahl von Pflanzen; es gibt Hinweise für Ordnungen und Gruppierungen und vor allem: es bringt Beispiele!

Gärten nach der Natur

mit einheimischen Pflanzen und Materialien

Von Garten- und Landschaftsarchitekt E. Jaekel, Wittingen. 187 Seiten mit 75 Farbfotos, 63 Zeichn. und 14 Pflanzmodelle Kst. DM 42,–

Eine praktische Anleitung für alle, die auf der Suche nach Alternativen zu den herkömmlichen Gärten sind.

Japanische Gärten und Gartenteile

Von K. Seike und M. Kudo, Japan. Deutsche Bearbeitung W. Schmidt, aus dem Engl. von K. Thiele-Dohrmann, Hamburg. 96 Seiten mit 141 Farbfotos und vielen Zeichnungen. Kst. mit Schutzumschlag DM 58,–

Dieses Werk ist eine Einführung in die praktischen Aspekte der Anlage eines japanischen Gartens und ist auf die hiesigen Verhältnisse und Möglichkeiten abgestimmt. Es wendet sich an alle Gartenfreunde, die einen japanischen Garten oder Gartenteil anlegen möchten.

Gartenstauden

Von A. Feßler, Tübingen
Neubearbeitete und völlig neugestaltete 2. Aufl., 180 Seiten mit 53 Farbfotos, 25 Zeichn. und 11 Pflanzplänen. Kst. DM 36,–

Der Staudenfreund erhält Aufschluß, wie er den Garten einrichten und Harmonie in das Staudenbeet bringen kann.

Das biologische Gartenbuch

Gemüse, Obst, Blumen, Rasen auf biologisch-dynamischer Grundlage. Ein Gartenpraxis-Buch

Von K. von Heynitz, Pforzheim, und G. Merckens, Ulm. Überarb. 4. Aufl., 288 Seiten mit 67 Farbfotos, 33 Schwarzweißfotos, 150 Zeichn. Kst. mit Schutzumschlag DM 42,–

Dieses Buch vermittelt dem Gartenfreund praktische Erfahrungen und gibt ihm Rezepte an die Hand, die es ihm ermöglichen, die Arbeiten im naturgemäßen Gartenbau richtig durchzuführen.

Der Nutzgarten

Obst und Gemüse aus eigenem Anbau. Ein Gartenpraxis-Buch

Von Dr. H. Link, Bavendorf und W. Titze, Kiel. 316 Seiten mit 86 Farbfotos und 185 Zeichn. Kst. mit Schutzumschlag DM 48,–

Dieses Buch vermittelt die Grundlagen und die speziellen Kenntnisse über alle in Frage kommenden Gebiete des Nutzgartens.

Erhältlich in Ihrer Buch(Fach)handlung. Spezialprospekte kostenlos.

Verlag Eugen Ulmer · Postfach 70 05 61 · 7 Stuttgart 70